A LA MÊME LIBRAIRIE.

OCTAVE SACHOT. — **L'Ile de Ceylan**, 1 vol. (2ᵉ édition).

M. DE SAULCY, membre de l'Institut. — **Voyage autour de la mer Morte**, 2 vol.

M. L'ABBÉ DOMENECH. — **Voyages dans les solitudes américaines : le Minesota**, 1 vol.

LOTTIN DE LAVAL. — **Voyage au mont Sinaï**, 1 vol.

CHARLES AUBERIVE. — **Voyage en Grèce**, 1 vol. — **Voyage au mont Liban**, 1 vol. — **Voyage en Australie**, 1 vol.

LE BARON D'ANGLURE. — **Le saint Voyage de Jérusalem, 1395**, 1 vol.

M. LE COMTE D'ESCAYRAC DE LAUTURE. — **Voyage au grand désert et au Soudan**, 1 vol.

B. POUJOULAT. — **Voyage à Constantinople**, 1 vol.

MADAGASCAR

ET

LES MADÉCASSES.

PROPRIÉTÉ.
—

Tous droits réservés.

MADAGASCAR

ET

LES MADÉCASSES

Histoire. — Mœurs. — Productions. — Curiosités naturelles.

PAR

OCTAVE SACHOT.

PARIS,
VICTOR SARLIT, LIBRAIRE-ÉDITEUR
RUE SAINT-SULPICE, 25

1864

AVANT-PROPOS.

En 1859, quelques mois après l'apparition du livre de M. William Ellis : *Three visits to Madagascar during the years* 1853, 1854, 1856, nous en donnâmes, dans la *Revue européenne*, un compte rendu critique qui fit la matière de deux articles d'une certaine étendue.

Plus tard, la pensée nous vint de compléter cette analyse et de la publier en volume. *Les Voyages à Madagascar du docteur William Ellis* (1) reçurent des lecteurs français un bienveillant accueil. L'édition s'épuisa rapidement.

Ce succès était assurément moins dû au mé-

---

(1) Un vol. in 12, Sarlit, éditeur. Paris, 1860.

rite de notre exposition qu'à la faveur qui, d'ordinaire, accompagne toute relation de voyage, et à l'intérêt particulier que le merveilleux développement de notre marine militaire et l'extension de notre commerce sont venus donner tout à coup aux questions coloniales. Depuis quarante ans, d'ailleurs, la question de Madagascar avait été trop souvent reprise par nos divers gouvernements et donné lieu à trop d'écrits de toute espèce, pour qu'il n'en résultât pas pour la grande île africaine une sorte de prestige capable de tenir longtemps encore la curiosité en haleine.

Depuis la publication des « Trois visites » du missionnaire anglais, de graves événements se sont accomplis dans ce pays. En France surtout, ces événements ont vivement préoccupé l'opinion, et, malgré les complications que présente en ce moment l'état politique de l'Europe, le différend madécasse n'a rien perdu de son actualité, et n'a pas cessé de tenir une place importante dans nos revues et nos journaux.

La triste notoriété qui s'est attachée au nom de M. W. Ellis après le renversement du prince hova signataire d'un traité d'amitié et de commerce regardé par les Anglais comme un coup direct à l'influence britannique au profit de la France, et la part qu'attribue la voix commune au trop zélé ministre méthodiste dans le bouleversement auquel l'île entière de Madagascar est aujourd'hui en proie, sont faits trop connus pour qu'il soit besoin de les rappeler ici.

Dans ces circonstances, nous ne pouvions plus rééditer notre analyse des voyages du missionnaire anglais sans y introduire des additions et des modifications nombreuses. Nous avons préféré refondre entièrement notre premier travail et adopter un plan nouveau qui, en en doublant l'étendue, nous permît de mêler aux descriptions, aux tableaux de mœurs et aux notions de géographie et d'histoire naturelle, l'histoire politique du pays, et d'amener notre récit aussi loin que possible dans le domaine des faits les plus récents.

Nous n'avons donc conservé de nos premiers extraits de l'ouvrage de M. W. Ellis que ce qui pouvait en être détaché sans nuire à l'esprit de notre livre, n'empruntant au voyageur anglais que ses impressions de simple touriste et de curieux, — impressions dont nul ne conteste le mérite, — et faisant toujours la part de la nationalité de l'auteur et de son double caractère de missionnaire méthodiste et d'agent secret du gouvernement anglais.

En dehors de la partie historique, nous avons laissé à l'ensemble la forme de relation de voyage ; c'est un cadre élastique, où les notions de toute nature que comporte un sujet comme le nôtre viennent se grouper à l'aise et sans prétention. Pour rendre notre œuvre plus complète et lui donner quelque valeur, nous avons mis à contribution bon nombre de travaux estimables, en nous adressant surtout aux plus récents. Mais si nous avons cru pouvoir « prendre notre bien où nous l'avons trouvé, » au moins avons-nous toujours indiqué scrupuleusement nos sources ; citer ses auteurs est un principe élémentaire de bonne foi, un devoir auquel il n'est permis de manquer jamais.

Paris, février 1864.

O. S.

MADAGASCAR

ET

LES MADÉCASSES.

I.

Géographie. — Notions préliminaires.

A mi-chemin de la Réunion et de la côte orientale de l'Afrique australe, s'étend, sur une longueur de cent trente-deux myriamètres du nord-est au sud-ouest, avec une largeur très-variable, mais qui dans sa plus grande traversée n'a pas moins de cinquante-quatre myriamètres de l'est à l'ouest, la grande île de Madagascar (*Hiéra-Bé*, la Grande-Terre).

L'ensemble de ses côtes est évalué à trois cent quarante myriamètres, et elle a environ quatre mille myriamètres carrés de superficie, un peu moins que la France, qui en compte plus de quatre mille trois cents.

C'est, après Bornéo et la Grande-Bretagne, la plus grande île du monde. Autour d'elle sont groupés comme des satellites l'île de France ou Maurice, la Réunion et Ste-Marie, à l'est ; les Comores, Mayotte, Nossi-Bé, à l'ouest, et quelques petits îlots, au nord.

« On conçoit facilement, dit Macé-Descartes (1), qu'une région aussi vaste doit offrir les aspects les plus variés, les panoramas les plus grandioses. Vue de la mer, cette île magnifique offre à l'œil de celui qui arrive un vaste amphithéâtre de montagnes superposées qui sont comme des échelons des chaînes principales. Ces échelons gigantesques forment une sorte d'escalier colossal de verdure, où la pensée émerveillée monte involontairement de marche en marche, des bords de la mer aux plateaux supérieurs de l'île, en passant par toutes les nuances propres aux montagnes, depuis le vert vif ou sombre de la végétation jusqu'aux teintes azurées des sommets les plus élevés qui se confondent avec le bleu foncé du ciel. »

Pour devenir l'une des possessions les plus importantes que puisse envier une grande puissance maritime, cette île n'a contre elle que le climat meurtrier de son littoral.

---

(1) *Hist. et géog. de Madagascar.*

Pris en général, les trois millions d'habitants qui forment approximativement la population de Madagascar ont reçu des Européens les noms de Madécasses ou Malgaches, dérivés de celui de *Malacassas* qu'ils se donnent eux-mêmes. Ils se composent de races différentes qu'on peut réduire à trois groupes principaux, divisés eux-mêmes en un certain nombre de grandes peuplades et de tribus portant des noms particuliers. Ces trois groupes principaux sont les Sakalaves à l'ouest, descendus, selon toute apparence, de la côte africaine, et qui conservent encore les caractères distinctifs de la race nègre; les Hovas au centre, grande peuplade d'origine malaise; et les Madécasses proprement dits, à l'est, chez lesquels le type originel a été profondément modifié par des révolutions qui nous sont inconnues et des croisements successifs avec d'autres races venues de pays lointains.

« Tandis que les Sakalaves ont la peau noire et les cheveux crépus, dit M. Barbié du Bocage (1), les peuplades de la côte opposée sont de teinte oli-

---

(1) *Madagascar, possession française depuis* 1642, par V.-A. BARBIÉ DU BOCAGE, membre de la Commission centrale de la société de géographie et de la société de l'histoire de France, etc. Paris, 1858. — Excellent ouvrage, plein d'aperçus nouveaux et de renseignements précieux de toute nature, parfaitement coordonnés et pris aux meil-

vâtre, assez claire dans les pays du sud, vers Fort-Dauphin, mais qui va en noircissant lorsqu'on approche du nord... » C'est surtout, sans aucun doute, au mélange du sang malais, ajoute le même auteur, que les peuplades de l'est doivent leurs caractères distinctifs; « mais les Malais, sortis probablement d'une contrée plus saine que les côtes orientales de l'île, ne purent résister à leur pernicieuse influence, et durent chercher vers le centre un climat moins malfaisant. Une partie d'entre eux gagna dans les montagnes les bords de la rivière d'Emirne, dans la vaste plaine d'Ankova, dont l'altitude assurait la salubrité; là, ils vécurent pendant de longs siècles sans qu'aucun événement les ait fait distinguer des populations voisines ; ils étaient même considérés par les indigènes comme des parias, comme une race inférieure, et rien ne pouvait faire présager que cette petite tribu malaise, perdue au centre des forêts, dans un pays inculte, soumettrait un jour à ses lois, sous le nom d'Hova, la presque totalité de Madagascar. »

Ce n'est qu'au commencement de ce siècle cependant que les Hovas, plus belliqueux que leurs voi-

leures sources. — C'est en outre l'un des plaidoyers les mieux conçus qui aient été écrits jusqu'ici en faveur des droits de la France sur Madagascar. Nous y aurons recours plus d'une fois dans les pages qui vont suivre.

sins, plus énergiques et surtout conduits par un chef d'un esprit entreprenant, commencèrent à prendre la prééminence sur les autres tribus. « Loin de s'affaiblir, comme la plupart des habitants des pays tempérés transportés dans la zone tropicale, les Hovas, grâce à la contrée où ils s'étaient fixés, purent conserver une activité d'esprit et une vigueur corporelle inconnue aux indigènes. Les fruits de la terre, qui, sur les côtes, viennent presque sans culture, demandaient, dans la province d'Ankova, sous une température moins élevée, dans un sol moins fertile, un travail soutenu qui les empêcha de s'énerver (1). » Telle est la cause première des succès d'Andrian-Ampouine ou Dinampouine, continués et dépassés bientôt par ceux de son fils et successeur Radama. Le génie civilisateur de ce prince, sa soumission intelligente et toute politique à l'influence anglaise firent le reste : en moins de quinze années, le plus grand nombre des petits Etats qui, depuis l'origine des temps, se partageaient l'île, furent soumis à ses armes, et formèrent sous son sceptre un royaume unique dont Antananarivo, Tananarivou ou Tananarive, fut la capitale.

C'était un empire fragile toutefois, car depuis la mort de son fondateur, arrivée en 1828, il semble tomber fatalement en dissolution. Le règne long et cruel

(1) *Ibid.*

de Ranavalo fut un retour à la barbarie. L'avénement de Rakoto qui, sous le nom de Radama II, succéda à cette princesse le 15 août 1861, avait fait renaître un moment l'espérance chez les amis de la civilisation et du christianisme ; mais le vieux parti indigène, qu'irritaient la présence des Européens dans l'île et les réformes introduites à l'instigation de ceux-ci par le nouveau roi, organisa une vaste conspiration, dont nous raconterons plus loin les dramatiques péripéties, et, le 12 mai 1863, l'infortuné souverain périssait assassiné.

II.

Histoire.

Découverte de Madagascar. — Charte de 1642-43. — Compagnie Rigault. — Compagnie des Indes orientales. — Tentative de 1773. — Benyowski; sa carrière, sa mort en 1786. — La République et les premières années de l'Empire. Nos désastres maritimes.

Du milieu du XVIIe siècle à 1831, la France a fondé sur plusieurs points de l'île des comptoirs tour à tour abandonnés, repris, puis abandonnés de nouveau. Pendant les guerres du premier Empire, les Anglais, bien que maîtres des mers et possesseurs par droit de conquête de Maurice et de la Réunion, étaient trop occupés ailleurs pour songer à s'emparer de Madagascar. Ils se contentèrent de soutenir Radama. Un peu plus tard, en 1815, forcés de renoncer à leurs prétentions sur la grande île, qu'ils disaient avoir acquise de nous par le traité de Paris, ils mirent tout en œuvre pour s'y créer au moins des influences, et, dans ce but, ils entretinrent à grands frais des missionnaires au cœur même de l'Ankova.

Pour rendre plus facile au lecteur l'intelligence des faits contemporains relatifs à Madagascar, et dont une partie de ce volume est le résumé chronologique, il est nécessaire d'expliquer d'abord l'origine des droits de la France sur ce pays, et de reprendre *ab ovo*, par conséquent, l'histoire de la grande île africaine.

La découverte de Madagascar est due à une circonstance toute fortuite. Le 10 août 1506, neuf ans après que Vasco de Gama avait doublé le cap de Bonne-Espérance, une flottille portugaise, qui revenait de l'Inde, sous le commandement de Fernand Suarez, était jetée par la tempête sur les côtes de la grande île. Quelques mois plus tard, d'autres navires portugais de la flotte de Tristan d'Acunha y abordaient de la même manière.

D'autres expéditions succédèrent. Après les Portugais, arrivèrent les Anglais et les Hollandais.

Les Français laissèrent, sans prendre grande part à la lutte, les derniers venus se disputer les établissements portugais. Toutefois, dès le règne de Henri IV, ils avaient commencé à fréquenter les rivages de Madagascar. Les premiers des Européens, ils comprirent l'importance de l'île et songèrent, les premiers aussi, à s'y établir solidement. En 1637, une compagnie s'était formée dans ce but. En 1642, par lettres patentes du 24 juin, confirmées de nouveau le 20 septembre 1643, le cardinal de Richelieu, surintendant général du commerce et de la navigation de France, lui donna le privilége d'y commercer exclusivement pendant dix ans, avec *la concession de l'île de Madagascar et des îles adjacentes, pour y ériger des colonies et en prendre possession au nom de Sa Majesté Très-Chrétienne*. Cette compagnie, à la tête de laquelle fut placé le capitaine Rigault, de Dieppe, commença ses premières tentatives en 1643, sous le nom de « Société de l'Orient (1). »

Pronis et Foucquembourg, ses agents, s'établirent à la baie de Sainte-Luce; mais la fièvre, aidée d'excès de toute espèce, les força à se retirer en un lieu plus salubre, appelé plus tard Fort-Dauphin.

« Ici, dit M. Francis Riaux (2), se passèrent des

---

(1) Louis Lacaille, *Connaissance de Madagascar*, Paris, 1862.

(2) *Notice historique sur Madagascar*. Cet excellent travail, qui sert d'introduction au « Voyage à Madagascar de Mme Ida Pfeiffer, » résume d'une manière extrêmement lucide, dans ses 74 pages, toute l'histoire politique de Madagascar jusqu'à l'arrivée sur le trône hova de l'intelligent et regrettable Radama II. Le patriotisme éclairé qu'il reflète lui constitue à nos yeux un mérite de plus. Nous lui avons fait de nombreux emprunts, et nous sommes heu-

faits admirables et absurdes, mélange d'héroïsmes obscurs et de trahisons odieuses ; dilapidations des uns, exigences folles des autres ; dévoûments inaperçus de ceux-ci, désordres et indiscipline de ceux-là : malheureuses circonstances qui se reproduisent invariablement à chaque page de l'histoire de toutes nos colonies. A Pronis succéda Etienne de Flacourt, homme actif et énergique, éclairé mais violent et peu scrupuleux, qui a laissé le premier ouvrage sérieux qu'on ait sur Madagascar. A ce moment, les premières notions du christianisme furent répandues dans l'île. Malheureusement, c'était l'époque de la Fronde. Flacourt ne fut pas secondé par la métropole. Après lui, tout alla de travers pendant six ans, tant et si bien qu'une conspiration se forma contre les Français, dont un petit nombre s'échappa sur un navire qui était mouillé à Fort-Dauphin. »

La Compagnie des Indes orientales, créée en 1664, avait hérité des priviléges accordés à la compagnie Rigault sur Madagascar ; mais les échecs amenés par l'incapacité et l'esprit de rivalité des divers agents envoyés dans cette possession découragèrent Louis XIV. De 1686 à 1721, divers décrets

reux de reconnaître ici le profit que nous avons retiré de ses indications. — La traduction française est de M. W. de Suckau.

et arrêtés du conseil d'Etat déclarèrent successivement Madagascar partie intégrante des possessions françaises. « C'était assez pour maintenir nos droits ; c'était trop peu pour les faire fructifier (1). »

Néanmoins diverses tentatives eurent lieu, à diverses époques du règne de Louis XV, pour rentrer en possession effective des premiers établissements fondés à Madagascar ; mais, mal combinées ou trop exiguës, elles ne donnèrent que des résultats insignifiants ou négatifs.

On n'était guère en droit d'attendre du gouvernement, qui s'était laissé enlever le Canada par le traité de 1763, des efforts bien énergiques pour sauvegarder les intérêts français et l'honneur du drapeau à Madagascar. Une nouvelle tentative eut lieu cependant en 1773, et celle-là, entreprise sur des bases plus larges et conduites par un homme audacieux et capable, le comte Benyowski, pouvait faire espérer des résultats sérieux.

On connaît la carrière extraordinaire de cet intrépide aventurier. Né en Hongrie, en 1744, d'une famille noble et riche, le comte Maurice-Auguste Benyowski, magnat des royaumes de Hongrie et de Pologne, suivit la carrière des armes (2). Il prit

(1) *Ibid.*
(2) *Voir* Barbié du Bocage, ouvr. cité ; — Lacaille, ouvr. cité.

part aux batailles de Lobositz en 1756, de Prague et de Schweidnitz en 1757, et de Domstadt et 1758. Dépouillé de ses biens par la maison d'Autriche, il mit son épée au service de l'indépendance polonaise. En 1768, il était devenu l'un des chefs de la confédération de Bar, formée en Pologne pour résister à la Russie. Fait prisonnier par les Russes au siége de Cracovie et déporté au Kamtchatka, il réussit à s'évader avec un certain nombre de ses compagnons de captivité. Après avoir surpris et attaqué la garnison chargée de surveiller les prisonniers, il s'em para d'une corvette russe et fit voile pour le Japon et la Chine. De Macao il gagna, sur un navire français, les établissements français de l'Inde, puis l'île de France, d'où il repartit bientôt pour l'Europe, après avoir touché à Fort-Dauphin.

C'est à Lorient qu'il débarqua. A ce moment, la lutte des Polonais contre leurs spoliateurs excitait en France un vif enthousiasme. Benyowski, dont les aventures avaient fait grand bruit, fut reçu à bras ouverts. Le duc d'Aiguillon lui proposa le commandement d'une expédition importante à destination de Madagascar. Toutefois, par les lettres de commission, le ministre subordonna, pour un grand nombre de points, l'autorité du chef polonais à celle du gouverneur de l'île de France.

L'expédition aborda le rivage madécasse au fond

de la grande baie d'Antongil, en février 1774, sur les bords de la rivière Tungumbali ou Tingbale, dans un endroit qu'on nomma Louisbourg. « Les chefs des districts environnants vinrent immédiatement s'engager par serment à coopérer, en ce qui dépendait d'eux, à la réalisation des plans de prospérité conçus par le chef hardi de la nouvelle expédition. Benyowski s'empressa de construire des forts et d'établir des postes de défense le long de la côte à Angoutzy, dans l'île Marosse, à Fénériffe, à Foulpointe, à Tamatave, à Manahar et à Antsirak (1). » Une seule peuplade, les Zaffi-Rahé, voulut résister : elle fut battue et contrainte de s'enfoncer dans les forêts. Mais un adversaire avec lequel il fallut bien compter, la fièvre, vint décimer les compagnons de Benyowski, lui enlevant à lui-même son fils unique, et force fut aux Français de quitter le rivage insalubre et d'aller s'installer à neuf lieues dans l'intérieur des terres.

Cependant la jalousie des administrateurs de l'île de France poursuivait sans relâche l'établissement de Madagascar et son nouveau gouverneur général, et travaillait directement ou par des moyens détournés à paralyser les efforts de celui-ci. Benyowski n'était pas homme à se décourager facilement. « Il noua des

---

(1) L. Lacaille, ouvr. cité.

relations d'amitié avec les chefs de tribus, contracta des alliances jusqu'au cœur du pays, éleva des forts, perça des routes, institua des marchés, creusa des canaux pour le transport des marchandises, et, en favorisant le commerce, fit reconnaître la domination française partout où pénétra son influence. Tel fut l'enthousiasme qu'il excita, qu'une assemblée ou kabar de vingt-deux mille indigènes réunis à Foulpointe proclama solennellement paix et alliance avec lui (1). »

Néanmoins le temps s'écoulait sans qu'aucune nouvelle arrivât d'Europe encourager la colonie naissante et, malgré ses succès, ou peut-être à cause même de ses succès, Benyowski se voyait de plus en plus en butte aux incroyables intrigues du gouvernement de l'île de France. Une circonstance fortuite lui vint en aide pour accroître son prestige. Une vieille femme madécasse, nommée Susanne, qu'il avait ramenée avec lui de l'île de France, et qui disait avoir été vendue aux Français en même temps que la fille de Ramini, dernier chef suprême de la province de Manahar, prétendit reconnaître en Benyowski le fils de cette princesse, et, par conséquent, l'héritier de la dignité souveraine qui s'était éteinte par la mort de Ramini. Ce bruit,

---

(1) Riaux, ouvr. cité.

bientôt répandu parmi les tribus, y acquit une consistance telle, qu'une députation de chefs se rendit, le 16 septembre 1776, près du héros européen, et le déclara roi par droit de naissance. A cette manifestation des chefs madécasses se joignirent trois officiers français, avec un détachement de cinquante hommes. En présence des menées déloyales de l'administration de l'île de France, ils se déclarèrent décidés à unir à tout jamais leur sort à celui de Benyowski. Les chefs madécasses insistèrent pour que le nouveau monarque quittât le service du roi de France, et désignât un lieu pour y bâtir sa capitale. Benyowski se déclara prêt à donner sa démission de gouverneur; mais il fallait, pour cela, qu'il attendît les commissaires français qui devaient venir sous peu visiter la colonie.

Ces commissaires arrivèrent le 21 septembre 1776. Examen fait de l'administration de Benyowski, ils lui remirent un certificat attestant la parfaite régularité de ses actes, et reçurent de lui la démission de son emploi, après quoi ils se rembarquèrent.

Benyowski, de ce moment, se regarda comme roi de Madagascar. Il convoqua pour le 10 octobre, une assemblée générale des populations madécasses et le lendemain fut promulgué l'acte qui constatait son élévation en forme au rang suprême.

Deux mois plus tard, sur un brick frété par lui, il s'embarqua pour l'Europe, dans le but d'expliquer sa conduite au cabinet de Versailles, et aussi de se créer des alliances. Le ministère français parut admettre ses raisons ; mais, en même temps qu'on lui décernait une épée d'honneur comme marque de satisfaction, bien loin de reconnaître sa souveraineté sur Madagascar, on lui refusa tout nouvel emploi dans cette île.

Vainement chercha-t-il de l'appui en Angleterre et en Autriche. Sur les conseils de Franklin, il passa alors en Amérique ; mais ses projets n'y obtinrent pas beaucoup plus de faveur. En 1785, il se décida à reprendre la mer pour retourner à Madagascar. Le 7 juillet, il débarqua à Nossi-Bé, et de là, passant sur la grande île, il se rendit par terre à la baie d'Antangil. Accueilli avec enthousiasme après une si longue absence, et se considérant dès lors plus que jamais sur ses domaines légitimes, il se posa ouvertement en ennemi des Français, et tout d'abord il ouvrit les hostilités contre les « envahisseurs, » en s'emparant des magasins de vivres appartenant au gouvernement de l'île de France. Après une agression pareille, il n'y avait plus à hésiter, il fallait sévir. Un bâtiment de guerre fut dépêché de Port-Louis contre l'audacieux aventurier. A la première attaque, Benyowski reçut en pleine poitrine une balle qui l'étendit mort. C'était en 1786, douze ans après son premier débarquement dans l'île.

« Benyowski mourut en brave, dit M. L. Carayon (1), et la vénération dont son nom est encore l'objet parmi les Madécasses est un dédommagement pour sa mémoire, que les passions et les intérêts privés ont peut-être cherché à flétrir. »

Les documents laissés par lui de ses actes et de ses projets amènent à cette conclusion, que c'était un esprit véritablement supérieur et en avance sur son siècle. « Ceux, dit M. L. Lacaille (2), qui connaissent à fond les choses telles qu'elles sont à Madagascar, et qui ont été à même d'examiner avec impartialité les idées de colonisation et les actes successifs de ce gouverneur général, s'accordent à dire que sa conduite politique envers les Malgaches, qu'il sut admirablement discipliner, ainsi que ses vues d'administration appropriées au pays, sont destinées à servir un jour de modèle à quiconque voudra fonder à Madagascar un établissement sérieux et durable.... Si la métropole avait secondé, comme elle avait promis de le faire, ce hardi et expérimenté novateur, si le gouvernement de l'île de France n'avait pas incessamment entravé de toute la puissance de son inertie l'établissement nouveau,

(1) *Hist. de l'établiss. franç. de Madagascar*, etc.
(2) Ouv. cité.

nul doute que le comte Benyowski n'eût donné pour toujours à la France cette grande et belle colonie. »

Après la mort de Benyowski et l'abandon des établissements par lui fondés, la France de la République et de l'Empire n'eut plus à Madagascar qu'un commerce d'escale et quelques ports sous la protection d'un détachement militaire de la garnison de l'île de France. La tourmente révolutionnaire avait porté un coup fatal à notre marine ; notre ancienne puissance coloniale avait péri, « et les Anglais, selon la tradition constante de leur politique, allaient s'enrichir de ce qui nous restait de meilleur au delà des mers. » (F. Riaux.)

III.

1810. Les Anglais s'emparent de l'île de France et de nos postes de Madagascar. — Paix de 1814. Le traité de Paris. Interprétation de l'art. 8 par sir R. Farquhar.—Réclamations du gouvernement de la Restauration. Restitution à la France des établissements de Madagascar. — Avénement de Radama Ier, roi des Hovas. Appui qu'il reçoit des Anglais. Ses conquêtes. Son traité avec l'Angleterre. —Progrès de l'influence anglaise. — La Société des missions de Londres ; ses travaux à Madagascar.—Reprise de Ste-Marie et de plusieurs points de la côte par la France. — Radama force les Français à abandonner la grande île. Mort de Radama. 1818.

En 1810, une expédition anglaise, forte de 20,000 hommes, vint s'emparer de l'île de France, dont la garnison était à peine de 400 soldats. Une fois maîtres de l'île, les Anglais lui redonnèrent son ancien nom de Maurice, et en firent une position formidable, qu'ils n'eurent garde de nous restituer à la paix. Pour compléter leur conquête, ils allèrent, l'année suivante, se substituer à nous dans nos divers postes de Madagascar. Toutefois, n'ayant point alors de vues sur l'île, ils se contentèrent de détruire les forts, puis ils abandonnèrent le pays aux indigènes.

Le retour de la paix en 1814, en nous rendant quelques lambeaux de notre ancienne puissance coloniale, ramena sur le tapis de la diplomatie anglo-française la question de Madagascar.

L'art. 8 du traité de Paris disait :

« Sa Majesté Britannique, stipulant pour ses alliés, s'engage à restituer à Sa Majesté Très-Chrétienne, dans les délais qui seront ci-après fixés, les colonies, comptoirs et établissements de tous genres que la France possédait, au 1er janvier 1792, dans les mers et sur les continents de l'Amérique, de l'Afrique et de l'Asie, à l'exception toutefois des îles de Tabago et de Ste-Lucie, de *l'île de France et ses dépendances, nommément Rodrigues et les Seychelles*, lesquelles Sa Majesté Très-Chrétienne cède en toute propriété et souveraineté à Sa Majesté Britannique, etc. »

Sir Robert Farquhar, gouverneur de l'île de France, se basant sur ces mots : *l'île de France et ses dépendances*, prétendit que Madagascar était comprise dans ces mêmes dépendances, et, par une dépêche du 25 mai 1816 au gouverneur de Bourbon, il revendiqua l'île de Madagascar tout entière. Le gouverneur de Bourbon protesta hautement contre cette fausse interprétation des traités. Sir Robert

Farquhar résista ; mais le gouvernement de la Restauration tint bon. Une négociation eut lieu entre les cours de France et d'Angleterre, à la suite de laquelle le cabinet de St-James, ayant reconnu la nullité des prétentions du gouverneur de Maurice, expédia, le 18 octobre 1816, à ce fonctionnaire trop zélé, l'ordre de remettre à l'administration de Bourbon les anciens établissements français de Madagascar indûment occupés. Par cette décision, sir Robert Farquhar se trouvait n'avoir travaillé que dans l'intérêt de la France.

Le gouverneur anglais, débouté, changea dès lors de tactique. Celle à laquelle il eut recours pour obvier à sa mésaventure fut, dit M. Guillain (1), « l'application pure et simple de cette maxime familière au dernier des fonctionnaires anglais : tout pour nous, sinon rien pour personne. » Ce qu'il ne pouvait faire par la force, il essaya de le faire par la ruse.

Nous avons dit, au début de ce livre, la position qu'avait prise au centre de l'île la tribu des Hovas, sous l'autorité d'Andrian-Ampouine. En 1810, ce chef étant mort après une trentaine d'années de règne, son fils Radama, âgé de 18 ans, était devenu roi des Hovas. Continuant l'œuvre de son père, ce

---

(1) *Documents sur l'hist. de Madagascar*

jeune prince avait fini par constituer un gouvernement assez fort, et, par ses conquêtes sur ses voisins, il affectait de prétendre à la souveraineté de l'île entière.

Tant que le gouverneur Farquhar avait cru possible de doter son pays de la possession de Madagascar, tous ses actes avaient tendu, dit encore M. Guillain, à préparer à l'Angleterre une domination facile, et à faire des princes indigènes, et de Radama en particulier, des alliés dociles, dont le bon vouloir eût été utile au développement des établissements projetés, en attendant qu'on pût faire d'eux des vassaux dévoués. « Mais, du moment que la France rentrait dans ses droits et pouvait être appelée à réaliser à son profit tous les avantages attachés à cette possession, il fallait, au contraire, se faire de ces mêmes princes des alliés puissants, dont les intérêts, adroitement opposés à ceux de la France, seraient des obstacles incessants à l'exercice de la souveraineté de celle-ci sur Madagascar. Dès lors les relations amicales commencées avec Radama, quoique devenues moins directement utiles aux intérêts anglais, n'en étaient pas moins bonnes à cultiver : accroître la puissance de ce jeune conquérant était désormais pour sir R. Farquhar le seul moyen de réaliser son philanthropique projet, l'abolition de la traite des noirs à Madagascar, et d'atteindre en même temps cet autre but, beaucoup moins charitable, l'annihilation des droits de la France sur la grande île. »

Des agents furent envoyés de Maurice : Chardenaux d'abord, puis le capitaine Lesage, qui commandait à Port-Louquez quand les Anglais s'en étaient retirés, et plus tard Hastie, qui fut accrédité à Tananarive. « L'ambition était la passion dominante du jeune roi, et il y joignait un ardent désir de renommée. Ce fut en faisant jouer alternativement ces deux principaux ressorts de son âme que les agents anglais prirent assez d'empire sur son esprit pour diriger bientôt tous ses actes. Ils flattèrent et développèrent surtout en lui l'idée qu'il nourrissait de devenir seul souverain de l'île, et lui donnèrent même officiellement le titre de roi de Madagascar (1). »

L'envahissante activité des Anglais n'était pas toutefois sans inquiéter Radama. L'intelligent Madécasse se défiait et hésitait à leur accorder des droits quelconques. « Les Anglais me comblent, disait-il un jour; dernièrement ils m'engageaient à aller faire un voyage en Angleterre ; à présent, ils m'offrent de construire à leurs frais une belle route de calèche de Tamatave à Emirne. Ils prétendent que ce serait

(1) Guillain, *ibid*.

un beau spectacle de voir Radama faire caracoler son cheval sur une route unie comme une allée de jardin. C'est possible, mais je sais bien, moi, que cette belle route mènerait les habits rouges à Tananarive. Ma puissance est à Emirne ; je ne veux pas détruire les forêts et les marécages qui barrent le passage. Si les Européens trouvent un chemin pour aller à Tananarive, tôt ou tard la puissance des Hovas sera détruite. »

Quoi qu'il en soit, après bien des pourparlers, un traité, tenu secret, fut conclu en 1817 entre le gouvernement de Maurice et Radama. Par ce traité, le roi renonçait au commerce des esclaves. De son côté, l'Angleterre s'engageait à lui faire, à titre de compensation, une pension annuelle de 2,000 dollars, et à lui fournir une quantité déterminée d'armes et de munitions de guerre. Des instructeurs européens furent en même temps envoyés à Madagascar pour dresser l'armée indigène au maniement des armes et à la tactique militaire de l'Europe. L'instruction que reçurent ainsi les troupes de Radama contribua beaucoup à ses succès et à l'extension du territoire hova bien au delà de la province centrale d'Ankova, qui formait sa frontière primitive. De plus, la marine de guerre britannique reçut à bord de ses bâtiments un certain nombre d'apprentis marins madécasses, tandis que d'autres indigènes étaient envoyés en Angleterre pour se façonner à la vie civilisée.

Radama exécuta ponctuellement le traité; mais sir Robert Farquhar avait été remplacé par le général Hall, et celui-ci refusa de remplir les engagements de son prédécesseur. Profondément irrité de ce manque de foi, le chef madécasse reporta dès lors sur les Français toutes les bonnes dispositions qu'il avait témoignées auparavant à l'égard des Anglais.

Ce revirement dura peu toutefois. Sir Robert Farquhar, revenu à Maurice, renoua ses anciennes relations avec Tananarive. Dès 1818, la Société des Missions de Londres avait expédié des missionnaires sur divers points de la côte de Madagascar. En 1820 et 1821, d'autres missionnaires, parmi lesquels les révérends Jones et Griffiths, allaient, avec l'autorisation de Radama, s'établir dans la capitale, amenant avec eux des auxiliaires intelligents chargés d'enseigner la plupart des arts indispensables à la vie sociale.

Une fois qu'ils connurent la langue du pays, les missionnaires y adaptèrent un alphabet, en coordonnèrent la grammaire et préparèrent des livres élémentaires. Dans l'espace de dix ans, rapporte M. Ellis (1), à la suite de l'établissement des missionnaires à Tananarive, dix ou quinze mille indi-

---

(1) *Three visits to Madagascar.*

gènes avaient appris à lire, et beaucoup d'entre eux à écrire. Plusieurs savaient la langue anglaise, et les conversions au christianisme étaient nombreuses. Dans la même période, les mille ou quinze cents jeunes gens placés en apprentissage chez les auxiliaires artisans avaient appris les métiers de forgeron, de charpentier, de tourneur, de cordonnier, etc. Tels furent les premiers résultats de l'alliance du prince hova avec les Anglais,

Ce que ne dit pas le révérend M. Ellis, c'est que l'éducation que les missionnaires anglais s'attachèrent à donner à leurs nouveaux élèves fut bien plutôt politique qu'élémentaire. Écoutons ce que raconte M. Carayon (1) à propos des écoles anglaises de Madagascar : « Dans le voyage à Ankova entrepris, en 1826, par M. Arnoux et moi, écrit-il, nous logeâmes dans un village où était établie une de ces écoles. Le missionnaire qui la dirigeait étant absent, les jeunes élèves nous firent avec aménité les honneurs de son modeste logis ; ils voulurent aussi nous donner une idée de leur savoir-faire, et s'empressèrent de tracer sur un tableau des phrases décousues qu'on leur avait appris à écrire. En voici quelques-unes : « Radama n'a point d'égal parmi les princes.

---

(1) *Hist. de l'Etabliss. franç. de Madagascar pendant la Restauration.*

» Il est au-dessus de tous les chefs de l'île ; il est le
» maître de tout. Toute la terre de Madagascar lui
» appartient, n'appartient qu'à lui seul, etc.,
» etc. » Véritable catéchisme politique, ajoute
M. Carayon, dont on peut apprécier l'intention et la
portée. »

Tandis que l'influence anglaise triomphait à la cour d'Émirne, le gouvernement français ne perdait pas de vue ses anciens établissements de la grande île africaine. En 1818, M. Sylvain Roux reprenait solennellement posséssion de l'île Ste-Marie, cédée à la France en 1750, ainsi que de Tamatave, de Fort-Dauphin et de Tintingue.

Ce n'était pas le compte de l'Angleterre. Par les conseils de l'agent anglais Hastie, Radama, à la tête de forces imposantes, vint s'emparer de Foulpointe, et assiéger dans Tamatave l'agent français. Dans l'impossibilité de résister avec le petit nombre d'hommes dont il disposait, celui-ci fut obligé de capituler.

En 1825, parut devant Fort-Dauphin, occupé par un poste de cinq soldats français seulement, un corps de 2,000 Hovas. Le drapeau de la France fut facilement arraché et remplacé par les couleurs d'Emirne.

Notre situation à Madagascar n'avait jamais été pire, remarque M. Roux ; les Anglais, au contraire, remontés en grande faveur, furent autorisés à résider dans l'île, à cultiver les terres et à commercer. En retour, ils aidèrent le roi des Hovas à réprimer les révoltes causées, par sa dure tyrannie, dans les provinces d'Anossy et parmi les Betsimsaracs.

Les choses en étaient là, quand un événement inattendu sembla devoir les modifier. Le 24 juillet 1828, Radama, vieilli par les débauches et l'abus des spiritueux, mourut. Il était âgé de 36 ans environ.

« Radama, écrit M. Carayon, qui l'avait vu, en 1826, à Tananarive, avait à peine cinq pieds; mais il était bien pris dans sa petite taille. Sa physionomie était expressive et son regard plein de feu. Vif et enjoué dans le commerce ordinaire de la vie, il savait à l'occasion prendre l'air imposant que donne le commandement. Il passait même pour éloquent parmi les siens, et se plaisait à haranguer son peuple, lorsqu'il avait à lui transmettre ses volontés. On dit qu'il donna plusieurs fois des preuves non équivoques de son amour pour la justice. Il est certain qu'il ne manquait pas l'occasion, dans la conversation privée, de chercher à en convaincre les Européens, afin de mériter leur estime. Convaincu de la supériorité de ces derniers sur les Malgaches, il était porté à adopter leurs idées avec une facilité qui explique l'empire que les Anglais exercèrent sur son esprit. Cet engoûment pour les étrangers et les innovations qu'ils lui conseillèrent ne fut pas d'abord du goût de ses sujets, qui, tout en l'aimant avec idolâtrie, mais pleins de vénération pour la mémoire de son père, auraient désiré qu'il eût borné son ambition à marcher sur les traces de ce dernier. Cependant, sous l'impression de la terreur qu'il inspirait, personne n'eût osé manifester sa désapprobation. En effet, d'un caractère violent et accoutumé à dominer dès son jeune âge, ce prince souffrait difficilement les contradictions..... Elevé dans les camps, au milieu du carnage, il est sûr que le sang ne lui coûtait rien à répandre ; plusieurs fois même il ordonna froidement le massacre des prisonniers qui étaient trouvés trop vieux pour être vendus avec profit. »

A ce portrait M. Lacaille ajoute les réflexions suivantes :

« Radama, dit-il, avait une grande rapidité de conception ; il sut profiter de tous les moyens que l'Angleterre mit à sa disposition pour agrandir sa puissance. Quant à la soumission des peuples de Madagascar, je ne saurais l'attribuer à son génie ; elle fut plutôt le fruit de l'organisation politique laissée à la tribu hova par Andrian-Ampouine, organisation qui lui permit d'accabler par le nombre de paisibles voisins, que leur propre condition politique ne pouvait défendre. Partout où les Hovas rencontrèrent quelque vigueur dans la résistance à l'envahissement, ils furent repoussés avec perte, et les populations de l'ouest, moins timides, surent conserver leur indépendance, en dépit même de ce nouveau et redoutable voisinage. L'inaction de la France, d'une part, et de l'autre les secours de l'Angleterre ont singulièrement favorisé l'établissement des Hovas sur le littoral, où, toutefois, ils ne sont restés que campés. Sans les secours des Anglais, sans les armes à feu dont les troupes hovas purent en partie se servir, il est même assez probable, pour ceux qui connaissent bien Madagascar, que ces envahisseurs auraient fini par être rejetés dans l'Ankove.

» Quoi qu'il en soit, la mort de Radama fut une calamité pour les Malgaches en général, car elle les replongea dans la barbarie la plus profonde, non qu'il les en eût déjà retirés, mais parce que, après avoir déchaîné contre ces populations la convoitise et la fureur de sa tribu, lui seul peut-être était capable de retenir ces natures perverses, qui se donnèrent bientôt impunément carrière ouverte. Il est également présumable que Radama, avec ses instincts de civilisation et inspiré par de bons et loyaux conseillers, serait arrivé à des mesures efficaces, qui eussent préparé ces natures sauvages aux bienfaits de la civilisation. »

IV.

Avénement de Ranavalo. — Massacre de la famille de Radama. — Andrian-Mihaza, favori et premier ministre. — Réaction contre les idées européennes. — Expédition Gourbeyre (1829).— Révolution de juillet 1830. — En 1836, la France n'occupe plus que la petite île Sainte-Marie. — Le contre-amiral de Hell. Occupation de Nossi-Bé (1841). — Persécution de Ranavalo. — Départ des missionnaires anglais. — Nouvelles mesures contre les Européens. — Affaire du *Berceau*, de la *Zélée* et du *Conway*. — Expédition projetée du général Duvivier.— Révolution de février 1848. — Les ministres de Ranavalo.

Deux partis se trouvaient en présence pour la succession de Radama. Le premier, représenté par Rakoutoubé, neveu et successeur désigné du roi, et élève des missionnaires anglais, était celui de la jeunesse nourrie dans l'esprit des réformes. Le second, et de beaucoup le plus influent, était celui des vieux Hovas, ennemis des innovations opérées par Radama. Ce dernier avait pour chef Andrian-Mihaza, homme d'audace et d'énergie. Pour arriver plus sûrement au pouvoir, objet de son ambition, Andrian-Mihaza, puissamment aidé par les prêtres des idoles, peu soucieux de voir arriver au trône un élève des instituteurs chrétiens, organisa une révolution de palais au profit de Ranavalo, cousine germaine et l'une des épouses du roi défunt, femme aux instincts sanguinaires, mais au caractère nul, dont il avait eu soin de devenir secrètement l'amant, et sur laquelle il exerçait un ascendant considérable. Ranavalo fut proclamée reine au bruit de l'artillerie.

La nouvelle reine inaugura son règne par le meurtre et la terreur. Rakoutoubé fut assassiné. Le père de ce jeune prince, Rateffi, commandant militaire de Tamatave, qui avait visité l'Angleterre en 1821; sa mère, ses autres parents les plus proches, les chefs qui s'étaient déclarés pour eux et tous ceux qui sous le précédent règne avaient contribué à favoriser l'introduction de la civilisation à Madagascar, furent impitoyablement mis à mort. Un cousin de Radama, le prince Ramanétaka, ne parvint à sauver sa vie qu'en gagnant Mohilla, l'une des Comores. Il n'y eut plus à douter des projets de réaction de la cour d'Emirne contre les idées européennes.

Débarrassé de ses plus dangereux rivaux, Andrian-Mihaza prit en main les rênes du gouvernement, et, sous sa direction vigoureuse et sans scrupule, la puissance de Ranavalo ne tarda pas à égaler celle de Radama.

La position des colons européens était devenue

très-critique. La France, d'un autre côté, ne pouvait laisser impuni les humiliations infligées par les Hovas à son drapeau. En 1829, une expédition fut décidée ; mais la question financière vint, comme toujours, nuire à la réussite de l'entreprise. Partie de Bourbon le 15 juin, la petite escadre commandée par le capitaine Gourbeyre arriva le 9 juillet devant Tamatave. Avant d'attaquer, le commandant français écrivit à Ranavalo pour lui notifier les prétentions de son gouvernement, lesquelles étaient la reconnaissance des droits de la France sur la plus grande partie de la côte orientale de Madagascar. Il fixa pour la réponse un délai de 20 jours, passé lequel le silence serait considéré comme un refus.

Pendant cet intervalle il se rendit devant Tintingue, et en reprit possession le 2 août.

Le 10 octobre, aucune réponse n'ayant été faite à sa lettre, M. Gourbeyre retourna à Tamatave, et dès le lendemain il attaquait la place. Le succès fut rapide et décisif ; les forts furent détruits, et un détachement de 238 hommes, mis à terre, poursuivit l'ennemi au delà du village d'Yvondrou.

De Tamatave l'expédition se rendit à Foulpointe ; mais elle n'y obtint pas le même succès. La petite colonne, emportée par son ardeur, tomba dans une forte embuscade, et fut obligée de battre en retraite et de se rembarquer. Pour réparer l'effet moral de cet échec, le capitaine Gourbeyre conduisit ses troupes à la Pointe-à-Larrée, où elles battirent complétement les Hovas. Mais l'expédition était numériquement trop faible pour s'avancer davantage le long de la côte et tenter un nouvel effort contre Foulpointe. Le commandant ramena sa flottille dans les eaux de Bourbon, ne laissant que deux gabares pour protéger Tintingue et Sainte-Marie.

Pendant la présence de M. Gourbeyre à la Pointe-à-Larrée, la reine Ranavalo avait offert d'entrer en arrangement avec les Français. Mais, une fois l'expédition partie, elle refusa de signer la convention qu'elle-même avait proposée, refus que, dans son rapport au ministre de la marine, M. Gourbeyre ne craint pas d'attribuer aux missionnaires anglais établis à Tananarive.

Il fallait de nouveau faire « parler la poudre. » Le gouvernement décida l'envoi de renforts importants, dont 800 hommes du 16e léger ; mais sur ces entrefaites s'accomplit la révolution de juillet.

Au milieu des embarras politiques et financiers qui en furent la conséquence immédiate, on n'eut rien de plus pressé que d'aviser aux moyens de supprimer et d'ajourner les dépenses de l'expédition projetée. En 1831, on évacua Tintingue ; on avait même décidé que Ste-Marie serait également évacuée. Toutefois on y renonça jusqu'à nouvel ordre ;

on se borna à réduire le personnel au strict nécessaire, c'est-à-dire à 223 hommes, dont 55 Français seulement.

En 1833, le gouvernement de la métropole parut avoir quelque velléité d'occuper la magnifique baie de Diego-Suarez, et l'amiral de Rigny en fit faire l'exploration hydrographique par l'état-major de la la corvette la *Nièvre*; mais ce fut là tout ; la question financière devait encore l'emporter sur toutes les autres. D'économie en économie, on alla si loin, qu'en 1836 nous n'avions plus à Ste-Marie qu'une garnison de 37 soldats, et que cette petite colonie n'était plus comprise au budget que pour une somme de 60,000 francs. C'est ainsi qu'en France la nouvelle royauté comprenait à cette époque les intérêts du pays et l'honneur du pavillon !

Pendant quelque temps la question madécasse parut être endormie. Un léger réveil eut lieu en 1839-40. Les Sakalaves de l'ouest demandèrent au contre-amiral de Hell, gouverneur de Bourbon, la protection de la France contre les Hovas, offrant en échange la cession des provinces et des îles leur appartenant. Bien que nos droits sur Madagascar fussent incontestables, le contre-amiral de Hell, pour les confirmer davantage aux yeux des Hovas, accepta provisoirement, s'en référant à la métropole pour l'acceptation définitive. Le gouvernement ratifia les actes du gouverneur de Bourbon, et ordonna l'occupation de Mayotte et de Nossi-Bé. La prise de possession de cette dernière île eut lieu le 5 mai 1841 avec les cérémonies d'usage. Les chefs sakalaves y trouvèrent un refuge contre la tyrannie et les armes de Ranavalo.

Retournons un peu en arrière pour examiner comment, pendant ce temps, se comportait le nouveau gouvernement hova avec les étrangers établis à Tananarive.

Radama le Grand avait été enterré avec une pompe tout orientale dans un cercueil d'argent massif, et la reine avait annoncé son avénement aux missionnaires anglais, avec promesse de leur continuer sa protection. Pendant un certain temps, elle n'intervint pas directement dans leurs affaires, bien que du jour de son arrivée au trône la réaction contre l'influence européenne ne fût plus douteuse. Un des premiers actes, en effet, du nouveau pouvoir fut la rupture du traité conclu par Radama avec les Anglais. Profondément dissimulée, la nouvelle cour ne faisait que jouer un rôle en affectant de patroner les missionnaires; elle avait tout simplement cru prudent de temporiser. Ce qui viendrait à l'appui de cette opinion, c'est ce fait, inexplicable autrement, qu'à peine quinze jours s'écoulèrent entre l'édit de tolérance et le premier acte d'opposition flagrante.

Les missionnaires voulant introduire parmi leurs convertis les sacrements du baptême et de la communion, informèrent le gouvernement de leur intention à cet égard. La reine profita de cette circonstance pour tendre à son bon peuple un piége qui fut pour elle un moyen de compter ses adhérents (1). Le dimanche 22 mai 1831, fut apporté à la chapelle de la mission un message royal conçu en ces termes : « Sa Majesté ne change rien à la parole du feu roi. Tous ceux qui le désireront sont libres de se faire baptiser, de célébrer la mort du Christ, ou de se marier suivant les coutumes des Européens ; ils n'encourront aucun blâme pour agir ou ne point agir ainsi. » Fort de ce firman, le dimanche d'après, M. Griffiths, l'un des missionnaires, baptisa vingt convertis madécasses, lesquels prirent immédiatement part à la communion avec les frères de la mission. Huit jours après, huit autres personnes furent baptisées par M. Johns. Toutefois, les huit nouveaux disciples ne purent pas communier comme l'avaient fait les précédents, et la première communion de l'église protestante madécasse, qui avait eu lieu le dimanche de la Trinité de l'année 1831, fut aussi la dernière. Radama, quoique fort peu tempérant de sa nature, n'en avait

(1) Voir *The British Quarterly Review*. Avril 1859.

pas moins défendu, sous les peines les plus sévères, l'usage des boissons enivrantes sur tous les points de ses domaines, s'abstenant toutefois d'étendre la prohibition aux Européens, sur lesquels il ne réclamait aucune juridiction. Ranavalo profita habilement de cette loi pour susciter des embarras aux chrétiens. Les protestants communient, on le sait, sous les espèces du pain et du vin : aussitôt après la première célébration de la communion, la loi en question fut remise en mémoire aux convertis, et on leur enjoignit de substituer, à l'avenir, l'eau au vin. Ceux-ci comprirent qu'ils n'avaient qu'à obéir.

Le gouvernement ne s'en tint pas là : non-seulement il fut interdit à tous les élèves des écoles et à tous les soldats de se faire baptiser, mais encore il fut défendu, à tous ceux qui avaient déjà reçu le baptême, de prendre part désormais à la communion.

La haine de Ranavalo contre ses hôtes pieux allait croissant. En mai 1832, il fut défendu aux esclaves d'apprendre à lire et à écrire. Le 6 juillet, un missionnaire et sa femme, qui, l'année précédente, avaient été envoyés d'Angleterre, mais qui n'avaient obtenu de l'autorité indigène qu'une permission de séjour d'un an, reçurent l'avis de se disposer à quitter l'île, le temps accordé étant expiré. En octobre, le bruit qu'une expédition française s'organisait à Bourbon pour envahir Madagascar donna un nouvel aliment aux haines entretenues contre toutes les influences européennes. Un prêtre français, débarqué sur ces entrefaites à Tamatave pour proposer au gouvernement madécasse l'établissement d'une mission catholique, mourut subitement avant même d'avoir reçu de réponse à sa demande. Quinze mois après environ, la position des missionnaires anglais était devenue de plus en plus difficile; M. Canham, l'un d'eux, non-seulement ne put obtenir le renouvellement de l'autorisation de séjour de dix ans qu'il tenait de Radama, mais encore il reçut un congé en forme. En décembre 1834, l'enseignement de la lecture et de l'écriture fut limité, par un édit royal, aux seules écoles du gouvernement, et bien que les prédications chrétiennes continuassent encore et fussent même très-suivies, il devint chaque jour plus évident qu'on touchait à une grande crise.

Le dimanche 15 février 1835, la reine, toujours très-assidue au culte des idoles, culte que les missionnaires s'efforçaient de déconsidérer, allait en procession solennelle remercier ses dieux du rétablissement de sa santé (elle relevait de maladie). Au moment où elle passait, des chants religieux vinrent frapper son oreille. Furieuse, elle se retourna vers ses courtisans : « Les entendez-vous! s'écria-t-elle;

ils ne se tairont que quand j'aurai fait couper la tête à quelques-uns d'entre eux. » Cette parole grosse de menaces ne devait pas être perdue. Le lendemain, un chef se présenta devant la reine, au palais : « Je suis venu demander une grâce à Votre Majesté, » s'écria-t-il tout d'abord avec l'accent d'un homme en proie à une violente agitation intérieure. « Que Votre Majesté me fasse donner une sagaie, une sagaie brillante et bien aiguisée ! » Interrogé sur le motif de cette étrange requête, le solliciteur entama une longue harangue à l'effet d'expliquer qu'il venait de voir outrager les dieux gardiens de la patrie et la mémoire des ancêtres déifiés de la reine elle-même ; ce crime, qui allait priver la nation de la protection de ses gardiens sacrés, avait été commis *sous l'influence des étrangers*. Déjà, disait-il, le peuple délaissait les coutumes de ses pères ; son cœur n'était plus à la reine ; les étrangers, par leurs enseignements et leurs livres, avaient gagné à leurs intérêts une foule de personnages haut placés, des fonctionnaires civils et des officiers de l'armée, des artisans et des laboureurs, et un nombre considérable d'esclaves ; tout cela n'était qu'un vaste complot destiné à préparer le débarquement d'une armée étrangère ; les missionnaires n'avaient qu'un mot à prononcer, et c'en était fait de l'empire des Hovas. Après avoir continué longtemps sur ce ton, l'orateur termina en déclarant que, quant à lui, il ne voulait pas vivre pour voir le malheur de son pays, pour voir les esclaves ameutés contre leurs maîtres, et il demandait une sagaie pour se percer le cœur avant cette heure fatale.

L'effet de cette scène fut instantané et profond.

L'étincelle tombait sur de l'amadou. Le fanatisme et le courroux de la reine ne connurent plus de ménagement. La musique, les danses et les plaisirs de toute espèce cessèrent sur l'heure, pour faire place à un recueillement lugubre qui se prolongea quinze jours, comme si un désastre national avait tout à coup frappé le pays. Pendant ce temps, les mesures les plus rigoureuses furent prises pour la suppression immédiate et définitive du christianisme. Le 26 février, Ranavalo communiqua aux missionnaires sa volonté souveraine qu'ils eussent à s'abstenir désormais de tout enseignement religieux, et le 1er mars, dans une grande assemblée populaire, convoquée de tous les points du royaume, en présence de quinze mille soldats sous les armes, fut fulminé le fameux édit royal qui supprimait l'exercice de la religion chrétienne dans toute l'étendue des possessions hovas. Ce document caractéristique fut publié au son d'une musique guerrière et à grand renfort de salves d'artillerie. Nous verrons plus loin quels en furent les tristes effets.

Peu de temps après, les missionnaires et leurs précieux auxiliaires, les artisans chrétiens, furent contraints de quitter l'île; et ils étaient à peine partis que les persécutions commencèrent contre les indigènes convertis. Bientôt la reine interdit à ses sujets, sous les peines les plus sévères, la sortie du territoire madécasse.

« Les missionnaires anglais, dit M. Lacaille (1), laissèrent encore moins derrière eux le germe de la parole divine que la connaissance imparfaite des moyens de mieux asservir ceux que la conduite de leurs compatriotes avait déjà puissamment contribué à placer sous le joug. Telle fut la triste fin de cet apostolat hardi, qui avait duré plus de quinze ans. Son œuvre fut trop étroitement liée aux vues ambitieuses et envahissantes de la politique anglaise, pour mériter les éloges que toute société civilisée sera toujours disposée à accorder aux tentatives heureuses ou infructueuses à la poursuite d'un but élevé et désintéressé. Les missionnaires s'éloignèrent donc, laissant le terrain à des successeurs plus heureux ou plus habiles. Ce départ fut un échec notable pour

---

(1) Ouv. cité.

la politique anglaise, qui vit ainsi détruit en un jour, sur cette terre qu'elle avait sourdement disputée à la France avec tant de persévérance, le fruit de ses efforts prolongés et des sommes considérables que ses agents avaient jetées en pure perte dans le gouffre toujours ouvert et toujours inassouvi de l'avidité hova. »

Après le départ des missionnaires anglais, les Hovas eurent à réprimer de terribles révoltes, qui éclatèrent surtout dans le sud de l'île. « Les actes de la plus horrible cruauté signalèrent les avantages remportés par ces farouches dominateurs, dont le joug usurpé, secoué sans cesse par les peuplades de la côte, ne s'impose que par le massacre et la terreur (1). »

Enfin, en 1845, Ranavalo, décidée, il paraît, à en finir d'un seul coup avec les étrangers, prétendit appliquer les lois indigènes aux traitants européens établis à Madagascar, et qui, depuis quatre ou cinq ans, pouvaient se croire tolérés ou du moins oubliés par les chefs politiques de la nation hova.

Le 13 mai, sans motifs à eux connus, les résidents français et anglais et les habitants de Tamatave furent convoqués chez le grand juge par ordre de la reine, pour entendre la lecture du décret suivant :

(1) *Ibid.*

« A partir de ce jour, tous les habitants et com-
» merçants seront tenus de se soumettre à la loi
» malgache faite en ce jour, concernant les étran-
» gers ; c'est-à-dire de faire toutes les corvées de la
» reine, d'être assujettis à tous les travaux possibles,
» même ceux que font les esclaves, de prendre le
» *tanghin* lorsque la loi les y oblige, d'être vendus
» et faits esclaves s'ils ont des dettes, d'obéir à tous
» les officiers et même au dernier des Hovas, — la
» reine ne leur accordant aucune des prérogatives
» que la loi malgache accorde à ses sujets ; de ne
» sortir de Tamatave sous aucun prétexte, et de ne
» faire aucun commerce avec l'intérieur de l'île.
» Quinze jours de réflexion sont accordés aux trai-
» tants et commerçants ; si à ce terme ils n'ont pas
» accédé au présent décret, leurs clôtures seront
» brisées, leurs marchandises livrées au vol et au
» pillage, et eux-mêmes seront embarqués sur le
» premier navire qui se trouvera sur rade. »

Toutes les observations que purent faire les victimes de cet ordre inique n'eurent aucun résultat. Les Hovas, se contenta-t-on de leur répondre, étaient maîtres d'agir chez eux comme bon leur semblait.

« Les quatorze, quinze et seize mai, dit M. Barbié du Bocage, auquel nous empruntons ces détails, les Hovas firent de nouvelles sommations, accompagnées de tout ce qui, en fait de menaces et de violence, pouvait intimider les Européens ; et leur détermination de chasser les étrangers de leur île était si bien prise, que l'arrivée devant Tamatave des navires français le *Berceau* et la *Zélée* et de la corvette anglaise le *Conway*, ne put les en faire changer. Ils forcèrent les traitants à s'embarquer immédiatement, et donnèrent aux marins français et anglais le triste spectacle de l'entière dévastation des propriétés européennes. Les commandants des vaisseaux, ayant vainement protesté contre de pareils actes, se virent forcés de recourir aux armes, et les trois navires ouvrirent le feu contre la ville, où l'incendie ne tarda pas à se déclarer. Trois cent vingt hommes de troupes furent alors mis à terre ; ils repoussèrent l'ennemi de presque tous les points qu'il occupait et pénétrèrent dans le fort. Les munitions leur ayant manqué pour enlever une enceinte intérieure en maçonnerie, ils regagnèrent leurs vaisseaux battant en retraite, l'arme au bras, dans le meilleur ordre, quoique sous un feu très-vif. Les Hovas perdirent dans ce combat trois ou quatre cents hommes. Nous eûmes de notre côté à déplorer la mort de quinze Français dont trois officiers. Nous eûmes en outre quatorze blessés. Les Anglais comptèrent quatre morts et douze blessés. Malheureusement, le manque de munitions n'ayant pas permis de retours offensifs pendant la retraite, les corps des braves tombés sur le champ de bataille restèrent au pouvoir de l'ennemi ; et, dès le lendemain, les marins des deux nations purent apercevoir les têtes de leurs infortunés camarades fixées au bout de sagaies plantées en terre et échelonnées sur le rivage.

» Une pareille barbarie demandait une éclatante vengeance ; mais les commandants des navires n'ayant ni les ordres, ni les forces nécessaires pour entreprendre un nouveau débarquement, durent renoncer, pour le moment, à toute manifestation armée, et se contenter d'en référer à leurs gouvernements respectifs... »

A la suite de ces faits, les autorités politiques de Tananarive prohibèrent toute exportation des produits indigènes, et le commerce des bestiaux, si important pour la Réunion et pour Maurice, fut anéanti.

« La nouvelle des événements de Tamatave, poursuit le même écrivain, souleva en France l'indignation générale, et l'opinion publique s'étant émue de l'ignoble insulte faite à notre drapeau par une tribu de barbares, le ministre se décida à vider définitivement la question de Madagascar et à envoyer dans cette île, sous le commandement du général Duvivier, une expédition capable de rétablir la prépondérance française ; mais les chambres, guidées par une opposition aussi absurde qu'ignorante des faits, pour laquelle c'était un parti pris de s'opposer à tous les actes du gouvernement, et qui sacrifiait l'honneur du pays à un succès de tribune, empêchèrent l'expédition d'avoir lieu. Les fonds nécessaires furent refusés, malgré les protestations de MM. Guizot et de Mackau. A la nouvelle de ce refus, le conseil colonial de Bourbon rédigea successivement deux adresses au roi, dans lesquelles, avec l'accent de la conviction, il rappelait au souverain l'importance de la question de Madagascar; mais une nouvelle révolution dans la métropole fit encore une fois oublier cette grande île. »

Cependant, à cette même époque de 1848, où nos discordes civiles nous empêchaient de songer à nos établissements coloniaux, les Anglais, désireux de ressaisir à Madagascar leur influence perdue, essayèrent de renouer avec la cour madécasse des relations d'amitié ; ils échouèrent toutefois dans cette tentative, et six ans s'écoulèrent avant que les difficultés pussent être enfin aplanies.

Pendant ce temps, les persécutions ordonnées par Ranavalo étaient loin de se ralentir. Les Hovas eux-mêmes, dit M. Lacaille, habitués à trembler depuis l'inauguration sanglante de ce règne, commencèrent à ressentir un profond dégoût pour ce gouvernement, qui ne vivait que par la terreur et le meurtre. « Mais la crainte comprimant tout[1], même jusqu'aux soupirs des enfants, le peuple n'y opposait qu'une force d'inertie. Le silence de la mort régnait partout dans Tananarive ; il n'était parfois troublé que par les cris des victimes qu'on précipitait la nuit du haut du rempart situé derrière le palais, ou par les exécutions publiques, d'habitude très-fréquentes, et devenues périodiques, des populations soumises, appelées, à certaines époques de l'année, à venir s'accuser elles-mêmes de crimes imaginaires. A la suite de ces réunions, quatorze cents individus reçurent les fers le même jour, et, dans ces circonstances, la moitié de la population valide servait littéralement d'exécuteur pour l'autre. Dans les exécutions pour cause de suspicion religieuse, on procédait avec un raffinement de cruauté qui trouvera bien des incrédules. Les condamnés de cette dernière catégorie étaient principalement des Hovas, officiers pour la plupart. Ils étaient précipités dans des chaudières d'eau bouillante, et c'étaient leurs plus proches parents qui étaient forcés, sous peine d'être compris dans la proscription, de remplir les terribles fonctions d'exécuteurs vis-à-vis des victimes.

» La reine, cependant, vivait au milieu de toutes ces abominations avec un calme apparent ; mais son esprit éprouvait de fréquentes hallucinations. Elle s'était entourée, dans ses dernières années, d'*ampi-*

sikidis, complaisants tireurs de bonne aventure, dont le ministère, convoqué à tout moment, même au milieu des festins, était de chasser le moindre trouble qui pouvait affecter cette âme bourrelée. Après avoir vu assassiner son amant Andrian-Mihaza, auquel elle devait sa position, loin de punir le principal meurtrier, celui-ci était devenu son favori et s'était emparé d'emblée du pouvoir exercé par sa victime. Cet homme s'appelait Rainiharo ; il avait pour principal appui son collègue Ratsimaniche. L'influence, ou pour mieux dire le règne de ces deux brigands, fut malheureusement de longue durée. Pendant une période de dix-huit ans, Rainiharo fut à la tête des affaires à Madagascar et le maître absolu du pays... Enfin, dans l'ordre chronologique des ministres favoris ou maîtres de la reine, apparaît un autre monstre qui surpasse ses prédécesseurs, non pas en audace et en énergie, mais en rapacité et en cruauté : c'est Rainizair (appelé par d'autres Rainijohary et Rainizouare). Il fut ainsi le dernier débris de cette association d'officiers du palais qui fit tout trembler à Madagascar, après s'être emparée du pouvoir sous le nom de Ranavalo, et qui exerça impunément tant de ravages pendant la longue durée de l'existence de cette femme (1). »

(1) Lacaille, *ouv. cité*.

Ce fut sous ce dernier ministre qu'eut lieu, en 1857, un complot dont l'idée première paraît appartenir à deux ou trois Français alors à Tananarive, et qu'il est temps de faire paraître dans ce récit. Ce complot, qui malheureusement avorta, avait pour but de s'emparer de Rainizair et d'amener la reine à abdiquer en faveur de son fils Rakoto, tout dévoué aux idées européennes.

Mais, pour mieux saisir l'enchaînement des faits, il nous faut revenir un peu en arrière, et nous ne saurions mieux faire en cette circonstance que de prendre encore une fois pour guide le lucide exposé de M. Francis Riaux.

V.

Le prince Rakoto. — M. Laborde. — M. Lambert. — Projets de Rakoto. — Meurtre de M. d'Arvoy. — Mission de M. Lambert à Paris.— Son insuccès.— Lord Clarendon et le révérend W. Ellis.

Après la mort du grand Radama, sa veuve, la reine Ranavalo, avait mis au monde un fils unique, le prince Rakoto, qui devait régner plus tard sous le nom de Radama II (1). Loin de ressembler à sa mère, le fils de Ranavalo était, au contraire, une nature noble et désintéressée. Dès sa première jeunesse, il manifesta une horreur profonde pour les sanglantes exécutions ordonnées par la reine, et,

(1) La plupart des écrivains qui, dans ces derniers temps, se sont occupés de Madagascar, ou se taisent sur la paternité de Rakoto, ou le font fils de Radama Ier. Rakoto est né plus d'un an après la mort de Radama; il est le fils d'Andrian-Mihaza. Radama, se voyant privé d'enfant mâle, avait présenté au peuple, quelque temps avant sa mort, son neveu Ramboussalam. De là, plus tard, la prétention de ce dernier de succéder à Ranavalo, à l'exclusion du fils de la reine. Voir *Lacaille*, « Connaiss. de Madag., » p. 206.

conséquence naturelle, pour les jongleurs, *ampisikidis* et *ombiaches*, dont elle s'inspirait le plus souvent.

Au nombre des heureuses influences qui, dans l'étrange milieu où il grandissait, devaient servir à faire du jeune prince l'homme intelligent et doux qu'il s'est montré dans la suite, il faut placer en première ligne l'ascendant salutaire des exemples et de l'amitié d'un Français, M. Jean Laborde, aujourd'hui notre agent diplomatique à Tananarive, et qui, pendant de longues années, fut seul admis par Ranavalo à résider dans la capitale des Hovas.

Né à Auch (Gers) en 1806, M. Laborde revenait de l'Inde en 1831, lorsqu'il fit naufrage sur la côte est de Madagascar, aux environs de Fort-Dauphin. Il fut recueilli par M. de Lastelle, riche et honorable négociant depuis longtemps établi dans l'île, et en faveur auprès de Ranavalo, qu'il avait eu l'adresse d'intéresser dans les profits de son industrie. M. de Lastelle, appréciant bien vite son compatriote, écrivit à la reine qu'il avait trouvé un blanc capable de lui monter des fabriques de canons et de fusils, et, la même année, M. Laborde obtint l'autorisation de se rendre à Tananarive.

« Là, dit M. Riaux, avec une énergie, une puissance de volonté incroyable, sans autres ressources ni d'autres ouvriers que ceux du pays, cet homme intelligent créa successivement et installa des fonderies de canons, des verreries, des faïenceries, des magnaneries, des forges, des ateliers de charpente, des rhumeries, des sucreries, des indigoteries, etc. M. Laborde établit sa résidence à Soatsimanampiovana, à huit lieues de Tananarive, dont il avait fait un village militaire et manufacturier qu'il bâtit pour ses ouvriers (1). La maison de la reine y occupe le centre, et est située au sommet d'un mamelon d'où l'on voit tout le pays... Dans ce village se trouvent aussi les maisons de plaisance des princes et des ministres... C'est là que M. Laborde, pendant 28 années, a donné aux Européens, mais surtout à ses compatriotes, une hospitalité princière, et s'est servi de sa fortune et de son crédit pour en arracher un grand nombre à la misère, à l'esclavage et souvent à la mort.

« Homme sérieux, esprit ferme, M. Laborde conquit une grande considération auprès de la reine par d'éminents services. Les protestants anglais, méthodistes et autres, essayèrent mainte fois de le gagner à leur cause et lui firent des offres brillantes. Mais, loin de se laisser séduire, aimant sa patrie avant tout, M. Laborde se servit au contraire de son in-

---

(1) *Voir* la relation du docteur Milhet-Fontarabie, *Revue algérienne*, février 1860.

fluence dans l'intérêt de la France, et ce fut par son crédit et celui de M. Lambert qu'il y a quelques années, un missionnaire catholique fut enfin toléré à Tananarive même. »

M. Laborde eut bientôt remarqué les heureuses dispositions et les nobles sentiments du jeune prince Rakoto. Il se l'attacha dès l'enfance, l'instruisit par ses conversations, le mit, autant que possible, au courant de notre civilisation, et déposa en lui le germe des croyances chrétiennes. Ce fut sous son inspiration que Rakoto conçut le projet de se servir de la France pour relever le peuple de Madagascar. M. de Lastelle ne leur faisait pas défaut dans cette noble tâche. « De concert avec eux, cet homme de bien s'efforçait d'éloigner et d'arrêter les progrès de l'influence anglaise, qui ne tendait qu'à flatter les penchants tyranniques de Ranavalo, pour les exploiter dans un but de haine et de domination. Car il y avait à la cour de Tananarive un véritable parti anglais, formé de quelques Hovas des meilleures familles de l'aristocratie malgache, qui avaient été élevés en Angleterre, où l'influence de quelques missionnaires méthodistes leur avait ménagé un accueil habilement calculé. »

Dès 1847, Rakoto avait fait connaître au contre-amiral Cécile son vif désir d'améliorer le sort de son peuple, en s'appuyant sur la France pour cette noble entreprise, et l'amiral lui répondait de Ste-Marie de Madagascar pour l'encourager dans cette voie. En 1852, le prince, persistant dans ses intentions, en informait M. Hubert Delisle, gouverneur de la Réunion. Enfin, en 1854, il écrivait à l'empereur Napoléon III pour solliciter son concours effectif, offrant même d'accepter le protectorat de la France, et il s'adressait à l'un des prêtres de la mission catholique de Madagascar à la Réunion, pour le prier de faire parvenir sa lettre.

L'année suivante, arrivait à Madagascar, appelé par ses intérêts commerciaux, un Français qui depuis lors n'a cessé d'y jouer un rôle analogue à celui de M. Laborde : nous voulons parler de M. Lambert. Né à Redon (Ille-et-Vilaine) en 1824, M. Lambert, qui a passé sa jeunesse à Nantes, se maria à Maurice, où il fonda rapidement une puissante maison de commerce. « Son âme élevée et généreuse, dit M. Riaux, comprit de suite le dévoûment de M. Laborde, et comme lui il s'attacha au prince Rakotond (1) qui, plus rapproché de son âge,

---

(1) On n'est pas d'accord sur la manière de prononcer et d'orthographier les noms madécasses. On trouve celui du fils de Ranavalo écrit tantôt Rakotond, tantôt Rakout, Rakoutod, Rakoto ; nous avons adopté cette dernière orthographe, qui paraît être la plus générale.

le paya de retour par une vive et ardente affection. M. Lambert fit même avec le prince le *serment du sang*, par lequel deux personnes s'unissent d'une amitié telle, que la mort seule peut rompre ce lien qui les rend frères à jamais. »

M. Lambert fut tout de suite initié aux projets de Rakoto. Ayant habilement saisi l'occasion de rendre à la reine un important service (1), il reçut d'elle l'invitation de se rendre à Tananarive, faveur insigne, dont il eut bien soin de profiter. Là, pendant un séjour de six semaines, il vécut dans l'intimité du prince et de ses amis, et se dévoua tout entier à leurs projets. D'un autre côté, la reine, pour lui montrer son bon vouloir spécial, consentit, sur sa demande, à ce qu'un missionnaire français résidât à Tananarive, et « ce fut grâce à lui que dans la capitale malgache, le 8 août 1855, en présence du prince Rakotond, le Père Finaz célébra pour la première fois le saint sacrifice de la messe. Il va sans dire que l'habitation de M. Laborde devint la demeure du pieux missionnaire (2). »

---

(1) Une garnison hova était assiégée à Fort-Dauphin par des tribus ennemies. Le gouvernement d'Emirne était dépourvu de moyens de lui porter des vivres et les secours qui lui manquaient. M. Lambert offrit un de ses navires, et assura ainsi le succès des Hovas.

(2) Riaux. — Le missionnaire dont il est ici question

Quand M. Lambert quitta Tananarive en août 1855, Rakoto le chargea de se rendre en son nom à Paris pour renouveler auprès du gouvernement français sa demande de protectorat. La lettre que le prince écrivait à l'Empereur énumérait les malheurs du peuple madécasse et implorait le secours de la France ; elle était accompagnée d'une supplique non moins explicite et pressante des principaux chefs.

Ici se place un épisode caractéristique de la persistance de la haine de Ranavalo, ou plutôt de son ministre Rainizair, contre les étrangers. Laissons M. Riaux le raconter :

« Madagascar possède de riches mines de houille, dépôts d'autant plus précieux qu'ils sont uniques dans ces parages. La maison Lambert, représentée dans cette affaire par M. d'Arvoy, ancien consul de France à Maurice, avait formé à Bavatoubé, près de Morontsanga, une exploitation de houille et de coupe des bois de construction qui y abondent. C'était sur un territoire cédé à la France par le roi des Sakalaves réfugiés à Nossi-Bé, et les Hovas n'avaient aucun poste de ce côté. Les officiers de notre station encouragèrent l'entreprise. M. d'Arvoy se procura des munitions de guerre, des fusils et même une dizaine de canons, pour armer le fort de Bavatoubé,

avait été amené à Tananarive par M. Lambert comme son secrétaire.

seule garantie de la sûreté de la vie des travailleurs. Pendant que M. Lambert était encore à Tananarive, il apprit que la reine avait menacé de mort quiconque débarquerait sur un point de l'île dépourvu de poste militaire. Il ne dit rien, mais, arrivé à Tamatave et sur le point de mettre à la voile, il reçut une lettre de la reine qui lui annonçait qu'un blanc était établi à Bavatoubé et le chargeait de signifier à ce blanc qu'il eût à se retirer, sinon qu'elle enverrait un corps de 2 à 3 milles Hovas pour le chasser. Il n'y avait plus d'illusions à se faire, le gouvernement d'Emirne maintenait impitoyablement son système inhospitalier, et le bon accueil fait à M. Lambert lui restait exclusivement personnel. »

En arrivant à la Réunion, M. Lambert informa M. d'Arvoy de la volonté de Ranavalo, et l'engagea à quitter Bavatoubé, au moins provisoirement. M. d'Arvoy, malheureusement, ne jugeait pas le péril si pressant. Il écrivit à la reine pour l'assurer de ses intentions pacifiques. D'ailleurs il se considérait comme étant sur un territoire français, et il se fiait à la protection de notre station navale. Au mois d'octobre suivant, arriva un corps de 2,000 Hovas. Surpris au milieu de la nuit, l'établissement français se défendit de son mieux. Mais le nombre des envahisseurs rendait la lutte impossible. M. d'Arvoy fut tué avec un autre blanc, une femme blanche et un grand nombre de travailleurs sakalaves. Les Hovas, après avoir enlevé du fort le pavillon français, emmenèrent prisonniers le reste des défenseurs. Parmi ceux-ci se trouvait un Français, M. Santré, blessé. La reine prétendit le faire vendre comme esclave à la porte de son palais. Il fallut tous les efforts de Rakoto et de M. Laborde, appuyés d'une somme très-ronde payée par celui-ci, pour épargner à la France cette nouvelle humiliation. Ce n'est pas, du reste, le seul exemple de dévoûment analogue pour nos compatriotes qu'on pourrait citer de M. Laborde et du prince, son élève et son ami.

La facile victoire des troupes hovas fut célébrée à Tananarive par des salves d'artillerie. La reine crut devoir, à cette occasion, annoncer le succès de ses armes au gouverneur de Maurice, et ce représentant de l'autorité britannique s'empressa de lui faire parvenir ses félicitations, promettant d'envoyer, sous peu, une frégate à Tamatave saluer le pavillon de Ranavalo (1). De ce fait, qui peut se

(1) « Lorsque, le 14 mars 1825, un corps de Hovas d'environ 4,000 hommes se jeta sur le Fort-Dauphin, défendu seulement par cinq Français, M. de Freycinet eut la preuve que cette indigne agression était due aux conseils des Anglais présents. Voyez *Précis sur les établis. français de Madagascar*, publié par le département de la marine, p. 37. » (F. Riaux, *ouvr. cité.*, p. 46.)

passer de commentaire, rapprochons, pour l'édification de nos anglomanes, cet autre fait plus récent que, de tous les gouvernements européens, le gouvernement anglais est le seul qui, lors de la prise de Puebla et de la reddition de Mexico, se soit abstenu de féliciter l'Empereur des Français.

Les choses en étaient là quand M. Lambert arriva à Paris dans les premiers jours de décembre 1855. Le gouvernement fit un excellent accueil à l'ambassadeur du prince madécasse. Il donna son approbation à la fondation d'une grande compagnie agricole et industrielle, en la subordonnant, par mesure de prudence, à l'établissement d'un gouvernement régulier, apte à donner des garanties suffisantes. Mais, quant à l'envoi de troupes à Madagascar, on avait bien assez déjà des lourdes charges de la guerre de Crimée, et toute décision relative au protectorat fut ajournée.

En raison de l'alliance alors intime qui existait entre l'Angleterre et la France, le gouvernement français eût admis volontiers une action commune avec l'Angleterre dans la question de Madagascar, en vue du bénéfice qu'il en pourrait résulter pour les intérêts européens et la cause de la civilisation ; mais cela ne faisait point le compte de la politique anglaise.

M. Lambert se rendit à Londres, et lord Clarendon, consulté à ce sujet, n'approuva exclusivement que le projet d'une compagnie industrielle anglo-française, s'opposant formellement d'ailleurs à toute idée de protectorat, mesure dans laquelle il voyait une prise de possession future. Le ministre anglais ne s'en tint pas là. « Pendant qu'à Paris on s'enfermait dans une grande réserve au sujet du protectorat, dit M. Riaux, à Londres, on agissait mystérieusement et promptement. Peu de jours après que l'envoyé du prince Rakotond avait eu une audience de lord Clarendon, le révérend Ellis, qui avait vu lord Clarendon au moment même où M. Lambert visitait le chef du Foreign-Office, quittait Londres et se rendait à Maurice, et de là à Tamatave, où il se présentait, avec fracas, comme envoyé de l'Angleterre, vers le mois de juillet 1856. De son côté, le révérend Griffiths, qui était retourné en Angleterre après son séjour à Madagascar, écrivait au prince Rakotond pour l'informer de la prochaine arrivée des révérends Ellis et Cameron, et lui recommandait d'avoir toute confiance en M. Ellis, comme dépositaire de la pensée du gouvernement britannique.— Malheureusement pour l'agent anglais, il rencontrait sur son chemin M. Laborde, qui, accoutumé aux menées de MM. les révérends, et sachant qu'ils enseignaient pour première vérité morale et religieuse aux Madécasses cette proposition : — La

France est l'esclave de l'Angleterre, — démasqua le but de M. Ellis. »

En somme, le missionnaire anglais fut reçu avec politesse à Tananarive, mais ce fut tout. En dépit de sa remuante activité, de ses riches cadeaux et de son absence de scrupule dans le choix des moyens qu'il mit en œuvre, il ne put faire accepter le traité d'alliance et de commerce qu'il proposait, et il dut repartir comme il était venu.

On verra plus loin toutefois qu'il n'avait pas abandonné la partie.

VI.

Voyages de M. William Ellis à Madagascar. — Premier voyage (1853). — Tamatave. — Les indigènes. — Habitations. — Coutumes.

M. Ellis a publié à Londres, en 1858, une relation de ses voyages successifs à Madagascar dans le cours des années 1853, 1854 et 1856 (1). Quoi qu'il en soit du rôle inqualifiable et de la machiavélique conduite du révérend *clergyman* dans l'agitation qui a précédé le meurtre de Radama II et le bouleversement auquel l'île est aujourd'hui en proie, le livre dont nous parlons n'en est pas moins d'une lecture attachante, et,—la part faite naturellement de la nationalité de l'auteur et de son double caractère de ministre de l'Église d'Angleterre et d'agent secret

---

(1) *Three visits to Madagascar, during the years* 1853-1854-1856, *including a Journey to the Capital*, etc. By the Rev. WILLIAM ELLIS. F. H. S. — London 1858.

du cabinet de St-James,—il est utile à consulter en plus d'un cas. N'oublions pas, du reste, qu'antérieur de plusieurs années à la révolution madécasse, il a été écrit à une époque où M. Ellis ne songeait peut-être pas encore à préparer la perte du prince dont il fut l'hôte, et dont il se plaisait alors à vanter la nature élevée et les nobles intentions. Avec une réserve qu'il est bien permis aujourd'hui de croire calculée, la politique ne s'y montre que sous de discrètes réticences. On dirait le plus souvent que le voyageur n'est qu'un simple touriste n'ayant d'autre souci que de distraire son public en décrivant au courant de la plume un pays encore peu connu, bien que parcouru plusieurs fois par des Européens, et en communiquant les impressions que lui ont laissées les mœurs d'un peuple enfant, à la civilisation et à la conversion duquel il s'intéresse sans réserve mentale.

Rien ne nous empêche, en nous en tenant à ce côté du livre, d'utiliser ici, en la pliant aux exigences de notre cadre et en la complétant par des renseignements puisés à d'autres sources, l'analyse que nous avons publiée de l'œuvre de M. Ellis, lors de son apparition.

Depuis les faits de guerre de 1845, les Anglais n'avaient pas cessé de regretter l'interruption de leurs relations commerciales avec Madagascar, et ils avaient tenté de plusieurs manières d'y ressaisir leur influence perdue. En dépit de leurs échecs successifs, on pouvait être sûr qu'ils ne laisseraient échapper aucune occasion pour renouer avec le gouvernement de Tananarive. Les intérêts de la religion implantée par eux leur furent bientôt un prétexte à une nouvelle tentative. Malgré le triste état des choses dans la grande île, des rapports avaient été maintenus, par l'entremise plus ou moins avouée des autorités britanniques, entre les chrétiens de Madagascar et leurs compatriotes et coreligionnaires réfugiés à Maurice. Par eux on apprit en 1852, dans cette dernière île, qu'il se préparait des changements favorables dans la politique hova.

Informée de ces bruits, la Société des Missions de Londres jugea tout d'abord de la plus haute importance de se renseigner d'une manière exacte, en dépêchant un de ses membres sur les lieux. La personne choisie fut le révérend William Ellis, l'auteur de la relation qui va maintenant nous occuper.

« Au commencement de l'année 1853, écrit M. Ellis, je fus invité, concurremment avec M. Cameron, alors résidant au Cap de Bonne-Espérance, à me rendre à Madagascar, pour vérifier, autant que possible, l'état actuel des habitants, et sonder les vues du gouvernement. Les Madécasses étaient bien connus de M. Cameron, et depuis longtemps ils m'intéressaient au plus haut point, non-seulement à cause des circonstances particulières dans lesquelles ils se trouvaient, mais à cause aussi des nombreux rapports de ressemblance qu'il y avait entre eux et les insulaires de la mer du Sud, parmi lesquels j'avais passé les années de ma jeunesse. Je ne demandais donc pas mieux que de consacrer toute mon énergie à une œuvre qui, aux yeux de beaucoup de gens, semblait pleine de promesses. Le 14 avril 1852, je m'embarquai à Southampton, à bord du vapeur à hélice *Indiana*, de 1,800 tonneaux, et le lendemain, après avoir chargé les dépêches à Plymouth, nous portions au large. »

Le 26 mai, le missionnaire anglais prenait au Cap son collègue, M. Cameron, et, dans l'après-midi du 7 juin, l'*Indiana* laissait tomber l'ancre dans le havre de Port-Louis, à l'île Maurice, un peu plus de sept semaines après son départ d'Angleterre. Le premier soin des deux amis fut de s'enquérir de la situation des affaires politiques et des esprits à Madagascar. Les rumeurs les plus contradictoires régnaient à ce sujet : selon les uns, la reine était morte, et son fils venait de lui succéder ; selon les autres, le prince, répudiant tout rapport avec les chrétiens ses anciens amis, était monté sur le trône par suite de l'abdication de la reine. Le plus grand nombre affirmaient que rien n'était changé à Madagascar, et que le gouvernement augmentait les défenses de la côte, dans l'appréhension d'une invasion anglo-française.

Cependant le désir le plus ardent des habitants de Port-Louis était de voir les relations commerciales rétablies entre leur île et Madagascar. Dans ce but, la Chambre de commerce avait rédigé une adresse à la reine Ranavalo, adresse revêtue des signatures de deux ou trois cents des plus notables habitants de Maurice. Puis un schooner avait été frété pour porter la missive à Tamatave. C'est sur ce petit bâtiment, le *Gregorio*, que MM. Cameron et Ellis prirent passage le 11 juillet. Une traversée de huit jours les porta sur le rivage madécasse. Les premiers objets qui frappèrent leurs regards, pendant que le bâtiment prenait son mouillage, furent les perches ou sagaies au bout desquelles étaient encore fixés les crânes blanchis des marins français et anglais tués dans le débarquement de 1845.

Le mouillage de Tamatave est une rade protégée par quelques récifs, mais exposée aux vents d'est et du nord. Le village est bâti sur une langue de sable de trois ou quatre cents mètres de large, couverte de buissons et semée de quelques grands cocotiers. Les seules maisons de quelque importance sont celles des résidents étrangers et des officiers hovas; les autres ne sont que de pauvres cahutes en assez mauvais état. La population est de trois ou quatre mille âmes; mais, à l'époque de l'arrivée du *Gregorio*, presque tous les hommes étaient à dix ou douze kilomètres de là, à Ivondrou, employés à bâtir un fort.

« Tamatave, dit M. Milhet-Fontarabie (1), est bâti sur le sable. Ce village compte un millier de cases et se divise en deux parties, le village malgache et blanc, sur le bord de la mer, et le village hova, placé derrière le fort. Chaque case, bâtie en bois et en feuilles de ravenala et couverte de même, est entourée d'une palissade en pieux. La maison principale est celle du grand juge; elle est bâtie en bois et compte plusieurs appartements et un étage; c'était la résidence de Jean-René, roi de Tamatave et frère de sang de Radama. C'est la seule entourée de pieux équarris de dix pieds de haut, absolument comme le palais de Ranavalo... Il y a environ une quinzaine de traitants de nationalités différentes (2).

---

(1) *Revue algérienne*, février 1860.
(2) Le commandant Dupré, dont le séjour à Madagascar a eu lieu de juin à septembre 1862, porte à 60 le nombre des

Ils font le commerce avec des produits qui leur viennent de la Réunion, de Maurice et de l'Amérique ; car, tous les ans, il y a trois ou quatre navires américains qui viennent jeter sur le marché de Tamatave pour sept ou huit cent mille francs de toile. Cette toile est plus forte que celle de France et d'Angleterre, et les Hovas la préfèrent pour leurs chemises et leurs lambas... Les traitants échangent cette toile et différents autres produits contre des bœufs, du riz et d'autres animaux domestiques qu'ils expédient à la Réunion et à Maurice. A part quelques exceptions, les Hovas seuls font le commerce avec les blancs. »

Le schooner était à peine à l'ancre, que l'officier du port vint à bord, accompagné de trois ou quatre indigènes drapés dans leurs vastes *lambas* ou burnous blancs.

résidents. Ils vivent, dit-il, en assez mauvaise intelligence entre eux et avec les autorités du pays. « A quelques rares et honorables exceptions près, ajoute cet officier, il y a parmi eux plus d'aventuriers que de négociants dignes de considération. » La population de Tamatave serait, suivant le même écrivain, et d'après l'estimation des missionnaires, de 12 à 15 mille âmes. Ce chiffre nous paraît bien élevé. Madame Pfeiffer l'évalue à 4 ou 5,000 habitants, parmi lesquels 800 soldats.

Tamatave, qui est la métropole du commerce et la seconde ville de l'île, est d'ailleurs sans aucune importance militaire. Rien n'empêcherait un bâtiment de guerre de mouiller aussi près que possible de la côte et de balayer de ses canons la plage tout entière.

Le *lamba*, qu'on appelle aussi *sim'bou*, est la toge des Madécasses : « c'est une pièce d'étoffe d'environ quatre aunes de long sur trois de large. Ils s'en drapent à la manière des Grecs et des Romains, ou le portent roulé en ceinture au-dessus du seidik lorsqu'ils veulent avoir leurs mouvement libres. Le costume des Malgaches de la côte orientale est le même partout, à de légères différences près dans la qualité des vêtements et dans la façon de les porter. Le principal et souvent l'unique vêtement des habitants de cette côte est le *sadik* ou *seidik*, pièce de toile large d'une demi-aune et longue d'une aune. Ils l'attachent négligemment autour des reins, en ramènent les deux bouts entre leurs jambes, et, après les avoir fixés dans les plis de la ceinture, les laissent pendre l'un en avant, l'autre en arrière, sans dépasser le genou ; quelquefois les deux extrémités du seidik sont réunies en avant comme un tablier. Les chefs s'en entourent ordinairement le corps sans en relever les bouts entre les jambes. — Les femmes portent le seidik, mais plus long que celui des hommes ; elles se drapent aussi du *sim'bou*, mais souvent elles s'en enveloppent entièrement jusque sous les bras. C'est ainsi qu'on les voit sortir le matin. Vers une heure après midi, elles se revêtent d'une espèce de corsage ou *kanezou*, dont les manches descendent jusqu'au poignet, et qui leur serre tellement la poitrine et les bras, qu'il est très-difficile de l'ôter sans le déchirer : elles le jettent lorsqu'il est sale, préférant en faire un neuf que de le laver. Le seidik ne se joint point à cette espèce de spencer et leur laisse tout le tour du corps à découvert sur une largeur d'environ un pouce : le sim'bou se porte alors comme un châle. — Les *satouks*, coiffure commune aux deux sexes et assez semblable pour la forme au bonnet de nos avocats, sont des toques en jonc ; elles sont toujours plus larges que la tête, et par conséquent fort incommodes ; aussi ne s'en coiffe-t-on que pour se préserver du soleil. Depuis Angoncy jusqu'à Mananzari seulement, c'est-à-dire sur les points de Madagascar les plus fréquentés par les blancs, les femmes dans l'aisance et les élégants *barapip'*, espèce de fats aimés de la population féminine, portent aux oreilles de grands anneaux d'or et des colliers en cheveux, que l'on expédie des îles Maurice et Bourbon. Les *bokhs* ou broches en or de la dimension d'un écu de trois francs et légèrement bombés se placent sur le devant du kanezou et sur une ligne verticale (1). »

Le fonctionnaire en question venait s'informer

---

(1) Leguével de Lacombe, *Voyage à Madagascar et aux îles Comores*, précédé d'une notice géog. sur Madagascar par Eug. de Froberville.— Cité par A. Tardieu, *Encyclop. moderne*.

du but de la visite du bâtiment. Il parlait passablement l'anglais, et exposa immédiatement aux deux missionnaires ses théories politiques sur la conduite de la France et de l'Angleterre envers Madagascar en 1845. Faire la guerre à un peuple parce que ses lois ne nous conviennent pas lui semblait une énormité. En 1837, il avait fait partie de l'ambassade hova envoyée en Europe ; il avait visité la France et l'Angleterre, et il savait que chacun de ces pays exigeait soumission à ses lois de la part de l'étranger qui voulait y résider. Or les lois de sa souveraine, à lui, étaient les lois de Madagascar ; quiconque, par conséquent, désirait habiter l'île, devait s'y soumettre.

MM. Cameron et Ellis n'essayèrent point de répondre à ces arguments, mais ils profitèrent de la circonstance pour se renseigner sur l'état du pays et de ses habitants ; puis ils firent passer au gouverneur de la place une lettre qu'ils écrivaient directement à la reine pour lui demander la permission de faire à la capitale une visite *de pure amitié;* c'est du moins ainsi qu'ils l'appelaient. Les Anglais ont toujours, dans certaines circonstances, des trésors de tendresse à leur disposition. M. Cameron écrivit en même temps à ses amis de Tamatave pour les informer de son projet de voyage à Tananarive.

Le lendemain matin, les deux voyageurs reçurent du gouverneur l'invitation de se rendre à terre, invitation qu'ils ne se firent pas répéter. En quittant leur canot, ils se virent accueillis avec cordialité par les officiers venus à bord la veille, qui les conduisirent, à travers la foule des curieux, au bâtiment de la douane, situé à peu de distance.

Cet édifice est une construction indigène ; c'est une espèce de hangar de 30 ou 40 pieds de long sur autant de large. Ses murs, hauts d'une douzaine de pieds, sont formés de poteaux enfoncés en terre à distances inégales, et reliés entre eux par les longues et fortes tiges du *ravenala* ou *arbre du Voyageur*, serrées debout les unes contre les autres. Des feuilles du même arbre recouvraient le toit ; l'écorce battue servait de parquet. Des bancs fixes régnaient tout autour de la salle à l'intérieur. Nos Anglais firent là une halte durant laquelle le capitaine ou patron du port ne tarit pas de questions sur la France et l'Angleterre et sur les personnages qu'il avait vus dans ce dernier pays, lord Palmerston entre autres. Les théâtres paraissaient surtout avoir fait sur lui une vive impression. La politique revenait aussi assez souvent dans la conversation, et, autant pour causer plus à l'aise que pour faire politesse aux voyageurs, le digne officier les invita à venir dans son habitation, située un peu plus loin. Cette maison était, comme la douane, d'architecture toute madécasse.

Elle occupait le centre d'un vaste enclos cultivé, qui renfermait, en outre, les habitations des personnes attachées au propriétaire et les huttes de ses esclaves.

C'était le premier intérieur indigène que visitait M. Ellis à Madagascar. « Les murs, dit-il, étaient tendus d'étoffe ou nattes fines de *rofia;* une autre belle natte couvrait le plancher. Une couchette à quatre pieds, garnie de nattes finement tissées, meublait un des coins de la chambre ; au coin opposé étaient rangés les ustensiles de cuisine. Les autres parties de la pièce étaient occupées par des sacs de riz et de provisions, ainsi que par des matériaux propres à faire des nattes (1) ; enfin çà et là étaient appendues des armes madécasses et européennes. Au centre, sur une table recouverte d'une nappe blanche, étaient servis des rafraîchissements. Des chaises et des siéges indigènes, faits en nattes et ressemblant à de hautes ottomanes carrées, complétaient l'ameublement. » Plusieurs femmes travaillaient dans un coin de la pièce quand les Anglais y entrèrent ; elles se retirèrent dès que parut le chef.

---

(1) Il se fait à Madagascar une grande exportation de nattes appelées *rabanetas,* qui servent à faire sécher le sucre quand il sort de la dernière chaudière. (Ida Pfeiffer, *Voy. à Madagascar.*) Trad. franç. de Suckau. Paris, 1862.

Une fois tout le monde assis, la conversation reprit son cours ; mais elle ne tarda pas à être interrompue par l'arrivée d'un nouveau personnage, un haut fonctionnaire de la ville. C'était un homme de haute taille, de cinquante à soixante ans, ayant le type des insulaires de la mer du Sud. Son costume se composait d'une chemise de couleur à grand col rabattu, couverte d'un beau *lamba* de soie ; ce vêtement, aux bords frangés de jaune et d'écarlate, et dont le centre était rayé de larges bandes jaunes, roses, rouges et pourpres, retombait en longs plis autour du corps de l'insulaire. Une casquette de drap bleu galonnée d'or, avec une visière bordée d'argent, couvrait sa tête. Deux épées, l'une semblable à une grande *latte* de cavalerie, l'autre plus mince et plus courte, étaient portées par des suivants. Le maître de la maison le présenta sous le nom de Rainibehevitra (*Père des Grandes Pensées*); c'était le premier juge de Tamatave, et le second en grade des fonctionnaires de la ville.

Le magistrat madécasse tendit la main aux deux Anglais, et leur annonça qu'il venait de la part du gouverneur leur souhaiter la bienvenue et leur exprimer son regret de ne pas pouvoir les recevoir immédiatement. Il se mêla alors à la conversation générale. Mais quand, au bout de quelques instants, il ne resta plus dans la maison que les principaux officiers, il s'informa mystérieusement du but de la visite des voyageurs européens, et demanda s'il était vrai, comme on le prétendait dans l'île, que l'Angleterre armait des flottes contre Madagascar. Cette éventualité de guerre avec l'Angleterre ou la France était du reste, à cette époque, la grande préoccupation des chefs indigènes de la côte, et nous verrons plus loin que les habitants de la capitale n'étaient point exempts de tout souci à cet égard. MM. Cameron et Ellis ne quittèrent point le digne juge sans l'avoir complétement rassuré, au moins pour ce qui concernait les intentions de l'Angleterre; car il est bon dé noter que, chaque fois qu'on l'interroge sur la France, M. Ellis élude les réponses catégoriques, et il est facile de voir qu'il n'est pas venu à Madagascar y servir nos intérêts. Avant de retourner à bord, ils allèrent faire visite à un négociant français, M. Provint, établi à Tamatave, et chez lequel ils trouvèrent l'hospitalité la plus gracieuse.

Telle fut la première journée que M. Ellis passa sur la terre madécasse. Les suivantes lui ressemblèrent beaucoup. En somme, les rapports des deux missionnaires avec les fonctionnaires indigènes n'avaient, suivant le narrateur, rien que de très-agréable; ils donnent une très-bonne opinion de la sociabilité des habitants de Tamatave, chez lesquels, du reste, on retrouve encore des traces des mœurs françaises et un assez grand nombre d'individus qui parlent passablement notre langue.

Quelque courte que fut la première visite du révérend à Madagascar, certains traits de mœurs, certaines coutumes ne manquèrent pas de le frapper. « Une chose que je remarquai tout d'abord, dit-il, et qui me divertit beaucoup, c'est la manière dont les chefs et le peuple en général satisfont leur goût pour une substance qui ressemble à du tabac à priser, composition indigène dans laquelle, outre la feuille du tabac pulvérisée, il entre d'autres ingrédients, tels que du sel et les cendres d'une herbe du pays. Ce mélange se vend régulièrement sur les marchés (1). La suite de chaque chef ou officier de quelque rang comprend un individu spécialement chargé de porter ce que nous pourrions appeler la « tabatière » du maître. Ceux des officiers qui sont attachés au service d'un supérieur, ou qui ne sont pas accompagnés de leurs esclaves, portent ce petit meuble dans une partie de leur vêtement, souvent accroché à la ceinture et caché sous les plis de leur *lamba*; et plus d'une fois il nous arriva de rencontrer un voyageur presque complétement nu ayant sa tabatière pendue au cou. Lors de notre première

---

(1) Il porte le nom de *houtchouc*.

entrevue avec le chef chez lequel nous étions en ce moment, chaque fois qu'il désirait user de l'agréable stimulant, l'esclave, qui se tenait ordinairement accroupi derrière lui, présentait un petit bambou creux de dix à douze pouces de long et de moins d'un pouce de diamètre, parfaitement poli et orné d'anneaux. Au bout de ce tube était ajusté un morceau circulaire de canne ou de bois attaché à un long gland de soie. Quand l'esclave avait ôté ce bouchon ou couvercle, le chef prenait le tube, se versait une légère quantité de poudre, environ une demi-cuillerée à café, dans la paume de la main; puis, par un mouvement rapide et plein d'adresse, il faisait passer le tabac sur sa langue, sans que ni la main ni son contenu effleurassent seulement ses lèvres. Je ne me rappelle pas avoir jamais vu d'indigène fumer; mais ce mode que je viens de décrire d'employer le tabac est général; et, bien que certaines personnes aient une manière différente de se le mettre dans la bouche, l'habitude est de se le lancer sur la langue comme je viens de l'expliquer. »

L'incident suivant peint mieux que de longues périodes la circonspection et la prudence que les indigènes restés fidèles au christianisme sont obligés d'apporter dans leurs rapports avec les étrangers, et l'état d'appréhension perpétuelle dans lequel ils vivent. « Nous reçûmes un jour, dit M. Ellis, la visite d'un indigène *ami*, un de ceux que nous nous attendions à voir. » (Le lecteur doit être prévenu que quand le missionnaire anglais parle des Madécasses chrétiens, il le fait toujours avec la prudente réserve que commandent les circonstances spéciales qui, durant tout le cruel règne de Ranavalo, ont été le lot de ces malheureux persécutés). « Quand il parut sur le seuil de la pièce où nous nous tenions, il promena sur chacun de nous un regard profondément scrutateur, puis il avança, et nous tendit la main presque machinalement. Je remarquai alors sur toute sa personne une expression que je n'avais jamais vue à aucun être humain. Ce n'était pas de l'extase, ce n'était pas de la terreur; le mélange de ces deux sentiments se trahissait cependant en lui à la profonde impression qu'il paraissait éprouver. Pendant toute l'entrevue, qui fut longue, il donnait les signes d'un étrange malaise mêlé d'une évidente satisfaction, et qu'il serait difficile de peindre. Il ne serait pas prudent de mentionner ici son nom ni son rang, pas plus que de parler en rien du sort actuel de quelques-uns de ses plus intimes amis, ni de la fin tragique de certains autres. Il nous arriva plus d'une fois de voir d'autres indigènes affectés au point de ne pas pouvoir retenir leurs larmes, en découvrant qu'il nous était impossible de leur donner ce qu'ils attendaient de nous et ce qu'ils appelaient de leurs vœux depuis si longtemps. Je rencontrai un jour chez un digne commerçant de nos amis un chef indigène qui, après m'avoir demandé des nouvelles de plusieurs des anciens missionnaires de Madagascar, et m'avoir dit qu'il avait été l'élève de l'un d'eux, me prit la main, et, la pressant dans les deux siennes, m'exprima en français tout le plaisir qu'il avait de me voir, ajoutant, dans les termes les plus vifs et les moins équivoques, qu'il souhaitait que la bénédiction de Dieu descendît sur moi. Quand il nous eut quittés, je demandai à mon hôte quel était ce personnage ou *ce qu'il* était. Il me répondit qu'il l'ignorait ; tout ce qu'il savait, c'est qu'il venait de l'intérieur de l'île et n'était à Tamatave que depuis peu. »

Les vêtements de la majorité du peuple n'indiquaient point à cette époque une prospérité grande, et les habitants de la côte souffraient évidemment beaucoup de l'interruption de leur commerce avec Maurice et la Réunion. Aux Betsimasarakas, indigènes de cette partie de l'île, race vigoureuse, semblaient être exclusivement dévolus les plus rudes travaux, et un très-grand nombre d'entre eux étaient esclaves. M. E. de Froberville n'a pas une opinion très-haute des Betsimasarakas : « Ils ont, dit-il, tous les vices de la civilisation sans en avoir les qualités. Cinquante Hovas suffiraient pour les mettre tous en fuite, tant ils sont paresseux et lâches. Menteur par habitude et rampant par intérêt, le Betsimasaraka se prosterne aux pieds du premier blanc qui possède une bouteille d'arack ou une aune de toile de coton, et lui prodigue les épithètes les plus adulatrices ; il l'appelle son maître, son roi, son Dieu, et promet de le servir jusqu'à la mort ; mais à peine a-t-il obtenu les objets de sa convoitise, qu'il va rire avec ses camarades de la sotte crédulité de celui qui vient de céder à ses prières et à ses protestations de dévoûment..... Ils aiment à pérorer et sont plus habiles à manier la parole que le javelot national ; ils n'aiment dans la guerre que ces *Kabars* solennels où les orateurs déploient dans de longues harangues les richesses de leur imagination et celles d'une langue admirablement harmonieuse (1). »

Les Hovas, leurs conquérants et leurs maîtres, déployaient en toute circonstance l'activité, l'intelligence, l'esprit d'entreprise particuliers à leur caractère, et exerçaient partout les prérogatives du vainqueur ; toutefois, au dire de M. Ellis, le travail exigé des esclaves n'est excessif que lorsqu'ils sont employés par l'Etat, et la rareté des vivres ne se fait

(1) *Notice géog. et histor. sur l'île de Madagascar.* Ouvr. cité.

guère sentir dans la contrée. Les familles, cependant, n'y sont pas nombreuses ; à peine compte-t-on deux ou trois enfants dans chacune d'elles. La reprise du commerce avec les colonies françaises et anglaises était la chose que le peuple désirait le plus; mais le gouvernement semblait avoir bien plus à cœur de soumettre les tribus soulevées ou indépendantes que de développer les ressources du commerce extérieur.

Quand le temps était beau, les voyageurs passaient à terre la plus grande partie de la journée, et M. Ellis se livrait à sa passion pour la botanique en recueillant les plus rares échantillons de la flore madécasse. Mais le plus souvent la pluie les retenait à bord, et, comme la cabine du schooner n'était rien moins que confortable, ils commençaient à trouver que la réponse du gouvernement central à leur lettre se faisait bien attendre. Cette réponse arriva cependant quinze jours après le départ de leur pétition pour Tananarive. Si elle ne contenait pas positivement un refus, les missionnaires n'en furent guère plus avancés : la missive de la reine expliquait poliment que les affaires de l'Etat réclamaient un temps considérable, qu'on ne pouvait pas s'occuper d'autre chose, et qu'enfin les deux étrangers feraient sagement de ne pas attendre et de quitter l'île, de peur d'être pris par les fièvres.

Il n'y avait plus qu'à reprendre la mer. Toutefois, avant de remettre le cap sur Maurice, MM. Cameron et Ellis passèrent encore quelques jours à Tamatave, où l'appareil photographique de ce dernier fit merveille. C'était, parmi les fonctionnaires indigènes, à qui obtiendrait la faveur de poser devant l'instrument magique. Aussi l'heure du départ de son savant et heureux possesseur arriva-t-elle trop tôt à leur gré. Le 8 août, dans la soirée, le *Gregorio* mettait à la voile, et le 1er septembre, après une pénible traversée de vingt-quatre jours, le petit schooner entrait dans la rade de Port-Louis.

VII.

Deuxième voyage de M. Ellis (1854). — Reprise des relations commerciales entre les Anglais et Madagascar. — Un intérieur madécasse. — La langue et l'écriture. — Le marché de Tamatave. — Les changeurs. — [Le commerce des bœufs.—Fête du bain de la reine.—Un grand dîner.—M. Ellis photographe.— Les Hovas. — Insalubrité de la côte.—Insectes et reptiles venimeux.—L'esclavage.

Les autorités anglaises ne se tenaient pas pour battues. Dans le courant de juin 1854, M. Ellis se rembarqua pour un second voyage à Madagascar.

Auparavant, disons en quelques lignes comment, dans l'intervalle, le gouvernement hova consentit à renouer ses relations commerciales avec la colonie anglaise. Le voyage du *Gregorio* avait appris aux colons de Maurice que la reine de Madagascar demandait 15,000 dollars d'indemnité avant d'entamer aucune négociation. La somme fut bien vite souscrite, et M. Cameron, que sa connaissance de la langue madécasse et ses relations avec Madagascar rendaient particulièrement propre à traiter une affaire de cette nature, fut invité par le commerce de Maurice à se rendre à Tamatave avec M. Mangeot, négociant de Port-Louis, pour payer la somme demandée, et traiter avec les autorités indigènes de la reprise des rapports commerciaux. La petite ambassade, partie de Port-Louis à bord du *Nimble* le 10 octobre, y rentrait le 19 novembre, après avoir accompli sa mission avec tout le succès désirable, et rapportait le document qu'on va lire, signé du secrétaire du gouvernement à Tananarive. Cette pièce pleine d'enseignement mérite bien d'être citée tout au long.

« Antanarivo, 23 asoratany 1854 (23 octobre 1853).

» *A Messieurs J. Cameron et A. Mangeot, et aux personnes qui les ont envoyés payer la somme stipulée pour l'offense commise par William Kelly et Romain Desfossés, et leurs compagnons, à bord de trois navires.*

» J'ai à vous informer que j'ai parlé à nos officiers supérieurs, et que nos officiers supérieurs ont parlé à notre reine au sujet des 15,000 piastres qu'il a été proposé que vous payiez en raison de l'offense commise par Romain Desfossés et William Kelly, et leurs compagnons, à bord de trois navires, sur votre déclaration que le payement de cette somme ne vous donne aucun droit, ni sur le territoire ni sur le royaume.

» Or, en ce qui regarde les 15,000 piastres, nos officiers supérieurs ont ordonné de recevoir l'argent ; nous le recevrons donc, et le commerce sera ouvert.

» Et ainsi le commerce sera ouvert. Comme les droits de douane n'appartiennent à personne autre qu'à la reine de Madagascar, nous percevrons les droits de douane sur les importations et sur les exportations, comme ci-devant ; car nous ne changeons rien.

» En ce qui concerne l'exportation d'esclaves outre-mer, Radama n'était pas partisan de ce trafic, et notre reine n'a apporté aucun changement à cet égard. En conséquence, nous ne pouvons exporter d'esclaves outre-mer.

» Et ceci vous a été dit aussi : Un certain Européen, un Français, a pris possession d'une portion de terre à Ibaly, pour servir de port pour recevoir des navires ; il y a construit une maison et un magasin, et il y réside. Nos officiers supérieurs ont, en conséquence, envoyé des soldats pour le chasser au delà de la mer. Nous ne le mettrons pas à mort; mais sa propriété sera confisquée, comme provenant de notre dépouille ; car il s'est emparé d'un port. Mais, quoique nous ayons dit que nous ne le tuerions pas, cependant, s'il tue quelqu'un de nos soldats, les soldats le tueront. Et ceci vous est dit pour que vous ne veniez pas dire : Pourquoi, après l'ouverture du commerce, détruisez-vous de nouveau les propriétés des Européens ?

» Et l'on vous a dit encore : Si un Européen débarque à un endroit du territoire de Madagascar où il n'y ait point de poste militaire, et en prenne possession pour en faire un port, cette conduite constituera une agression, et sa propriété sera confisquée à notre profit, et lui-même sera chassé au delà de la mer.

» Et il vous a été dit aussi que, par la raison que chaque souverain a établi la loi du pays qu'il gouverne — que ce soit notre souverain ou le vôtre — les choses que chez nous nous ne vendons pas ne doivent pas être emportées à bord de navires sur la mer ; et quant aux choses que vous ne vendez pas, il est bien entendu que vous n'avez pas besoin de venir les mettre en vente chez nous.

» Adieu, salut, etc., à vous.
» Ainsi dit.

» *Signé* : RAINIKITAKA,

» *13ᵉ Honneur, officier du palais.* »

Quoiqu'il en coûtât à la morgue britannique, la nouvelle de cet arrangement fut accueillie de part et d'autre avec de grandes démonstrations de joie. Elle fut saluée à Tamatave par l'artillerie du fort, et un banquet fut offert à MM. Cameron et Mangeot, et aux résidents étrangers. Pour prouver que le commerce était bien réellement rétabli, le *Nimble* ramenait à Maurice une cargaison de quatre-vingt-treize bœufs. De leur côté, trois navires français, qui attendaient en rade la conclusion des négociations, prirent immédiatement à leur bord un chargement de bestiaux pour la Réunion.

Enfin, quelques semaines plus tard, le gouvernement hova, désireux de montrer son bon vouloir envers le gouvernement anglais, envoyait complimenter le gouverneur de Maurice et le prévenir qu'il pouvait désormais enlever les crânes des soldats européens qui figuraient toujours comme trophées devant le fort de Tamatave, et les faire enterrer comme il lui conviendrait. Le gouverneur, en conséquence, envoya dans ce but un sous-officier à Tamatave ; mais, quand celui-ci arriva, les Français avaient pris les devants, et, par leurs soins, les restes de nos compatriotes et ceux des Anglais tués en 1845 avaient reçu la sépulture à l'île Sainte-Marie.

Le premier séjour de M. Ellis à Madagascar avait

été trop court pour lui permettre d'atteindre le but avoué ou secret qu'il avait en vue à son départ d'Europe. Aussi n'était-ce pas sans esprit de retour que le missionnaire anglais avait quitté la côte madécasse. Il n'avait assurément pas renoncé à pousser jusqu'à la capitale de l'île.

Nul doute d'ailleurs, comme nous l'avons dit plus haut, que les hommes qui l'employaient n'aient eu plus d'intérêt qu'il ne veut, en mandataire discret, le laisser paraître, à ce qu'il entrât en rapport direct avec le gouvernement du pays.

Le 8 juin 1854, au plus fort du choléra qui, cette année-là, décima la population de Maurice, le révérend *clergyman* prit passage à Port-Louis sur le *Nimble*, en destination de Tamatave. « J'avais traversé providentiellement le fléau, écrit-il, et l'époque que j'avais fixée pour retourner à Madagascar était arrivée. » Le voyage fut rapide. Quatre jours après son départ, le *Nimble* entrait dans la baie de Tamatave. Ce ne fut, toutefois, qu'après une quarantaine d'une semaine, suffisamment justifiée par la crainte de l'épidémie qui régnait à l'île Maurice, que le voyageur put descendre à terre. Il s'installa dans une habitation neuve et parfaitement saine, que le propriétaire, M. Provint, s'empressa de mettre à sa disposition. M. Ellis y était à peine depuis un jour, occupé à déballer ses fioles pharmaceutiques et les produits chimiques nécessaires à ses opérations photographiques, bagage qui, par parenthèse, lui avait valu immédiatement de passer pour médecin aux yeux des officiers de la douane, qu'un messager vint lui demander des médicaments pour un chef du voisinage. M. Ellis, qui, comme la plupart des missionnaires, possède des connaissances médicales, se rendit immédiatement auprès du malade.

« Je fus frappé, dit-il, de l'aspect nouveau que cette visite m'offrait de la vie sociale des Madécasses. Je trouvai le malade non pas dans la large et confortable maison garnie de portes et de fenêtres, aux murs tapissés de nattes, au plancher parqueté, qu'il occupait habituellement, mais dans une hutte basse, située dans le même enclos. Après avoir franchi la porte extérieure, je pénétrai dans une chambre d'environ 20 pieds de long sur 12 de large, dont les murs avaient à peu près 5 pieds de haut, et qui était close tout à l'entour, sans porte ni fenêtres. A peu près au centre de cette pièce, était une espèce de foyer élevé, entouré de pierres, sur lequel brûlait un feu de bois. La chambre était faiblement éclairée par une lampe de construction indigène, fixée dans le sable de l'âtre. La lampe elle-même était une curiosité : elle consistait en une verge de fer de deux à trois pieds de long, amincie en pointe au bout enfoncé dans le sable, et portant à l'autre bout une coupe que surmontait un crochet. La coupe contenait de la graisse fondue, dans laquelle trempait une mèche allumée de coton tordu, et au-dessus de la flamme pendait, attaché au crochet, un morceau de graisse de bœuf qui, à mesure qu'il fondait, remplissait la coupe placée au-dessous. Le chef était couché sur des nattes étendues à côté du foyer. Sa femme était assise près de la porte ; elle travaillait à tresser une natte d'un goût charmant. Une esclave était occupée, dans la pièce, à chasser les volailles et les cochons, à mesure qu'ils s'approchaient, et une autre petite esclave, accroupie par terre, attisait le feu. Le chef me dit qu'il s'était retiré dans cette cabane basse et étroite pour y avoir plus chaud : le thermomètre, à cette époque, était généralement entre 60 et 70° Fahrenheit (15 à 21° centigrades) à l'intérieur. Ce chef était officier du gouvernement. Pendant que nous conversions ensemble, entra un de ses adjudants ou aides de camp, porteur de deux lettres que, sur l'ordre du chef, il se mit à lire ; un second ordre lui enjoignit d'y répondre. Alors le jeune homme alla chercher une boîte dans un coin de la chambre, apporta du papier, une plume et de l'encre, s'assit par terre, près de la lampe, les jambes croisées, posa sur son genou une main de papier dont il prit une feuille qu'il plia, puis le chef se souleva sur sa natte et commença à dicter. Quand la lettre fut terminée, le secrétaire la lut tout haut; après quoi, brossant avec les barbes de sa longue plume la plante de son pied nu, il en fit tomber sur l'écriture fraîche, de peur qu'elle ne s'effaçât, le sable qui s'y était collé, plia la lettre et sortit pour l'aller porter à son adresse... » « Ce que je venais de voir, ajoute le narrateur, était pour moi un spectacle tout à fait nouveau et étrange, qui me donnait à réfléchir sur la manière dont la civilisation s'introduit chez les nations. Un peu plus de trente ans auparavant, la langue des Madécasses ne s'écrivait pas ; un indigène qui avait été élevé à Maurice était le seul homme qui sût écrire dans le pays, et il écrivait dans une langue étrangère (1); mais aujourd'hui, sans le secours

(1) Sans doute l'usage de l'écriture était excessivement peu répandu; il existait pourtant, et la Bibliothèque Impériale possède quelques manuscrits madécasses. Il est vrai que la langue indigène n'avait pas d'alphabet qui lui fût propre, et qu'avant l'introduction des caractères latins par les missionnaires anglais, l'écriture arabe était la seule en usage. C'est de l'alphabet arabe, dit M. Léon Vaïsse (*Encyclopéd. mod.*, art. Madagascar), « que se servent depuis longtemps les *Ombiasses,* sorte de sorciers et de charlatans, à la fois les savants et les littérateurs du pays. Ceux-ci ont fait subir aux caractères qu'ils emploient différentes altérations, dont une consiste à marquer d'un point placé sous la lettre, le *dal,* le *sad* et le *tha,* pour les mieux distinguer sans date du *dzal,* du *dhal* et du *dha,* qui portent, comme

d'aucun des accessoires qui composent le pupitre ou le bureau d'un secrétaire, un jeune homme tout

on sait, le même point en dessus. Les Malgaches modifient en outre la valeur de certaines lettres, donnant, par exemple, au *ya* initial la valeur du *z*. — L'usage d'une écriture étrangère a réagi sur la langue. En passant par l'alphabet arabe, le malgache a laissé se perdre des prononciations que ce caractère ne pouvait représenter, tandis qu'il a été souvent forcé d'en grouper plusieurs sous un même signe. D'un autre côté, les voyageurs nous apprennent que, dans la plupart des mots écrits, les syllabes finales ne se prononcent pas, et que l'on fait au contraire entendre dans la prononciation quelques lettres qui ne s'écrivent pas. L'écriture malgache se trouve en outre altérée par la nature des instruments graphiques dont on se sert, et par la matière sur laquelle elle est le plus souvent tracée, c'est-à-dire l'écorce de l'*Avo*. Ces diverses circonstances font que le déchiffrement d'un manuscrit malgache présente toutes les chances possibles d'erreur... La littérature nationale des Malgaches se compose de chansons, dont ils ont divers genres, selon les circonstances pour lesquelles elles sont composées, telles que les mariages, les funérailles, etc.; de proverbes, pour la composition desquels ils montrent un goût tout particulier; de fables ayant le plus souvent, il est vrai, un caractère assez puéril; de légendes, dont plusieurs familles possèdent, dit-on, d'importantes collections, et d'où l'on pourrait, selon quelques voyageurs, notamment selon M. Lebel, tirer des renseignements précieux sur l'histoire de l'île. Ils ont enfin, suivant l'abbé Rochon, des traités sur l'astronomie et la médecine, sciences dont la connaissance a été apportée dans l'île, antérieurement à l'hégire, par des docteurs cabalistes venus de Mascate. »

tranquillement assis sur l'aire d'une cabane basse et sombre, à 300 milles de la capitale du pays,

Dans son livre intitulé *Madagascar et le roi Radama II* (Paris, 1863), le P. Henri de Régnon, procureur des Missions de Madagascar et du Maduré, écrit ce qui suit, à propos du langage madécasse :

« Un fait assez singulier dans le domaine des observations linguistiques, c'est que les Hovas, auxquels les traditions, tout aussi bien que le type physique, semblent assigner une origine différente des autres tribus malgaches, parlent une langue qui ne se distingue point de celle en usage chez les populations primitives, sinon comme un dialecte diffère d'un autre en conservant l'identité radicale. Serait-ce donc, conformément à l'opinion de certains géographes, que Madagascar aurait vu deux fois, à des époques différentes, aborder sur ses côtes des émigrants polynésiens? Les premiers, en se mêlant à la population venue antérieurement de l'Afrique orientale, auraient créé le type malais africain, de plus en plus modifié par le sang noir, tandis que les derniers venus, traversant en conquérants l'île jusqu'au plateau central, auraient conservé le teint olivâtre, la chevelure lisse et l'idiome dont l'articulation plus ferme rappelle, avec des altérations de détail, la langue que Crawfort, G. de Humboldt et Dumont-d'Urville ont reconnue dans tout l'archipel de la Malaisie. — La langue malgache est remarquable par son harmonie comme par la multiplicité des synonymes exprimant les nuances de la pensée. C'est la même abondance de voyelles sonores qu'on retrouve dans le malais des îles de la Sonde. La traduction de ce langage, à la fois concis et riche en termes spéciaux, exige mille périphrases, lorsque nous voulons chercher dans nos langues européennes des équivalents. Un grand nombre de mots composés expriment tenant son papier sur son genou, reçoit et écrit scrupuleusement et avec facilité les ordres ou les instructions de son supérieur ; et celui-ci, tout en

aisément les idées les plus complexes. Les affixes, les particules explétives, les enclitiques y jouent un grand rôle ; et si la grammaire est fort simple, si nous ne retrouvons dans le malgache ni les genres, ni les nombres, ni les cas, ni la flexion des déclinaisons, ni la distinction des substantifs et des qualificatifs, la nombreuse nomenclature des mots est telle, qu'on n'a point lieu de regretter les formes absentes. — Ce que nous disons ici en général se rencontre aussi dans la conjugaison, se réduisant presque à un paradigme unique et élémentaire, mais empruntant aux préfixes significatives tout ce qu'il faut ajouter ou changer à la voix active pour obtenir le passif, le réfléchi, les formes potentielles et causatives. — Cette langue n'a point de caractères propres. Depuis un siècle environ, les relations plus fréquentes avec les Antalaots (Arabes venus du littoral africain) ont introduit l'usage des caractères arabes... Les Européens qui pénétrèrent à la cour d'Emirne sous Radama Ier firent, sinon prévaloir, au moins accepter l'emploi des caractères romains, qui maintenant semblent avoir conquis la préférence. » — A titre de spécimen, Mr. de Régnon donne une lettre écrite, le 3 juillet 1855, par le prince Rakoto au P. Jouen. En voici la dernière phrase : *Veloma sy finaritra ho tahin Andtra. anie hianao sy ny mpianahavinao ho tanteraka, ho ambiny n'Andtra anie, izao fikiasana nataondtsikia zao mba ahafaka ny olon-ory, sy ny olomahantra.* Traduction : « Vivez heureux ; que Dieu vous bénisse, vous et tous vos pères ; puisse ce projet que nous avons formé s'effectuer pour délivrer ce peuple malheureux ! Voilà ce que je dis. »

reposant son corps malade sur les nattes qui tapissent un coin de sa hutte au toit de feuilles — la même qu'habitaient ses ancêtres à plusieurs générations de là — n'a qu'à exprimer ses désirs ou ses ordres pour qu'ils soient transmis à qui de droit aussi fidèlement et avec autant d'exactitude que la dépêche la plus régulière du bureau de poste du pays le plus civilisé. Si l'on réfléchit que le gouvernement indigène a su si bien apprécier les bienfaits de l'écriture, qu'en 1836, année du départ de la capitale des derniers missionnaires anglais, il y avait quatre mille officiers qui faisaient par écrit les affaires de leurs départements respectifs ; si l'on veut bien remarquer que le peuple trouve un tel avantage ou un tel plaisir à ce genre de correspondance, que personne à Madagascar ne se rend d'un endroit dans un autre sans être chargé de porter des lettres, on acquiert promptement la conviction profonde que les missionnaires, outre les bienfaits qui découlent de leur enseignement religieux, apportent à l'instruction et à la civilisation de l'espèce humaine l'aide la plus efficace comme aussi la plus active (1). »

(1) « Le gouvernement français, dans le but de propager à Madagascar la doctrine évangélique, entretient pour les jeunes Malgaches des écoles chrétiennes à la Réunion, à Sainte-Marie et à Nossi-Bé. Les élèves s'y pressent chaque année en telle quantité, qu'on est forcé d'en refuser un

Située au centre du village, la maison qu'occupait M. Ellis lui permettait d'observer les habitudes des indigènes ses voisins. En face était un puits d'une vingtaine de pieds de profondeur, creusé dans un sol tellement sablonneux, qu'il avait fallu garnir de planches l'intérieur. C'est là que, tous les matins, les jeunes filles esclaves des maisons voisines venaient faire leur provision d'eau. Le seau est encore inconnu, il paraît, à Tamatave. Il est remplacé par un long bambou de 2 mètres et plus, dont on a évidé les nœuds, moins, naturellement, le dernier d'en bas. A l'aide d'une simple corne de bœuf qu'on descend au fond du puits par une corde d'écorce, on emplit le bambou, et on l'emporte dans une position aussi verticale que possible, en l'appuyant sur l'une ou l'autre épaule ; souvent même on en porte ainsi deux à la fois.

Il y a tous les jours un marché à Tamatave ; il se

---

grand nombre. Cependant, dans la première de ces îles, il existe deux maisons d'éducation consacrées à cet usage ; celle de Nagarest reçoit 34 jeunes filles; celle de la Ressource, 90 garçons. Dans cette dernière, on enseigne l'agriculture et divers métiers. L'école de Sainte-Marie renferme 30 garçons et 30 filles; celle de Nossi-Bé, 50 garçons et filles. » (Barbié du Bocage, *ouvr. cité*.)—On lira plus loin les résultats obtenus par le zèle de nos missionnaires catholiques, en dépit des entraves que les instituteurs méthodistes anglais ont essayé de leur susciter partout.

5

tient sur une place d'une cinquantaine de mètres carrés, fort sale, dit M. Ellis, à cause des débris de légumes et de viande qui y sont accumulés. On trouve là des citrons, des oranges, des ananas, des pistaches, du manioc, du maïs, etc., quelques objets de fabrique européenne, principalement des cotonnades blanches ou imprimées, et, comme produits de l'industrie indigène, des couteaux, des hachettes, des houes, des bêches — car le fer abonde à Madagascar, et les forgerons indigènes sont d'assez habiles ouvriers. — Ce marché offre aussi à l'acheteur des nattes, des paniers, des chapeaux de paille ou de jonc, etc. La plupart des articles sont étalés par terre ; la viande est posée sur de larges feuilles (1).

(1) M. Leguével de Lacombe se plaint de la malpropreté des boucheries établies dans les marchés : le bœuf, que les indigènes n'écorchent jamais, parce qu'ils en mangent la peau, est coupé en très-petits morceaux qui ne pèsent pas deux livres, et étendu sur des nattes ou des feuilles. Cette viande contient, dit-il, des fragments d'intestins qui, n'ayant pas été nettoyés, exhalent une odeur repoussante. Le même voyageur remarque que les marchands madécasses diffèrent des marchands européens en ce qu'ils ne vantent jamais leur marchandise. Ils laissent à l'acheteur le soin de l'apprécier comme il l'entend. Ils crient, du reste, comme chez nous, les objets de leur commerce : « Achetez des poules! » — « Achetez des bananes! » etc. Le fisc hova prélève dans les marchés un droit considéra-

Quelques produits sont disposés sur de petites plates-formes en terre, soutenues par des omoplates de bœufs qui font l'office des bordures de granit de nos trottoirs parisiens. Sur cette place, du reste, s'exercent des industries de toute espèce : vendeurs de volailles et d'oiseaux, marchands de tabac, débitants de rhum et d'arack, s'y pressent en tout sens.

Les changeurs se tiennent sur le seuil des portes, où on les voit occupés à couper les dollars et les pièces d'argent par moitié, par quart ou par fractions plus petites, la monnaie courante s'évaluant au poids. Leur mode d'opérer est des plus primitifs ; ils

ble sur toutes les ventes. Les Madécasses aiment passionnément la viande de bœuf, et la dévorent avec gloutonnerie, quand ils en ont l'occasion, raconte le commandant Dupré. « Mais le morceau de choix, celui auquel il est interdit de toucher sous des peines sévères, à moins d'être prince, noble ou chef représentant l'autorité royale, c'est la partie de la croupe qui avoisine la queue, et que dans le pays on appelle *queue du bœuf*. La vieille loi du pays porte qu'une amende de dix piastres sera frappée sur ceux qui mangent la queue du bœuf sans y avoir droit. » — (*Trois mois de séjour à Madagascar*, par le capitaine Dupré, commandant la division des côtes occidentales d'Afrique. Paris, 1863.)

Dans les marchés de Tananarive, la viande se vend communément en lanières de 50 ou 60 grammes au plus pour un morceau d'argent imperceptible, tandis que, pour 1 fr. 25, on a un morceau de 10 ou 12 kilogrammes. (*Voir* Lacaille.)

placent la pièce à plat sur un bloc de pierre et la partagent avec un gros couteau, sur le dos duquel ils frappent avec un marteau. C'est la piastre qui est l'unité, et, parmi les différentes piastres, la plus recherchée et la plus commune est la pièce de cinq francs. Comme les divisions s'obtiennent en la coupant ainsi qu'il vient d'être dit, et que rien ne garantit l'exactitude de ces fractions, on ne rencontre pas d'indigène qui n'ait avec lui sa balance. « Ces petits instruments, dit le commandant Dupré, sont d'une délicatesse remarquable et leur servent à peser jusqu'à la 720ᵉ partie d'une pièce de cinq francs, c'est-à-dire la valeur de 3 quarts de centime environ en argent. Jamais ils ne font de pesée sans une contre-épreuve, qui consiste à faire passer, après la première opération, l'argent d'un plateau dans l'autre. »

Les indigènes ont l'esprit du commerce développé à l'extrême. « Souvent, dit M. Ellis, la persévérance des vendeurs à me proposer leurs articles, malgré mes déclarations nettement formulées que je n'en voulais à aucun prix, finissait par devenir assez plaisante. Un homme qui, à différentes reprises et toujours sans succès, m'avait apporté volailles, poissons, nattes, paniers, etc., me demanda ce qu'enfin je voulais avoir. Je lui dis que si, dans ses courses au milieu des bois, il rencontrait différentes plantes ou fleurs dont je lui montrai le dessin, il me les apportât, et que je les lui achèterais, pourvu qu'elles fussent bien celles que je lui désignais ainsi. Le Madécasse parut enchanté. Non-seulement il me promit de me fournir ces plantes, mais encore il m'offrit ses services pour me procurer tout ce dont je pourrais avoir besoin, me proposant par-dessus le marché de s'attacher en permanence à ma personne. »

Plus loin est le marché aux bestiaux; le prix des bœufs destinés à l'exportation est fixé par le gouvernement. L'embarquement de ces animaux à bord des navires est une opération assez bizarre, et qui, par le gros temps, ne se fait pas sans pertes. Quand la mer le permet, les bâtiments approchent le plus près possible de la côte, c'est-à-dire à une encâblure environ. Sur le rivage, deux larges canots sont amarrés bord à bord par de fortes barres de bois dont les extrémités dépassent les embarcations à droite et à gauche. A ces barres on attache par les cornes une douzaine de bœufs, et, au moyen d'un câble, les hommes du navire tirent à eux la vivante cargaison, laquelle est ensuite hissée à bord au moyen d'une forte toile passée sous le ventre de chaque animal. Pendant ce temps, on voit des familles entières de requins rôder autour du bâtiment. Le déchargement à Maurice n'est pas moins original. On se contente de descendre les pauvres bêtes à la mer, et celles-ci gagnent le rivage à la nage entre deux lignes d'espars.

Le bétail est excessivement abondant à Madagascar, et le bœuf est l'animal qui tient le premier rang; il est, avec le riz, la nourriture et la base du commerce des indigènes. Le nord, le centre et la partie occidentale de l'île en possèdent d'immenses troupeaux. Autrefois le commerce des bœufs était une source de richesse pour les habitants. « On estimait à trente mille têtes l'exportation qui en était faite, soit en bœufs vivants, soit en salaisons pour les colonies de Bourbon et de Maurice. Mais depuis que les Hovas ont établi des postes de traite sur le littoral, ils se sont attribué le monopole de tout le commerce avec les étrangers ; leur intervention exclusive et les entraves fiscales qui l'ont suivie ont réagi sur le prix du bétail et ont presque anéanti cette branche importante d'échange sur tous les points soumis à leur autorité (1). » Outre plusieurs variétés de bœufs domestiques, on trouve aussi à Madagascar le bœuf sauvage ou bison. M. Leguével de Lacombe a rencontré sur les bords de la rivière de Menabé le bouri ou bœuf sans cornes, et le bœuf à cornes pendantes, qui n'adhèrent pas à la boîte osseuse de la tête et ne sont soutenues que par la

---

(1) A Tardieu. *Encycl. mod.*, art. *Madagascar.*

peau. — Le mouton à grosse queue du Cap est également indigène à Madagascar.

Le 24 juin est, dans le calendrier madécasse, le premier jour de l'année. Ce jour se passe à peu près comme notre 1ᵉʳ janvier : les indigènes se font entre eux des visites et des cadeaux, et les subordonnés vont présenter leurs hommages à leurs supérieurs. En outre, le bain est ce jour-là de rigueur, et le soir des feux sont allumés partout devant les habitations. Cette fête s'appelle *Fête du bain royal*. A cette occasion, raconte Mᵐᵉ Ida Pfeiffer, Ranavalo avait coutume de réunir dans une grande salle de son palais tous les hauts personnages de la cour. Placée derrière un rideau, elle se déshabillait et se faisait couvrir d'eau. Une fois rhabillée, elle s'avançait, tenant à la main une corne de bœuf contenant un peu de l'eau qu'on avait jetée sur elle ; elle en répandait une partie sur ses nobles invités ; puis, se rendant dans la galerie qui domine la cour du palais, elle versait le reste de l'eau sur les soldats rangés dans cette cour.

Dans la semaine du nouvel an, le voyageur anglais assista à un dîner donné par le gouverneur aux résidents européens. La maison du fils du premier juge avait été choisie pour le lieu du festin, à cause de sa position centrale.

A l'heure indiquée, les fonctionnaires du gouvernement arrivèrent en palanquin, accompagnés d'une escorte d'honneur et d'une musique indigène. Les épaulettes et les uniformes font toujours le bonheur des peuples à demi civilisés. Il y avait là une collection d'habits qu'on eût dit empruntés à toutes les armées de l'Europe ; l'habit rouge anglais dominait néanmoins ; il devait sans doute cette préférence plus à l'éclat de sa couleur qu'à l'élégance de sa coupe. Les tricornes à plumes étaient aussi fort appréciés. La place de chaque convive était indiquée par un billet portant son nom. Les mets, abondants et variés, étaient servis à la française. Un seul plat, le plat d'honneur, qui occupait le centre de la table, était tout à fait indigène. Ce plat, qui s'appelle le *jaka*, est un morceau de bœuf conservé depuis l'année précédente. Echanger des visites et manger réciproquement le *jaka* les uns chez les autres est, dit M. Ellis, la plus grande preuve d'amitié qu'on se puisse donner. Le *jaka*, coupé par petites tranches, circula autour de la table ; chaque convive en prit un morceau avec les doigts et le mangea lentement et silencieusement (1). Après le café, préparé par deux esclaves assises par terre auprès de la maîtresse de la maison, la com-

---

(1) Ce *jaka* paraît être le même mets que Mme Ida Pfeiffer désigne sous le nom de *sambassambas*.

pagnie passa dans une pièce voisine, tendue de papier peint représentant différentes batailles de l'Empereur Napoléon Ier. Un concert de tambours et de clarinettes avait été ménagé aux invités ; puis les danses commencèrent. A neuf heures, un toast à la reine de Madagascar fut proposé par le fonctionnaire que M. Ellis appelle le maréchal. C'était un vrai toast britannique, un toast à *speech*, après lequel chacun se retira.

L'*Illustrated London News* et les autres publications illustrées apportées par le missionnaire anglais faisaient l'admiration de ses visiteurs. Le voyageur était accablé de questions, et ses réponses étaient ardemment commentées et colportées. Mais, quand il eut mis en état son appareil photographique, sa renommée devint universelle. Le révérend y comptait bien ; c'était même un des moyens qu'il tenait en réserve pour démontrer à ce peuple enfant la supériorité de l'Angleterre sur la France, nos compatriotes n'ayant point encore songé à importer la photographie à Madagascar.

Le jour où, pour la première fois, il avait monté l'instrument devant sa porte, des groupes de curieux s'étaient formés rapidement autour de lui. Que signifiait cette boîte avec sa petite fenêtre vitrée ? Qu'allait-il en sortir ? L'intérêt était peint sur tous les visages. Le foyer ajusté, l'opérateur expliqua à l'assistance que la machine en question servait à faire le portrait des gens dans l'espace d'une minute ou deux au moyen de la lumière du soleil, et il permit à quelques individus de regarder comme lui dans la chambre noire. Grande fut la joie de ces favorisés en reconnaissant sur la glace dépolie les personnes placées devant l'objectif. Ce fut pendant une demi-heure à qui regarderait à son tour. Les plus hardis demandèrent au savant Européen s'il voulait prendre leur portrait. « Je n'eus pas plutôt annoncé que j'accédais à leur désir, dit celui-ci, qu'un chef se détacha du groupe et partit à toutes jambes ; son absence toutefois ne fut pas longue : je le vis bientôt reparaître trempé de sueur et suivi d'un esclave chargé d'un gros ballot. Curieux de savoir ce qu'il apportait là, je le lui demandai. Pour toute réponse, il ouvrit le paquet et, en tirant un beau *lamba* écarlate et d'autres articles de toilette également de couleur écarlate, il me dit qu'il voulait revêtir ce costume avant de poser. Je l'avertis alors qu'il ne me serait pas possible de faire de portraits ce jour-là, que je montais seulement l'appareil, et que la séance serait pour le lendemain. Le Madécasse me parut assez désappointé ; mais il le fut bien davantage quand je lui eus fait comprendre que je ne pourrais pas reproduire avec mon instrument la couleur de son *lamba*, mais seulement les contours, les ombres et les clairs... » Néanmoins tous consentirent à attendre, mais aucun ne quitta le photographe improvisé avant d'avoir obtenu de lui la promesse d'un portrait. Il n'eut, du reste, pas le temps de les oublier, car, le lendemain, arriva chez lui, pour ouvrir la séance, un chef accompagné de deux ou trois de ses aides de camp et d'autres individus attachés à sa personne. L'opération marcha à souhait; mais, ne voyant pour le moment que l'image négative prise sur le verre collodionné, les modèles paraissaient tous assez inquiets du résultat final. Néanmoins, le surlendemain, quand M. Ellis eut tiré les épreuves positives sur papier et qu'il les leur eut montrées, les doutes firent place au plaisir et à la surprise les moins équivoques. La plupart coururent chercher leurs parents et leurs amis, et les commentaires allèrent bon train sur la question de savoir comment le miracle avait pu s'opérer.

Outre les portraits, M. Ellis prit un certain nombre de paysages. « Je ne sais, dit-il, l'effet que pourraient produire sur les indigènes des paysages coloriés et autres représentations de la nature inerte, mais il était curieux d'observer le vif intérêt que leur causaient les portraits et l'impression différente produite par la vue d'un groupe d'arbres ou de fleurs, d'une maison ou de tout autre objet inanimé. Dans les portraits, les traits du visage, l'extérieur du personnage, le costume, les ornements et tous les petits accessoires étaient autant de sujets de vives remarques et d'observations curieuses de la part des femmes et des enfants, ainsi que des camarades ou des amis. Un homme avait un signe sur la joue, et comme c'était du côté éclairé, ce signe se dessinait très-nettement ; rien n'excita plus de commentaires. Je vis l'homme lui-même, après avoir tâté avec son doigt le signe de sa joue, s'approcher pour toucher celui qui était représenté sur le portrait en train de sécher, et je l'entendis s'écrier : « C'est vraiment prodigieux ! Je n'ai rien senti là — et il se posait le doigt sur le signe de sa joue — et pourtant le voici sur ce papier ! » Mais la forme d'une maison, les ombres d'une fleur, la perspective d'un paysage ne semblaient point exciter d'intérêt. Un autre trait du caractère de l'homme, qui n'est sans doute particulier à aucun pays, mais bien plutôt commun à tous, c'est le soin manifeste que chacun apporte à l'extérieur de sa personne, quand elle doit être l'objet des regards d'autrui, ou qu'il s'agit d'en perpétuer le souvenir. Je n'ai jamais recommandé d'arranger les vêtements ou les cheveux ; cependant il est rare qu'un individu, homme ou femme, soit venu poser pour son portrait sans avoir préalablement apporté quelque attention à sa toilette ou à sa coiffure, ou à l'une et à l'autre à la fois. Il n'est pas jusqu'à la femme du peuple revenant de travailler au champ, avec son enfant sur le dos, qui, priée de poser pour son portrait, ne cherchât tout d'abord à ajuster son fardeau avant que l'opération fût commencée. Quelquefois les femmes se faisaient accompagner de leurs esclaves pour arranger leur chevelure immédiatement avant de poser. A d'autres moments, les hommes apportaient un miroir et un peigne, et, empruntant une cuvette d'eau pour mouiller leurs cheveux, faisaient leur toilette en se tenant mutuellement le miroir.

» Les femmes hovas portent les cheveux disposés en tresses extrêmement fines et attachées en une infinité de petites boucles ou de petites touffes tout autour de la tête. Les femmes betsimasarakas se font des tresses de 2 à 3 pouces, puis elles en forment des espèces de touffes ou de paquets ronds dont deux ou trois pendent de chaque côté de la tête. Les hommes ont l'habitude de se couper les cheveux courts à l'européenne. Je fus pendant quelque temps étonné de voir si peu d'individus avec des cheveux gris, qu'ils les eussent plats ou crépus. Un jour que je fis part à quelqu'un du petit nombre de têtes grises que j'observais parmi les chefs ou le peuple, les maîtres ou les esclaves, on me répondit que les gens de toutes les classes apportaient un soin extrême à s'épiler les cheveux gris : ce qui expliquait pourquoi un grand nombre de personnes avaient peu de cheveux, et pourquoi on en voyait rarement de blancs mêlés aux noirs. Tous semblaient mettre de l'importance à éviter autant que possible le moindre symptôme de vieillesse, et désirer singulièrement paraître jeunes ou passer pour l'être. J'ai aussi été frappé de la manière dont les hommes arrangeaient leurs cheveux. Ils ne les relevaient pas avec le peigne de manière à découvrir le front et à faire voir le développement de leurs organes intellectuels, mais ils les ramenaient sur les tempes plutôt qu'ils ne les rejetaient en arrière. Je supposai toutefois qu'ils suivaient la mode la plus en faveur parmi leurs compatriotes. »

Les Hovas sont évidemment une race d'élite à Madagascar. Leurs traits se rapprochent singulièrement du type européen ; ils ont en général la peau olivâtre plus ou moins foncée ; mais beaucoup d'entre eux sont moins bronzés que certains habitants du midi de l'Europe. Leur taille est d'ordinaire au-dessous de la moyenne ; ils ont les épaules élevées et carrées, même les femmes. La physionomie n'a rien du nègre. Les cheveux sont plats, rudes et épais, le nez légèrement arqué, les yeux écartés de la racine du nez et un peu élevés vers l'angle extérieur, les pommettes saillantes. « Ce type, dit le commandant Dupré (1), quoique moins altéré chez les nobles qui ont formé comme une race à part, se rencontre rarement dans sa pureté. D'innombrables croisements ont produit une race mélangée, dont un étranger surtout ne saurait rattacher les individus à aucune des races primitives du pays. Par la même raison, les Hovas participent au caractère général des Malgaches. La ressemblance n'est pas assez grande toutefois pour qu'on ne puisse saisir quelques nuances par lesquelles les Hovas se distinguent, et qui leur donnent une supériorité relative sur tous les autres habitants de l'île. La doivent-ils à leur origine (malaise et polynésienne orientale), au climat moins énervant du pays qu'ils habitent, à l'impulsion qui leur a été donnée par les gouvernements vigoureux qui se sont succédé depuis qu'ils sont sortis de leur état d'anarchie ? Peut-être à toutes ces causes réunies. »

Madagascar est riche en plantes médicinales, et les indigènes usent largement de quelques-unes d'entre elles ; mais toute leur pharmacopée est impuissante contre les fièvres qui, à certaines saisons de l'année, désolent le pays, surtout près de la côte, et qui enlèvent aussi bien les habitants de l'île que

---

(1) Ouv. cité.

les étrangers (1). « Une seule nuit passée à terre, écrit M. Bona-Christave, suffit pour mettre le blanc et le *Hova* des hauts plateaux aux prises avec cette maladie, qui n'est pas dangereuse, mais dont la continuité finit par assoupir l'activité morale et physique. L'hivernage ou saison des pluies, des orages et des plus grandes chaleurs, dure depuis décembre jusqu'en mai. Février et mars sont les mois pendant lesquels les Européens sont le plus exposés à la méchante influence du climat (2). » Ce n'est pas cependant que l'assainissement soit impossible. M. D. Laverdant ne doutait pas qu'une colonisation sérieuse, faite sur une grande échelle, ne parvînt à changer, sur ce point, la nature des choses. « Des travaux de desséchement, dit-il, et l'ouverture de quelques-unes des rivières barrées par les sables, rendraient à cette belle île toute sa salubrité. Vers 1808, trois créoles actifs et intelligents de Maurice, MM. Pétizeau, Cornet et Fressange, proposèrent au gouverneur général Decaen de se charger du desséchement des marais de la côte, depuis le cap Bellone,

---

(1) M. Lacaille attribue les fièvres qui se contractent à l'intérieur du pays, à l'extrême déboisement dont Madagascar a été le théâtre et à la présence des nombreuses rizières qui occupent le fond de toutes les vallées des provinces internes.

(2) *Notes sur Madagascar*. Ann. marit. Rev. colon. 1844.

au nord du cap de Sainte-Marie, jusqu'à la rivière de Jéna, à l'entrée du pays des Antatchimous. Ils demandaient mille esclaves qu'ils auraient gardés en propriété pour prix de leur travail, après son achèvement complet. (A cette époque l'acquisition des esclaves était encore un fait parfaitement régulier.) C'eût été là une belle opération industrielle, et il est fort à regretter que le projet n'ait pas été adopté (1). » Dans une adresse envoyée en 1845 au roi Louis-Philippe, le conseil colonial de l'île Bourbon disait, à propos des fièvres de Madagascar :

« La cause de ces fièvres peut être facilement amoindrie ou paralysée; les forêts abattues, les terres défrichées, l'écoulement artificiel des eaux, rendraient les côtes de Madagascar aussi saines que celles de l'île Bourbon. Et, d'ailleurs, est-ce que le génie de la civilisation a jamais reculé devant la fièvre ? L'insalubrité des Antilles est bien autrement meurtrière, et vingt colonies remplissent le golfe du Mexique. Aucune île n'a atteint à un degré plus élevé de richesse que St-Domingue avant sa fatale révolution, et cependant une peste redoutable semait incessamment la mort parmi ses habitants. Cayenne et la Guyane n'en restent pas fermées à notre industrie par

---

(1) Désiré Laverdant, *Colonisation de Madagascar*. Paris 1844.

cela seul que la fièvre y règne. Ces établissements, au contraire, se développent chaque jour, et devant eux s'ouvre le plus brillant avenir. Java, sous un climat funeste aux Européens, grandit sans mesure ; avec Java, la Hollande se console de toutes ses pertes, et même du démembrement de la Belgique. Grâce à l'admirable persévérance des Hollandais, Batavia est aujourd'hui le centre du commerce et de la civilisation dans l'archipel d'Asie. Pour aucun peuple du monde, l'insalubrité du climat n'a été une cause de découragement et de retraite. Le génie de l'homme s'attaque au climat lui-même, et par la persévérance de ses efforts, par une heureuse combinaison de travaux, il parvient à le modifier et à l'assainir. Ainsi les fièvres endémiques dans plusieurs départements de la France, et notamment dans le département de la Charente-Inférieure, sont devenues plus rares, ou ont disparu sous l'influence des défrichements ou des irrigations qui préviennent la stagnation des eaux (1). »

Les Madécasses possèdent des remèdes assez efficaces contre les morsures des insectes et des reptiles venimeux qu'on rencontre dans l'île. Les récifs de la côte recèlent aussi plusieurs espèces de poissons dont la morsure est quelquefois fatale. « Un jour,

---

(1) *Voir* Barbié du Bocage, ouvr. cité.

dit M. Ellis, j'entendis pousser des cris de douleur dans la maison voisine de la mienne, et, bientôt après, le chef qui l'habitait m'envoya prier de venir voir sa femme, qui souffrait beaucoup. La malheureuse, en grande alarme, criait de toutes ses forces : Je vais mourir ! je vais mourir ! Les voisins étaient assemblés autour de la natte sur laquelle elle était assise. Son mari, qui la soutenait, me raconta qu'en ramassant du poisson dans les rochers, elle avait été piquée à la main par un petit poisson qu'on avait pris et qu'on me montra. Il existait trois piqûres au pouce. La main et le bras étaient enflés et décolorés. Malgré des embrocations d'huile et autres remèdes, l'inflammation alla croissant jusqu'au lendemain, puis l'enflure diminua peu à peu, et la pauvre femme se rétablit. »

Un des animaux les plus redoutés des Madécasses est une grosse araignée noire appelée *fouka*, dont M. Leguével de Lacombe parle dans son *Voyage*. Elle atteint presque la grosseur des petits crabes connus dans l'Inde sous la dénomination de *tourlourous*. Elle est velue et à trois taches jaunâtres sur le dos. Elle ne se trouve heureusement que dans les forêts les moins fréquentées. Un des esclaves qui accompagnaient M. Leguével fut piqué par cet insecte. « Aussitôt il fut pris d'une agitation nerveuse, que la peur augmentait peut-être encore. On fit venir *l'Ampaanzar*, qui prescrivit des bains de vapeur composés d'une décoction de diverses plantes qu'il désigna. Le tremblement du malade redoublait visiblement ; deux personnes suffisaient à peine pour le soutenir au-dessus de la panelle qui contenait le bain : il avait la langue sèche et les yeux enflammés, et il avalait avec beaucoup de peine quelques gorgées d'une infusion de plantes aromatiques. Lorsqu'il eut pris son bain, on l'étendit sur une natte, et l'on fit venir des femmes pour le masser. Il tomba bientôt dans un assoupissement auquel succédèrent des syncopes : la peau était restée sèche malgré la température élevée du bain, les extrémités devenaient froides, et des mouvements convulsifs annonçaient une fin prochaine : en effet, il mourut le lendemain. On remarquait seulement à la piqûre une petite tumeur entourée d'un cercle violet (1). » Les Madécasses redoutent d'autant plus cette araignée, qu'ils ne connaissent pas d'antidote à son venin, et qu'il est très-rare que sa piqûre ne soit pas mortelle.

Il existe une autre espèce d'araignée plus petite, également venimeuse, nommée dans le pays *manavondi*, qui signifie *cul rouge*. Longue de 10 millimètres, elle porte une tache rouge vermillon à sa partie

---

(1) *Encycl. moderne*, art. *Madagascar*.

postérieure et une autre de même couleur, mais transversale, sur le devant de l'abdomen. Entre ces deux taches, neuf petits points blancs sont régulièrement disposés sur trois rangées. Les pattes sont fines ; la 1re et la 4e patte sont les plus grandes (1).

Quant aux serpents, l'espèce en est aussi variée qu'abondante ; les plus gros n'ont pas de venin ; ils rendent des services en détruisant les rats, qui sont un des grands inconvénients du pays, où ils causent souvent de grands dégâts. M. Provint, l'hôte de M. Ellis, lui raconta qu'un jour, pendant un voyage dans l'intérieur des terres, il avait eu pour camarade de chambre un énorme serpent de sept ou huit pieds de long et gros comme une bouteille. L'animal fut découvert le matin, logé sous la natte même qui avait servi de couche à M. Provint. Le voyageur, un peu ému de cette découverte (on le serait à moins assurément), appela des indigènes pour tuer le reptile; mais ceux-ci se contentèrent de pousser l'animal tout doucement vers la porte avec une baguette. Les Madécasses ont une terreur superstitieuse des serpents, des crocodiles et des autres reptiles dangereux ; ils évitent avec soin non-seulement de les tuer, mais même de leur être désagréables, dans la crainte de futures représailles.

(1) *Notes sur l'hist. nat. de Madagascar*, recueillies par le Dr Vinson, membre de la mission du commandant Dupré.

La plupart des travaux domestiques sont faits par des esclaves. En interdisant le commerce des esclaves avec l'étranger, Radama n'a point aboli l'esclavage dans son royaume. Aussi les esclaves sont-ils une des denrées ordinairement mises en vente sur les marchés publics, ce qui n'empêche pas le colportage à domicile de cette marchandise vivante.

Un jour que M. Ellis se promenait sur le bord de la mer, il vit venir de son côté un homme suivi d'un jeune garçon de onze ou douze ans. Sur sa route, l'individu en question, ayant rencontré un officier indigène, lui demanda, en lui montrant l'enfant, s'il avait besoin d'un esclave ; il lui aurait, disait-il, donné celui-là pour dix piastres. Le marché n'allant point à l'officier, le digne marchand fit un signe à sa marchandise, et l'un et l'autre continuèrent leur chemin. Une autre fois, pendant que le missionnaire anglais était à déjeuner, son domestique vint l'avertir que quelqu'un voulait lui parler. « Je me levai de table, dit M. Ellis, et trouvai dans la cour deux hommes. L'un d'eux me demanda si je voulais lui acheter un jeune garçon, et il me montrait du doigt un gentil enfant d'une douzaine d'années, qui se tenait à quelques pas derrière lui, et qu'il appela pour me le faire voir de plus près. Sur ma réponse que je n'avais pas besoin d'esclave, l'homme, se méprenant sur le motif de mon refus, me dit que son offre n'avait pas pour but les services temporaires de l'enfant, mais que c'était l'enfant lui-même qu'il me proposait de me céder en toute propriété, que celui-ci travaillerait pour moi toute sa vie, ou que je pourrais, à mon gré, le revendre à une autre personne. Le prix d'ailleurs n'était pas élevé ; il n'en demandait que dix dollars, (un peu plus de cinquante francs). Mes réponses invariables découragèrent enfin ces vendeurs de chair humaine, et ils partirent suivis de leur esclave, dont la tournure m'intéressait beaucoup. Je me sentis pris d'une vive commisération pour cet être, dans le cœur duquel toute aspiration généreuse, tout espoir de bonheur présent et futur devaient être à jamais paralysés par la conscience qu'il ne s'appartiendrait jamais, et que, jusqu'à ce que la mort le délivrât de sa servitude, il devrait travailler pour un autre, sans profit ni compensation ! »

Beaux sentiments sans doute, et bien exprimés ! Mais un peu moins d'attendrissement en paroles, et un peu plus de générosité en action eussent encore mieux valu. Comment le révérend *clergyman* n'a-t-il pas songé qu'avec deux guinées tirées de sa poche il pouvait faire un homme libre du petit Malgache dont la destinée fatale lui inspirait une si vive commisération ? Les missionnaires français savent se rendre plus utiles aux peuples à qui ils vont porter les bienfaits de l'Évangile.

Le prix d'un esclave mâle adulte varie de 70 à 100 dollars ; celui des femmes, de 20 à 40. Tout ce qu'a vu M. Ellis à Madagascar lui fait considérer la condition des esclaves, dans ce pays, comme infiniment moins malheureuse que celle des nègres des États-Unis d'Amérique, et beaucoup moins dure même qu'il ne s'y attendait. Toutefois le nombre des esclaves, comparé au chiffre de la population entière de l'île, est considérable, et il s'accroît continuellement par les naissances; l'esclavage est, en outre, le sort réservé aux prisonniers de guerre et aux individus nés libres, mais devenus esclaves par suite de condamnations judiciaires.

M. Lacaille prétend que la moitié de la population, si ce n'est même les deux tiers, est esclave de l'autre. Les esclaves, suivant le rapport du commandant Dupré, se partagent en deux grandes classes : les esclaves du souverain et ceux des particuliers. « Les premiers se subdivisent en Malgaches et en noirs; les Malgaches remplissent les fonctions de confiance au palais, écuyers, valets de chambre, pages, etc. Ils peuvent épouser des femmes libres. Les noirs ne peuvent se marier qu'entre eux ou avec des esclaves de particuliers ; ils servent soit dans la garde, soit dans l'armée, où ils peuvent arriver aux grades les plus élevés; il y en a qui sont officiers du palais; quelques-uns sont quatorzième honneur; d'autres occupent des emplois civils. Les esclaves des particuliers sont classés suivant leur origine : les Hovas tombés en esclavage comme débiteurs insolvables ou condamnés, les Malgaches de toutes les autres races et les Africains. L'esclavage est très-doux à Madagascar ; la paresse est tellement innée dans ce pays, qu'il ne vient pas à la pensée des maîtres d'exiger de leurs esclaves plus de travail qu'ils ne sont habitués à en voir faire. Lorsqu'ils se rachètent ou sont affranchis par leurs maîtres, les esclaves rentrent dans la condition d'où ils étaient sortis. »

Quoi qu'il en soit de la douceur de l'esclavage madécasse, pour ne pas être astreint à un travail forcé, l'esclave, à Madagascar, n'en est pas moins soumis à tous les caprices de son maître, dont il est la propriété, sans aucune garantie pour lui-même.

La servitude perpétuelle et irrachetable a été la peine d'un grand nombre de chrétiens indigènes, dans les années de persécution qui ont suivi 1837; mais les rigueurs du gouvernement contre ceux qui avaient embrassé la religion proscrite ne se sont point arrêtées là, et beaucoup de convertis ont expié dans les supplices leur attachement à la foi du Christ. L'année 1849, principalement, a été pour les chrétiens madécasses une année d'épreuves terribles.

VIII.

Excursion à Foule-Pointe. — Mode de locomotion. — Les ponts et les bacs. — Aspect de Foule-Pointe. — L'île Ste-Marie. — La flore de Madagascar. — Oiseaux. — Départ de M. Ellis pour Tamatave. — Retour à Maurice.

Parmi les étrangers qui vinrent à Tamatave pendant le séjour qu'y fit M. Ellis, se trouvaient plusieurs habitants de Mahavelona ou Foulpointe (qui s'écrit aussi Foule-Pointe), village de la côte situé à 70 ou 80 kilomètres au nord. Une excursion à cet ancien établissement français pouvait n'être pas sans intérêt ; M. Ellis se décida à l'entreprendre.

Le 4 septembre, monté dans un palanquin en forme de fauteuil que lui avait prêté un de ses amis indigènes, il se mit en route, doucement bercé sur les épaules de quatre vigoureux Madécasses, et suivi de serviteurs chargés de son appareil photographique et de provisions de bouche. Ce moyen de locomotion est à peu près le seul en usage à Madagascar ; on s'en sert alors même que le trajet n'est que de quelques centaines de pas ; il n'y a que les esclaves et les gens tout à fait pauvres qui aillent à pied. Les indigènes qui se font porter se servent de deux solides bâtons, maintenus par des traverses de fer à 50 centimètres l'un de l'autre. Le siége est formé d'un morceau de peau de bœuf ou de cette étoffe de fibres de palmier connue sous le nom de rabana ou rabâne, cloué ou transfilé sur les bâtons. Quelquefois le siége est garni d'appuis au dos et sur les côtés. Les Européens emploient à cet usage des fauteuils en rotin, dont les bras aplatis s'appuient sur les bâtons, et qui sont assujettis par des bandes de fer à la traverse du dos. Les femmes voyagent d'ordinaire assises ou couchées sur une espèce de civière abritée par des rideaux. Ces différents siéges à porteurs se nomment *tacons* ou *filacons* sur la côte, et *filanzanes* chez les Hovas. Comme tous les autres fardeaux, les indigènes les portent sur leurs épaules nues, se contentant de changer d'épaule pour se délasser (1).

Les Madécasses sont d'infatigables marcheurs. Au sortir de Tamatave, les porteurs du révérend prirent le trot, un trot grâce auquel on faisait sept à huit kilomètres à l'heure, et qu'ils continuèrent trois heures durant, jusqu'à Vohidotra, groupe

---

(1) Le comm. Dupré, ouvr. cité.

d'habitations éparses sur les bords d'un petit lac qui déverse son trop-plein dans la mer.

Après un repos d'une couple d'heures, employé par les indigènes à faire cuire leur riz, et par M. Ellis à explorer le voisinage et à prendre quelques épreuves photographiques, la petite caravane se remit en marche pour aller coucher à Rangazava, petit village de la côte. La journée du lendemain fut marquée par le passage de deux rivières profondes. On franchit l'une sur un pont rustique construit avec des troncs d'arbres; l'autre fut traversée en bateau. Les ponts de Madagascar, lisons-nous dans la relation du commandant Dupré, se composent de pieux fourchus plantés deux à deux, la fourche en l'air. Ils supportent des traverses sur lesquelles repose le tablier, fait avec des baliveaux juxtaposés. Ni les pieux, ni les traverses, ni les baliveaux, ne sont reliés, ni ajustés, ni même équarris : « Aussi ces constructions primitives sont-elles de véritables châteaux branlants, auxquels les Malgaches préfèrent le gué voisin, lorsqu'ils n'ont pas d'eau au-dessus de la ceinture. » Radama II avait commencé à faire construire quelques étroits ponceaux de pierre.

En certains endroits, des bacs sont, paraît-il, entretenus sur les rivières par le gouvernement ou les chefs des districts. Généralement les passagers reconnaissent les services des bateliers en leur donnant une petite quantité de riz pour leur peine.

L'aspect de la plaine où est situé Foule-Pointe est des plus riants. « Des hauteurs boisées d'où nous sortions, écrit M. Ellis, nous avions une vue magnifique. L'établissement de Foule-Pointe est, sous le rapport du site et de l'étendue, bien supérieur à Tamatave. Au midi, des maisons et des enclos : une avenue de magnifiques manguiers donnait aux habitations voisines un aspect de résidence seigneuriale. Les maisons du village, qui diffèrent peu de celles de Tamatave, bordent la côte sud-est de la baie. A la pointe méridionale de celle-ci, deux navires de Maurice faisaient leur quarantaine. La plaine, large de plus de deux milles, était coupée par un ou deux cours d'eau. Dans plusieurs directions, des esclaves avec des charges de bois sur les épaules, ou des laboureurs revenant des champs, suivaient les différents sentiers qui menaient à leurs demeures respectives. »

Foule-Pointe est un des ports par lesquels Radama Ier, après l'abolition du commerce des esclaves, s'efforça de relier le commerce étranger avec sa capitale. C'est dans ce but qu'à l'instigation des Anglais désireux de voir effacer tout vestige de l'ancienne influence française, il envoya sur ce point, en 1823, deux mille de ses sujets pour y fonder un établissement à la fois militaire et commercial, sous l'administration du chef Rafaralahy. C'est là aussi, on s'en souvient, que Benyowski avait placé l'un des comptoirs les plus avancés des établissements français formés dans la baie d'Antongil.

Au sud de cette baie toute française d'Antongil, en face de la Pointe-à-Larrée, est située la petite île de Ste-Marie, où le drapeau de la France, replanté solennellement, le 15 octobre 1818, par M. Sylvain Roux, n'a pas cessé de flotter depuis lors. « L'île de Sainte-Marie, que les Malgaches nomment Nossi-Bourah ou Nossi-Ibrahim, est séparée de la côte orientale de Madagascar par un canal large d'une lieue et un quart dans sa partie la plus étroite, en face de la Pointe-à-Larrée, et de quatre lieues en face de Tintingue. Le milieu de l'île se trouve par 16° 45' de latitude sud et 48° 15' de long. est.

» Sainte-Marie a environ douze lieues de long sur deux à trois lieues de large ; son périmètre est d'à peu près 25 lieues. On évalue sa superficie à quatre-vingt-dix mille neuf cent soixante-quinze hectares. Un bras de mer traverse l'île dans sa partie méridionale, et la divise en deux îles, dont la plus petite, appelée l'Ilot, peut avoir deux lieues de tour. Les chaînes de récifs qui la bordent sont interrompues par diverses passes, dont trois sont praticables pour les vaisseaux. Le canal qui sépare Sainte-Marie de la grande terre n'est, à proprement parler, qu'une rade continue, vaste, sûre, et dont la tenue est excellente. La principale baie de l'île est le Port-Louis : elle est formée par un enfoncement dans les terres de deux mille mètres de profondeur sur une largeur de mille mètres environ. Au milieu de l'entrée de la baie est un îlot qui est appelé par les Français Ilot-Madame, et par les naturels *Louquez,* et qui peut avoir trois cents mètres dans sa plus grande longueur et cent ving-cinq mètres dans sa plus grande largeur. Cet îlot, défendu par quelques fortifications et armé de batteries, renferme les casernes, les magasins de l'artillerie et les chantiers du gouvernement. Au milieu même du Port-Louis, au sud-est de l'Ilot-Madame, s'élève l'Ile-aux-Forbans. C'est un mamelon stérile et inhabité de trente-cinq mètres d'élévation au-dessus du niveau de la mer, et de deux cents mètres environ de diamètre, qu'une jetée en pierres sèches, construite en 1832, réunit à la côte Sainte-Marie. L'Ilot-Madame est entouré d'un chenal profond qui forme de chaque côté une passe par laquelle on entre dans la baie. La passe du sud-ouest, nommée Passe-des-Pêcheurs, ne peut servir qu'à des embarcations. La passe du nord-est peut donner entrée à des frégates. C'est ce chenal qui forme le petit Port-

Louis. A l'exception de ce petit bassin, l'intérieur de la baie est presque entièrement rempli de hauts fonds composés de sable vaseux, mêlés de débris de coquillages et de rochers, dont une partie est à sec dans les basses marées. On trouve encore d'autres bons mouillages sur plusieurs autres points de la côte orientale de Sainte-Marie, notamment dans la baie de *Lokensy*, laquelle est située vis-à-vis du port de Tintingue.

» Les côtes de Sainte-Marie ne sont point escarpées ; dans quelques endroits seulement, des caps basaltiques forment des falaises, mais de fort peu d'étendue : le reste de la côte offre une plage de sable unie et couverte d'une belle verdure. Elle paraît au premier abord composée d'une infinité de petits monticules détachés; mais de fait elle est formée de plusieurs chaînes bien distinctes. Dans la partie la plus large, on en compte jusqu'à quatre dont la direction est la même que celle de l'île, prise dans le sens de sa longueur, c'est-à-dire nord-nord-est, sud-sud-ouest : deux de ces quatre chaînes sont basaltiques ; les deux autres sont d'un tuf tantôt jaunâtre, tantôt rougeâtre, recouvert d'une couche de sables quartzeux. La plus grande élévation des monticules dont elles se composent est de cinquante à soixante mètres; leur pente assez douce permet de les cultiver jusqu'au sommet; plusieurs sont couverts de pâturages. Le sol est en général de mauvaise qualité, à l'exception d'une zone étroite qui se trouve au milieu de l'île et qui forme environ le cinquième de la superficie. C'est la seule portion du territoire que les naturels cultivent régulièrement, et elle leur appartient en propre. Il ne serait guère possible d'y faire plus de quinze à vingt habitations.

» La chaleur et l'humidité du climat paraissent très-favorables à toutes les cultures coloniales, excepté peut-être à celle du cotonnier. Le sol de l'île renferme du reste beaucoup de fer, et l'on y trouve en abondance les matériaux propres aux constructions, tels que pierres, chaux, terre à brique, etc. Les bois occupent une surface de vingt à trente mille hectares ; ils se trouvent en grande partie situés vers le centre de l'île, dans la partie la plus large, et suivent deux zones longitudinales courant dans la même direction que l'île. Le terrain où ils croissent est ferrugineux ou quartzeux, et par conséquent de très-mauvaise qualité. D'autres portions de bois composés de *nattes*, de *takamakas*, de *silaos*, de *porchers*, de *badaniers* et de quelques autres arbres moins précieux, entremêlés à une foule d'arbrisseaux, bordent le rivage de la mer partout où il offre une plage de sable. Le sol étant très-montueux, les sources sont fort abondantes et les eaux de bonne qualité. Les ruisseaux auxquels elles donnent naissance se précipitent de cascade en cascade, et plusieurs roulent un volume d'eau assez considérable pour faire tourner des moulins. Ces ruisseaux ont de l'eau en toute saison; leur lit est rarement encaissé. La rivière du Port, qui est le plus important de ces cours d'eau, éprouve assez loin de son embouchure l'effet de la marée. Lorsque les ruisseaux coulent dans une vallée un peu large, ils y forment quelquefois des marais, mais généralement peu considérables, et dont il n'est aucun qu'il ne fût possible de dessécher. Quant aux marais formés par la mer sur le littoral, on ne saurait les dessécher qu'en les comblant.

» Les Malgaches de Sainte-Marie habitent, comme les blancs établis dans l'île, des cases en bois couvertes un feuilles de ravenal; ces cases sont petites, mais proprement construites. Les villages sont au nombre de trente-deux. Les indigènes bâtissent en outre dans l'intérieur, où se trouvent leurs plantations, des cases dont le nombre augmente beaucoup à l'époque de la récolte; il arrive parfois alors que la population tout entière s'y trouve concentrée. De petits sentiers fort étroits, irréguliers, envahis par les herbes, passant souvent à travers des marais, sur des montagnes ou des rochers escarpés, sont les seules voies de communication qui existent entre les divers villages. — L'île Sainte-Marie est considérée comme l'une des contrées du globe où il pleut avec le plus d'abondance. Le nombre des jours pluvieux y est annuellement de deux cent vingt à deux cent quarante. » Sainte-Marie dépend aujourd'hui du gouvernement de l'île de la Réunion; sa population en 1856 était de 5,743 habitants (1).

M. Ellis ne passa à Foule-Pointe que trois jours, pendant lesquels il reçut nombre de visites, celle, entre autres, d'un jeune chef de Tananarive, qui parlait le français et l'anglais, et dont il vante fort l'intelligence. De son côté, le gouverneur de la place lui fit très-bon accueil. Ce haut fonctionnaire parlait l'anglais couramment. Il l'avait appris à bord d'un bâtiment de guerre de la marine britannique, où il avait été placé avec d'autres indigènes par Radama. M. Ellis eut avec lui et d'autres officiers de Foule-Pointe des conversations où se révélaient d'une manière frappante l'esprit de sociabilité et l'envie de s'instruire de la portion intelligente du peuple hova.

Le 9 septembre au matin, M. Ellis se remit en

---

(1) *Not. statist. sur les possess. franç. à Madagascar*, citée par Tardieu, *Encyclop. moderne.* Voy. Carayon., *Hist. des établ. franç. de Madagascar.*

route, accompagné de son hôte, et le lendemain, de bonne heure, ses porteurs le déposaient à sa porte, à Tamatave, avec un copieux butin de plantes rares, glanées dans cette excursion.

Epris d'un grand amour pour la botanique, le missionnaire anglais pouvait bien s'extasier devant les richesses qu'étalait à chaque instant sous ses yeux cette splendide flore madécasse, qui avait, avant lui, passionné Commerson. « Quel admirable pays que Madagascar! » écrivait ce célèbre naturaliste à Lalande, en 1771, après avoir passé quatre mois dans la grande île africaine. « Il mériterait seul, non pas un observateur ambulant, mais des académies entières. C'est à Madagascar que je puis annoncer aux naturalistes qu'est la terre de promission pour eux ; c'est là que la nature semble s'être retirée comme dans un sanctuaire particulier, pour y travailler sur d'autres modèles que sur ceux dont elle s'est servie ailleurs; les formes les plus insolites, les plus merveilleuses, s'y rencontrent à chaque pas. Le Dioscoride du nord (Linné) y trouverait de quoi faire dix éditions de son *Système de la Nature*, et finirait par convenir de bonne foi que l'on n'a encore soulevé qu'un coin du voile qui la couvre... »

Une des conquêtes botaniques dont M. Ellis est le plus fier, c'est celle de la magnifique plante à feuilles percées à jour comme une dentelle, et qui porte le nom d'*Ouviranda*. Sachant que cette plante existait à Madagascar, il en montra un dessin à un indigène, et sur ce simple renseignement, le Madécasse lui en apporta le lendemain un superbe spécimen.

Dans le cours de son excursion à Foule-Pointe, M. Ellis ne rencontra pas beaucoup d'animaux, à part les oiseaux et les lézards. Les lézards se montraient à chaque pas dans les pierres ou sur les troncs des arbres, les uns vert-émeraude, les autres à bandes multicolores, le plus grand nombre toutefois d'une couleur brun clair. Les oiseaux étaient relativement peu nombreux. Quelques-uns présentaient dans leur plumage les nuances les plus vives. L'espèce la plus grosse était un oiseau ramassé de corps et très-vif, probablement la pie-grièche à gorge noire. Sur les troncs d'arbres, M. Ellis observa une espèce de pie de la taille d'un geai, et au plumage rouge, brun et jaune. « Loin de paraître inquiétée à notre approche, dit-il, toute cette population ailée semblait nous accueillir et nous souhaiter la bienvenue. Deux ou trois oiseaux, de la grosseur de nos grives et aux plumes vertes et blanches, voyagèrent longtemps de conserve avec nous, voltigeant de buisson en buisson le long du sentier. Une espèce, que les indigènes appellent *Railovi*, attira surtout mon attention. Plus gros que le merle et beaucoup plus long du cou et de la queue, cet oiseau avait un plumage noir luisant à reflets pourprés. Sa queue présentait une encoche profonde, et, juste à la racine du bec, il avait de chaque côté de la tête deux plumes recourbées, longues à peu près d'un pouce, qui lui donnaient une physionomie étrange et gracieuse tout à la fois. De temps à autre, nous rencontrâmes aussi des bandes de perroquets; mais ceux-ci ne s'approchèrent jamais beaucoup de nous. »

L'ornithologie de Madagascar est d'ailleurs très-riche en individus et assez variée en espèces. Les oiseaux de proie y sont représentés par trois ou quatre espèces, dont une nocturne; parmi eux est le *vouroun-mahère* (littéralement oiseau fort), variété d'épervier que les Hovas ont pris pour emblème de leur tribu.

« On ne peut guère parler de l'histoire naturelle de Madagascar, dit M. Lacaille (1), sans dire un mot de cet oiseau qui a laissé ses œufs, trouvés, il y a quelques années, dans certaines localités des provinces du Sud, et qui a reçu dans la science le nom d'*epiornis maximus*. Voici ce qu'en dit Flacourt, à la page 165 de son ouvrage *(Oiseaux qui habitent les bois)* :
« Vouroun-patra, c'est un grand oiseau qui hante

---

(1) Ouvr. cité.

» les Ampatres et fait des œufs comme l'autruche ;
» c'est une espèce d'autruche. Ceux desdits lieux
» ne peuvent les prendre; il cherche les lieux les plus
» déserts. » Il est donc à présumer que l'épiornis
vivait encore du temps de Flacourt, et que les renseignements que celui-ci nous a laissés lui ont été fournis par des individus qui avaient aperçu cet oiseau si curieux, et dont l'existence constitue un des problèmes de l'ornithologie : était-il réellement terrestre, ou, selon l'opinion de quelques savants, était-ce un oiseau dans le genre des pingouins ? »

Avant de s'embarquer une seconde fois pour Madagascar, M. Ellis avait écrit de Maurice au ministre de Ranavalo à Tananarive pour l'informer de son voyage, et comme il n'avait pas reçu de réponse, il lui avait écrit de nouveau à Tamatave, pour obtenir l'autorisation de se rendre dans la capitale. La réponse à cette seconde lettre ne s'était point fait attendre, mais elle n'était pas telle que l'espérait le voyageur. Evidemment on se souciait peu à Tananarive de la visite de l'Anglais, et pour ne pas lui répondre par un refus direct, on cherchait à gagner du temps. On le prévenait que la même demande ayant été faite l'année précédente collectivement par M. Cameron et lui, il fallait qu'elle fût renouvelée par tous les deux. Or M. Cameron était alors au Cap, et M. Ellis dut encore écrire pour expliquer cette circonstance.

Mais tout en proposant de prévenir son collègue par une lettre, dans le cas où la reine désirerait la visite de M. Cameron, il n'en persistait pas moins à solliciter pour lui personnellement la permission de pousser jusqu'à Tananarive.

Le révérend, on le voit, n'était pas homme à se décourager facilement. Toutefois on touchait à la mi-septembre, et l'autorisation demandée n'arrivait pas. Lassé d'attendre, il songea alors à quitter l'île. A son retour de Foule-Pointe, il avait trouvé dans la rade de Tamatave un navire en partance pour Maurice. Ce navire, *le Castro,* devait mettre à la voile le 14. La veille, M. Ellis y fit transporter ses bagages et ses collections, et revint passer à terre, au milieu des amis qu'il avait habilement eu le soin de se faire, le reste de la journée et la nuit. Le lendemain, avant l'aube, on le vint prévenir qu'un canot l'attendait et que le bâtiment allait lever l'ancre. Le moment des adieux était venu. Nombre d'insulaires voulurent accompagner le voyageur au rivage. Ils y demeurèrent pendant que le canot s'éloignait, et, un peu plus tard, M. Ellis, sur le pont du navire déjà en marche, put voir encore quelque temps des mains et des chapeaux s'agiter; puis les formes devinrent plus incertaines, et les silhouettes humaines dessinées sur la plage par les *lambas* blancs finirent bientôt elles-mêmes par disparaître.

Favorisé par une bonne brise, *le Castro* entrait le 30 septembre dans le havre de Port-Louis. « Pendant mon court séjour à Maurice, dit M. Ellis, j'eus plusieurs fois des nouvelles de Madagascar, mais je n'appris pas qu'aucun changement se fût manifesté dans les vues du gouvernement. Au mois de novembre, ayant reçu d'Angleterre des lettres qui m'appelaient au cap de Bonne-Espérance, je fis immédiatement mes préparatifs, et le 20 du mois suivant je partis de Port-Louis sur le brick *Annie*, de 120 tonneaux, pour Table-Bay, que j'atteignis 22 jours après avoir quitté Maurice. »

IX.

Troisième voyage de M. Ellis à Madagascar (1856).—Notice sur M. de Lastelle. — Départ de Tamatave pour Tananarive.—La rivière d'Yvondrou.—Officiers hovas.—Aides de camp. — Les *Mena-Maso* de Rakoto. — Grades et *honneurs*.

Après six mois de pérégrinations dans la colonie du Cap et trente-trois jours de traversée sur le steamer *le Pacific* revenant d'Australie, M. Ellis avait enfin remis le pied sur le sol de la vieille Angleterre ; ce n'était pas toutefois pour y rester longtemps.

On a vu plus haut comment, à l'époque où notre compatriote, M. Lambert, visitait à Londres lord Clarendon et lui exposait les projets du prince Rakoto, le révérend W. Ellis, qui, lui aussi, avait eu ses audiences du ministre de S. M. Britannique, s'empressait de reprendre le chemin de Maurice et de Tamatave, muni d'une somme très-ronde qui devait lui servir à faire des partisans à la politique anglaise, mais n'ayant ostensiblement qu'une lettre du gouverneur de Maurice pour Ranavolo.

Cette lettre était ainsi conçue :

« *A Sa Majesté la reine de Madagascar.*

» J'envoie à Votre Majesté par mon ami Ellis des cadeaux que je la prie d'accepter. »

Laconisme commode qui ne disait rien et autorisait tout (1).

Dans le livre que nous analysons, M. Ellis aime mieux dissimuler le but de son voyage et lui donner le prétexte assez naturel de la curiosité. En juin 1855, avant de quitter le cap de Bonne-Espérance, il avait, dit-il, reçu du gouvernement hova une lettre l'autorisant à visiter la capitale de l'île. Avant la fin de l'année, une seconde lettre lui avait été adressée dans le même but. « M. Cameron, alors résidant au Cap, m'avait exprimé son consentement à m'accompagner, écrit-il, et comme la permission, envoyée en cette circonstance sans sollicitation de notre part, pouvait presque passer pour une invita-

---

(1) Riaux.

tion, je crus ne pas devoir refuser d'entreprendre un troisième voyage. »

Quoi qu'il en soit du prétexte, le 20 mars 1856, l'infatigable missionnaire s'embarquait à Southampton, sur un des vapeurs de la *Peninsular and Oriental Company*, pour Alexandrie. De là il se rendit à Suez, d'où *la Nubia* le transporta à Ceylan, qu'il quitta pour Maurice le 24 mai. Il était à Port-Louis depuis le 17 juin, quand, le 9 juillet, il prit passage pour Madagascar à bord du *Castro*, le même navire qui l'avait ramené de cette île en 1854.

Quatre jours plus tard, il débarquait à Tamatave.

« En traversant le village, je fus frappé, dit M. Ellis, du changement qu'avait opéré l'ouverture du commerce depuis notre visite en 1853. La population indigène paraissait sensiblement augmentée; un grand nombre de maisons pour les négociants étrangers s'étaient élevées; d'autres étaient en cours de construction, et parmi celles-ci, non loin du débarcadère des navires, un hôtel, le premier qui ait jamais été bâti à Madagascar. Il y avait des quantités considérables de riz, toutes prêtes pour l'exportation. On obtenait facilement, disait-on, des chargements de bestiaux, et plus de 4,000 bêtes à cornes avaient, depuis la reprise des affaires, été exportées annuellement pour l'île Maurice seule. Le trafic du port n'était cependant pas, en ce moment, considéré comme très-florissant ni très-actif. Il n'était venu que peu de marchands de la capitale ; le bruit d'une expédition armée des forces combinées de la France et de l'Angleterre avait produit un effet défavorable sur le commerce de l'île. »

Ces appréhensions, que le missionnaire anglais se plaît à rappeler si souvent, ne paraissaient pas, toutefois, avoir pénétré jusqu'au peuple, car c'est à peine si les tambours, les fifres et les violons permirent au voyageur de dormir la première nuit de son arrivée. A cette époque, ce dernier instrument était en grande vogue à Madagascar, et nombre d'individus vinrent le lendemain demander au nouveau débarqué s'il n'apportait pas des violons à vendre. La musique, du reste (et quelle musique !), est, chez les Madécasses, l'accessoire obligé de toutes les cérémonies. Au bout de quelques jours, M. Ellis, qui avait dîné chez le gouverneur, reçut sa visite : le fonctionnaire était en grand uniforme, pantalon rouge à bandes d'or, habit vert brodé et chapeau galonné. Le filanzane qui le portait était précédé d'une troupe de musiciens et suivi d'une escorte d'une centaine d'hommes armés de fusils ou de piques. Le gouverneur venait lui-même délivrer au voyageur anglais une lettre du secrétaire du gouvernement de Tananarive, l'autorisant à se rendre immédiatement dans la capitale et à y faire un séjour d'un mois. D'un autre côté, quatre ou cinq officiers avaient été envoyés à M. Ellis avec des compliments de bienvenue du prince royal et de son cousin, le prince Ramonja. Ces officiers étaient, en outre, chargés de remettre, à titre de présent, à M. Ellis, ainsi qu'à M. Cameron, qu'on croyait être du voyage, un bœuf, des volailles, du riz et autres provisions.

Le missionnaire anglais était, on le voit, traité avec courtoisie. M. Ellis, d'ailleurs, ne prétendait point être en reste de politesse; il apportait pour la reine, entre autres cadeaux, un télégraphe électrique complet. Cet instrument, qu'il essaya d'expliquer à ses visiteurs à Tamatave, leur causa une admiration profonde. Ce n'était cependant pas le premier qui eût été apporté à Madagascar. Quelque temps auparavant, un de nos compatriotes avait fait fonctionner devant la reine un petit appareil télégraphique; il avait même proposé de mettre en communication Tamatave et Tananarive, et d'offrir le tout à la reine; mais Sa Majesté hova avait refusé, affirmant que les messages par relais de coureurs, entre la capitale et la côte, étaient, à son gré, bien assez rapides.

Le télégraphe apporté d'Angleterre est le sujet d'une anecdote caractéristique dans la relation du révérend. L'appareil était renfermé dans une caisse spéciale mêlée aux autres bagages, et M. Ellis avait indiqué cette caisse à un aide de camp du prince, comme contenant un présent pour la reine. Deux jours après, l'aide de camp, en entrant chez l'Anglais, trouve un jeune officier indigène assis sur la boîte en question. Aussitôt, se dirigeant vers lui en grand émoi, il lui enjoignit de changer immédiatement de siége, en l'avertissant que la boîte renfermait quelque chose appartenant à la reine. C'était, il paraît, une offense des plus graves que le jeune homme venait de commettre, et un domestique fut désormais chargé de prévenir chaque nouvel entrant du caractère sacré de la caisse. Le nom même de la redoutée Ranavalo ne devait pas être mentionné dans une conversation ordinaire. Ainsi, aux obsèques d'un résident français, M. de Lastelle, riche planteur fort estimé à la cour de Tananarive, mort quelques semaines avant l'arrivée de M. Ellis à Tamatave, obsèques auxquelles le voyageur assista avant de se mettre en marche pour la capitale, le gouverneur ayant remarqué que, dans la conversation générale qui suivit le « dîner des funérailles, » autre coutume du pays, le nom de la reine avait été prononcé plusieurs fois par un des Européens présents, vint prier poliment l'étranger de ne pas introduire ce nom dans ses discours, quelque sensés qu'ils fussent d'ailleurs. Enfin, chaque fois qu'il y a des toasts proposés, celui du souverain est toujours le dernier ; il semble qu'après ce toast il n'y en ait plus d'autres possibles, et celui-là est toujours le signal de la retraite des fonctionnaires et officiers les plus élevés en grade.

Peut-être n'est-il pas hors de propos de relater ici l'origine de l'influence que possédait à Madagascar le Français distingué dont nous venons de prononcer le nom, et auprès duquel le missionnaire anglais avait, lors de son premier voyage, trouvé un accueil des plus obligeants. C'est encore l'excellent volume de M. Barbié du Bocage, et la *Colonisation de Madagascar*, de M. D. Laverdant, qui nous renseigneront à ce sujet.

« Les Français, dit avec raison le premier de ces écrivains, n'ont peut-être pas au même degré que leurs voisins d'outre-Manche ce caractère aventureux qui les pousse à entreprendre avec leurs seuls moyens la formation de colonies agricoles ; mais on rencontre encore chez eux des individus d'un mérite supérieur, qui n'hésitent pas à sacrifier leurs capitaux et souvent leur vie pour obtenir les avantages réservés à tout homme persévérant, dans des contrées où la terre rend au centuple les semences qu'on lui confie, et où les habitants restés barbares accueillent favorablement quiconque les initie aux arts et aux sciences de notre Europe.

» Dans tous les pays, on rencontre de ces Français qui se sont façonnés aux habitudes des peuples chez lesquels ils vivent, qui ont obtenu une influence réelle, et qui ont fait aimer et respecter leur nation. Par malheur, en maintes occasions, nos gouvernements ne furent pas en mesure de profiter de cette influence, et nous n'avons pu en recueillir les avantages. » Ce qui suit en est un remarquable exemple.

Un Marseillais, M. Joseph Arnoux, associé de la maison Rontaunay, de la Réunion, avait fondé à l'embouchure de la rivière Mahéla, dans la province d'Antatsimou, une importante plantation caféière et une sucrerie. En 1828, ces établissements marchaient à souhait, quand Radama vint à mourir. Le gouvernement qui succéda au grand chef hova se montra tout d'abord hostile aux projets de civilisation si heureusement inaugurée sous le précédent règne. Mis immédiatement en suspicion, les étrangers se virent traités avec une telle malveillance, que M. Arnoux prit le parti d'aller à Tananarive se plaindre directement à la reine. « Il obtint justice, mais il mourut au retour, après avoir fait agréer pour successeur M. Napoléon de Lastelle, capitaine de la marine marchande de Saint-Malo. Ce dernier prit aussitôt la direction de l'établissement, dont l'importance augmentait chaque jour; mais, en 1829, l'expédition Gourbeyre faillit arrêter le cours de ses succès. La cour d'Emirne (1) était exaspérée, et M. de Lastelle reçut l'ordre de monter à Tananarivou. Ses amis le pressaient de s'évader ; mais il eut le courage de résister à leurs conseils ; il se rendit auprès de la reine, à laquelle il plut par sa hardiesse, et, loin d'être chassé de Madagascar, il obtint le renouvellement de son traité, ainsi que le fermage des droits de douane de Fénériffe, de Manourou et de Mananzari. »

Ces entreprises finirent par acquérir une extension très-considérable, et voici ce qu'en 1844 M. D. Laverdant écrivait de la position de M. de Lastelle : « Avec un petit noyau d'une vingtaine d'agents subalternes européens, il a créé un grand mouvement d'industrie. Il a maintenant plus de cent cinquante charpentiers malgaches ; quelques-uns de ses charpentiers de marine sont capables de construire un navire. Une jolie goëlette de trente tonneaux est sortie de son chantier. Il a des tonneliers, des forgerons ; il fabrique des haches, des pioches et des pelles qui trouvent à se placer très-avantageusement dans le commerce de Bourbon. Il a introduit sur ces établissements un grand nombre de moyens mécaniques pour faciliter et fé-

(1) District de la province d'Ankova, où est située Tananarivou ou Tananarive la capitale hova.

conder le travail, que souvent on ne trouve même pas chez des planteurs de Maurice. M. de Lastelle a multiplié l'arbre à pain, le bancoulier ; il a planté cinquante mille pieds de coco, cent cinquante mille pieds de café. Ses produits en sucre et en rhum sont déjà considérables. La reine Ranavalo a un intérêt dans les établissements de Mahéla et de Mananzari, qui depuis dix ans lui ont rapporté environ sept mille piastres d'Espagne annuellement. M. de Lastelle est considéré et craint à Tananarivou. Les chefs barbares voient avec regret la position importante que ce *vaza* (blanc) occupe dans le pays ; mais comme son industrie accroît pour une bonne part la richesse de la reine, on est obligé de le ménager. » (*Colonisation de Madagascar.*)

En 1838, Ranavalo chargea M. de Lastelle d'aller en France et de lui rapporter pour elle et sa cour une grande quantité d'objets de luxe, mission dont il profita pour faire connaître au commerce de Marseille les magnifiques produits de la grande île africaine, et pour inspirer en retour aux Madécasses le goût des produits français. Un second voyage, entrepris également sur l'invitation de la reine, en 1842, ne lui fut pas moins profitable.

M. de Lastelle avait, entre autres innovations, fondé à Madagascar deux grandes usines à vapeur, dont les machines sortaient des ateliers de la maison

Derosne et Cail, de Paris. Les frais d'établissement, nous dit M. Barbié du Bocage, s'étaient montés à 10,600,000 francs, et le produit des exportations de Madagascar allait à 11,500,000 francs. « La maison Rontaunay employait pour le seul commerce avec l'île malgache dix-neuf navires à elle appartenant, et quarante-sept affrétés. Ces navires étaient montés par mille marins. »

« Ces entreprises, ajoute le même auteur, marchaient donc de succès en succès, lorsque surgit la malheureuse collision de 1845, qui remit tout en question. Grâce à la haute influence qu'il avait acquise à la cour d'Emirne, M. de Lastelle échappa encore une fois à la proscription ; il espérait même relever ses affaires ; mais l'interruption continue des relations avec les étrangers anéantit son commerce. Ne pouvant plus vendre les produits de ses établissements, il dut renoncer à son œuvre, et ces entreprises conduites avec tant de persévérance n'aboutirent qu'à la ruine de leurs auteurs. »

Cet homme, si remarquablement plein d'activité et d'intelligence, ne devait survivre que bien peu d'années à ses revers de fortune. Sa mort, du reste, eut pour cause une circonstance tout accidentelle, l'inhalation d'une trop forte dose de chloroforme.

Le paragraphe qui suit fait naître de tristes réflexions. « Si M. de Lastelle eût été sujet anglais, continue M. Barbié du Bocage, il est hors de doute que son gouvernement l'eût secouru d'une manière efficace, et qu'il eût saisi cette occasion d'imposer ses volontés aux Hovas; mais il était Français, et le gouvernement de sa patrie, tout en songeant alors à prendre à Madagascar une position plus tranchée (c'était le moment où l'on formait l'expédition Duvivier), était contre-carré par un fort parti dans les chambres, qui, loin de ressembler au parlement anglais, qui fait tout céder à l'intérêt national, refusaient de s'associer au projet, par cela seul qu'il émanait du ministère. Peu de temps après, éclata la révolution de février, suite naturelle d'une telle manière d'agir, et l'île africaine fut oubliée. — Ce n'est donc ni dans le manque d'aptitude, ni dans les obstacles que présentent à la colonisation certaines contrées qui, comme Madagascar, nous appartiennent, qu'il faut chercher la cause du peu de succès obtenu depuis un siècle par les Français dans les colonies : c'est dans les graves erreurs, dans les révolutions de la mère patrie. Ce que MM. Arnoux, de Lastelle et Rontaunay ont tenté, bien d'autres de nos compatriotes l'ont essayé, quoiqu'avec des moyens moins grands, et ils étaient en droit d'espérer un succès proportionné à leurs efforts, si la métropole les avait soutenus à propos et avec persévérance. »

Mais reprenons notre récit.

Après les cérémonies auxquelles avaient donné lieu les funérailles de M. de Lastelle, véritables saturnales qui durèrent plusieurs jours, M. Ellis, que rien ne retenait plus à Tamatave, se disposa à prendre au plus vite la route de la capitale. Le mot *route*, soit dit en passant et pour l'édification du lecteur, n'est ici que par euphémisme, car il n'existe de route à Madagascar que celles qu'y ont tracées les pieds nus des indigènes et le sabot fourchu des bœufs. Les Madécasses ne se servent ni de voitures, ni de bêtes de somme, et comme il n'y a pour ainsi dire pas de locomotion possible par bateaux, tout se transporte à dos d'homme d'un bout du pays à l'autre.

Le gouverneur de Tamatave avait, du reste, d'après les ordres de la reine, largement pourvu aux besoins de M. Ellis. Le nombre des gens mis à la disposition du voyageur s'élevait à plus de cent ; ils étaient divisés par groupes de dix à douze individus, chaque groupe sous les ordres d'un chef spécial. La troupe entière avait, en outre, pour commandant, un guerrier betsimasaraka, nommé Béoli, qui, ayant passé plusieurs années à bord d'une frégate anglaise, parlait l'anglais d'une manière suffisante pour se faire comprendre.

Le 6 août 1856, dès le matin, les différentes escouades composant la caravane se mirent en marche les unes après les autres, et à une heure M. Ellis montait à son tour dans son filanzane.

La distance qui sépare Tamatave de Tananarive n'est pas moindre de 400 kilomètres. M. Ellis et ses compagnons mirent vingt jours à la franchir. La donnée de notre analyse ne nous permet pas de suivre le voyageur d'étape en étape, et de décrire les aspects variés des contrées qu'il traversa. Disons cependant que le trajet des premières journées se fit la plupart du temps à travers des plaines sablonneuses, semées de bouquets de grands arbres morts dépouillés de leur écorce, et n'ayant pour verdure que les orchidées et d'autres plantes parasites, poussées au hasard dans les fissures de leurs troncs. Des étangs ou des marécages bordaient le plus souvent le sentier. Cette région semblait faite tout exprès pour la fièvre.

La caravane avait à suivre le littoral pendant une certaine distance avant de prendre la direction de l'ouest. On arriva ainsi sur les bords de l'Hivondro ou Yvondrou, large rivière dont le cours présente une succession d'admirables paysages. Dans son *Voyage à Madagascar*, M. Leguével de Lacombe en fait un séduisant tableau. « La rivière d'Yvondrou, dit-il, offre à l'œil du voyageur toutes les merveilles d'une végétation puissante. Des bois gigantesques en suivent le cours, et, enlacés aux flexibles rameaux des palmiers, forment des bosquets aussi impénétrables aux rayons du soleil qu'à l'homme. Leurs branches, qui souvent fléchissent sous le poids de fruits savoureux, venaient se plonger dans les eaux en passant par-dessus nos têtes, et nous cachaient la rive opposée. Des lianes indigènes, admirables par leur délicatesse, par les formes de leurs feuilles et les vives couleurs de leurs fleurs, s'étendaient d'arbre en arbre comme un vaste réseau de soie verte. Mais ces ombrages attrayants sont la retraite de terribles caïmans et de sangliers non moins redoutables. Notre marche était lente, et souvent arrêtée par des troncs d'arbres que l'âge ou la tempête avait abattus, et qui, couchés en travers sur l'eau et dans les endroits où elle est peu profonde, retenaient une masse considérable de végétaux que le courant y accumulait sans cesse. Les oiseaux qui peuplent ces forêts attiraient surtout mon attention. Tantôt j'admirais le plumage brillant du colibri, tantôt j'écoutais le chant mélancolique de la veuve et le caquetage des perruches noires qui se balançaient sur les branches les plus élevées des arbres voisins. Les perroquets noirs, le ramier vert, le pigeon bleu ou *hollandais*, et une foule d'autres oiseaux annonçaient aussi leur présence, le premier par un cri âpre et perçant, les autres par de doux roucoulements ou des sifflements prolongés. Les aigrettes seules restaient silencieuses et immobiles au bord de l'eau, et elles guettaient les petits poissons pour les harponner de leur long bec. Mon guide me fit remarquer aussi sur une feuille de songe le *vouroun-saranoun*, cet oiseau ami et protecteur des hommes, qui leur annonce toujours la présence du caïman, et que tous les bons Malgaches vénèrent. »

Après avoir passé l'Yvondrou, les voyageurs furent rejoints par un officier de Tamatave, envoyé par le gouverneur pour veiller à ce que rien ne leur manquât sur la route. Cette qualification d'officier, qui revient à chaque instant dans les récits relatifs à Madagascar, a besoin d'être expliquée. Les officiers indigènes ne sont point nécessairement des gens portant uniforme et revêtus d'un grade dans l'armée ; ce sont des employés occupant une place plus ou moins élevée dans le service de l'État, service civil aussi bien que militaire. « La plupart du temps, dit M. Ellis, je n'aurais jamais su que j'avais affaire à des officiers, si les gens de la maison et autres individus chargés de les introduire n'avaient pas annoncé leur approche par la formule : Voici les *Mananboninahitra*, — c'est-à-dire *les ayants rang*, — qui viennent. » Les officiers ne portent un costume particulier que dans les occasions solennelles. Ceux d'entre eux qui ont un grade élevé revêtent alors une espèce d'uniforme. En voyage, les officiers se reconnaissent à l'épée dont ils sont armés. Les aides de camp forment aussi une classe particulière d'employés. Leur nom indigène *dekana* est probablement dérivé du français. Cette qualification ne désigne pas un officier ayant certaines fonctions spéciales, elle s'applique aux jeunes gens de l'armée, gradés ou simples soldats, qui s'attachent à un chef et sont considérés comme dévoués aux intérêts de ce chef. Leur nombre n'est limité, paraît-il, que par la popularité du chef ou les vues intéressées de ses suivants.

« Des officiers de tout rang, dit le commandant Dupré, sont employés en grand nombre comme aides de camp. L'ancien commandant en chef Rainihiare en avait 800. M. Laborde a parmi les siens un quatorzième honneur. Ils servent de secrétaires, d'espions, de commissionnaires et quelquefois de domestiques. Ils surveillent les cultures et font le commerce pour leurs patrons. Ceux du roi s'appellent officiers du palais ; beaucoup d'entre eux sont employés dans les provinces. Ils n'ont d'autre rang que ceux que leur donne leur grade ; mais ils ont le pas sur les officiers de même grade qu'eux. »

Les *mena-maso* de Radama II étaient une variété particulière d'aides de camp, une espèce de garde du corps du prince, composée de jeunes gens choisis parmi les plus intelligents et les plus dévoués. C'étaient eux que, sous le terrible règne de sa mère, Rakoto chargeait de ses missions les plus délicates. Ils étaient à la fois ses conseillers, ses officiers d'ordonnance, ses ingénieurs et les instruments de ses œuvres de bienfaisance. « S'agit-il, écrit le R. P. Henri de Régnon (1), d'aller briser les fers d'un prisonnier ou d'empêcher les désastreux effets du tenghin, Rakoto fait aussitôt partir quelques-uns de ces jeunes hommes pour porter ses ordres, et l'exécuteur des hautes œuvres, sachant bien ce que signifie cette intervention favorable, prend des précautions dont le résultat empêche la mort du prévenu. Combien d'innocents ont été sauvés ainsi, lorsque Rakoto a pu être averti à temps pour envoyer un de ses fidèles dans le village où l'épreuve devait être subie!.... Le dévoûment des mena-maso pour Rakoto, ajoute le missionnaire catholique, n'a d'égal que l'affection dont ils sont l'objet de sa part. » Nous verrons plus loin comment cette affection même a été fatale au généreux prince.

Le service militaire à Madagascar est une obligation des plus dures. Les soldats sont enrôlés pour toute leur vie et ne reçoivent ni solde ni nourriture.

(1) *Madagascar et le roi Radama II.*

Radama Ier avait tout organisé en vue de la conquête générale de la grande île ; la hiérarchie qu'il avait établie était toute militaire. « Les grades, explique le commandant Dupré, se nomment *vouninahitra*, littéralement *fleur d'herbe*, et se distinguent par leurs numéros. Les étrangers, on ne sait pourquoi, ont traduit ce mot par celui d'*honneur*. Radama avait institué douze grades, y compris celui de simple soldat, qui était premier vouninahitra, premier honneur. Ranavalo en a ajouté deux, le treizième et le quatorzième. Radama II a avancé tout le monde de deux grades à son avénement ; par suite de cette mesure peu dispendieuse, les quatorzièmes sont devenus seizièmes ; le commandant en chef a été nommé dix-septième honneur. Les princes de la famille royale sont généralement quinzièmes honneurs, et voici la raison qui m'en a été donnée. Toutes les missions et députations sont confiées à un certain nombre d'officiers de haut rang ; au retour, c'est le plus élevé en grade qui est chargé de faire le rapport au roi ; afin d'éviter ce travail aux princes, on laisse un grade au-dessus du leur..... Il n'est pas rare de voir des enfants en bas âge, même étrangers à la famille royale, revêtus de grades élevés (1). »

---

(1) Dupré, ouvr. cité.

X.

Suite du voyage à Tananarive. — Les Kimos. — Rivières et lacs. — Crocodiles. — Exilés chrétiens. — L'arbre du Voyageur. — Les arbres forestiers de Madagascar. — Sources thermales du Ranomafana. — Rats et souris. — Superstitions indigènes. — Les Sikidis. — Le tanghin. — Le serment du sang. — Sépultures.

A mesure que le missionnaire anglais avançait, l'aspect du pays devenait de plus en plus riant. Les vallées étalaient une végétation splendide ; les collines, tapissées d'herbe verte ou couronnées de forêts, s'étageaient les unes au-dessus des autres, jusqu'à une chaîne de montagnes qui fermaient au loin l'horizon.

Les Madécasses prétendent que ces monts sont habités par une race de nains auxquels ils donnent le nom de Kimos, et qui vivraient dans les cavernes et se nourriraient exclusivement du lait de leurs troupeaux. M. Eug. de Froberville fait bonne et prompte justice de cette fable, que certains voyageurs ont eu la naïveté de prendre au sérieux. « Le naturaliste Commerson, dit-il (1), dont le nom a fort heureusement d'autres titres à la célébrité, est le premier écrivain qui soit entré dans quelques détails sur ces pygmées, et se soit livré à une dissertation pour démontrer leur existence. Avant lui, le judicieux Flacourt avait pris des informations à ce sujet ; mais il ne nous fait part que du résultat de ses recherches : ce sont, dit-il, des fables que racontent les joueurs d'*herravou* (ménestrels malgaches). Ce témoignage d'un homme qui, par son long séjour et ses recherches à Madagascar, la sagacité et l'exactitude de ses descriptions, mérite toute confiance, est pour nous d'un grand poids. Le ton de la lettre de Commerson a souvent fait naître en nous l'idée qu'elle était une plaisanterie spirituelle dont l'abbé de Choisy (ou celui qui l'a fait parler) avait donné l'exemple un siècle auparavant..... Commerson s'adresse aux amateurs du merveilleux, qu'il a révoltés en réduisant à six pieds la taille prétendue gigantesque des Patagons, et leur offre *en dédommagement* « une race de pygmées qui donne dans l'excès opposé. » Il décrit minutieusement ces demi-hommes, les « Kimos, » comme l'abbé de Choisy avait fait des « Tarisbos. » Il fait connaître leur caractère, leurs mœurs, leur

---

(1) *Not. hist. et géog. sur Madagascar.* Ouv. cité.

adresse, leur intelligence et leur ardeur belliqueuse, « qui se trouve être en raison double de leur taille. » Il parle ensemble de leur pays, de leurs troupeaux, de leurs occupations. Le Gentil (*Voy. aux Indes Orientales*) a réfuté victorieusement toute cette histoire dont maint savant a été la dupe, et que réveille encore de temps en temps quelque auteur paradoxal. Ce n'a pas été sans surprise que nous avons vu les missionnaires anglais ressusciter dernièrement les Kimos. Leurs connaissances se bornant à la province des Hovas, ils ont retrouvé les Kimos chez les Hovas ; ils observent bien des différences, par exemple celle de la taille, mais c'est pour eux une bagatelle, ils ne s'y arrêtent pas. « Le point le » plus sujet à controverse de cette relation con» cerne, disent-ils, la taille des Kimos ; il doit y » avoir là quelque erreur ; presque tout le reste est » croyable. » La fable des Kimos ou peuple de nains existe en Afrique.

M. Leguével de Lacombe a aussi cherché à s'éclairer sur l'existence de cette race singulière ; mais aucun de ses guides n'a pu lui en indiquer la véritable résidence. Les Betsilos ont pu, selon lui, plus que tous les autres indigènes, prêter à cette fable bizarre. « Je n'oserais, dit-il, hasarder aucune conjecture sur l'origine des Betsilos ; mais la position qu'ils occupent dans l'île étant la même que celle assignée par Commerson, Raynal et Modave, aux prétendus nains ou Kimos, il m'a paru vraisemblable que l'histoire fabuleuse de ces nains, conservée par la tradition, a pu être appliquée aux Betsilos, race d'hommes qui, par sa taille, sa couleur, sa structure et ses habitudes, se rapproche le plus du portrait que les poëtes malgaches font des Kimos. Les Malgaches, qui racontaient ces histoires du temps de Flacourt, ne voyageaient pas alors comme aujourd'hui dans toutes les parties de l'île ; plusieurs peuplades indépendantes et sauvages séparaient les Antavarts des Betsilos, et ils se seraient exposés à l'esclavage ou à la mort, s'ils avaient osé traverser leur territoire. C'était donc très-rarement que quelques Malgaches isolés rencontraient des Betsilos, dont la petite taille, la couleur et les traits devaient les étonner. (Ils ont le teint olivâtre, les yeux roux, le visage allongé, la lèvre juive, le nez aquilin, les membres grêles et mal conformés.) Les Betsilos voyagent rarement et sont presque sans industrie ; leur vie est aussi frugale que celle des prétendus Kimos. Ils se nourrissent de laitage, de riz et de racines. Ils ne tuent de bœufs que rarement, pour célébrer quelque fête (1). »

Les cours d'eau se multipliaient sur la route suivie

(1) Longuével, cité par A. Tardieu, *Encyclop. mod.*

par M. Ellis. La caravane en traversa jusqu'à huit dans la même journée. Malheureusement, toutes les rivières et les lacs de Madagascar qui ne sont pas dans le voisinage immédiat de la mer sont remplis de crocodiles. Il est de ces sauriens qui atteignent une taille énorme, et, dans quelques parties de l'île, ils ne craignent pas d'attaquer les canots. Les indigènes ont à leur endroit d'étranges sentiments. « Ils les redoutent, dit M. Ellis, comme possédant un pouvoir surnaturel, et ils les invoquent dans leurs prières ou recherchent leur protection à force de déférence, plutôt que de les attaquer. Brandir seulement une sagaie au-dessus de l'eau serait regardé comme une sacrilége insulte à ces souverains des ondes, une insulte qui mettrait en péril la vie du coupable la première fois qu'il s'aventurerait dans l'eau. » Les dents de crocodile sont portées comme talismans, et l'on en fait en argent et en or, dans un double but d'ornement et de sécurité. Le joyau central de la couronne royale est une dent de crocodile en or. Cependant cette crainte des crocodiles est proportionnelle à leur taille. Les indigènes ne se font pas scrupule de détruire les petits. Ils récoltent aussi les œufs, qu'ils font bouillir et sécher au soleil, pour les conserver en sacs comme aliments. Ces œufs sont gros, de forme plutôt allongée qu'ovale, et on les recueille en grand nombre. Un missionnaire qui, pendant une saison de chasse, voyageait au bord des lacs, a vu ramasser plus de 500 œufs de crocodile par une seule famille d'indigènes.

Le crocodile mâle mange, dit-on, les petits; d'un autre côté, les oiseaux et les serpents détruisent une grande quantité d'œufs. Malgré tout, néanmoins, le nombre de ces sauriens est fort alarmant. On fait du crocodile un être timide qui fuit au moindre bruit ou lorsqu'on agite violemment l'eau. Il y a là exagération et méprise tout à la fois. Dans une relation fort intéressante de la fuite de plusieurs familles de chrétiens indigènes à travers les provinces septentrionales de l'île, relation donnée à M. Ellis, il se trouve, entre autres détails, des dangers courus par les fugitifs, des histoires fort peu rassurantes de rencontres de crocodiles. Écoutons le narrateur :

« Nous entrâmes alors, dit-il, dans un massif de jeunes bambous, dans plusieurs endroits duquel nous avions de l'eau jusqu'aux genoux et où nous étions environnés de crocodiles. Nous demeurâmes cachés neuf jours dans ce bois sans avoir autre chose que de l'argile et de l'eau pour apaiser la faim qui nous torturait. Le terrain tout entier n'était que marécages, et nous ne pouvions nous reposer et prendre un peu de sommeil que quand il nous arrivait de rencontrer un petit tertre ou un arbre. Nous nous trouvâmes souvent en face de crocodiles monstrueux ; nous mîmes même plus d'une fois le pied sur ces horribles bêtes, et quand nous nous étendions la nuit pour dormir, nous sentions leur odeur tout près de nous. »

La première fois que M. Ellis lut cette relation, trois des fugitifs assistaient à la lecture ; il leur exprima son étonnement et leur demanda si réellement il leur était arrivé de marcher sur des crocodiles. Ces hommes affirmèrent le fait, ajoutant que, quand le reptile était dans l'eau et qu'il avait sa proie devant lui, il devenait terrible, mais que, quand on marchait sur lui dans un marécage, il avait l'air fort effrayé, et, loin d'attaquer, essayait de fuir ou de s'enfoncer plus avant dans la vase.

L'auteur de la relation continue en ces termes :

« Nous n'espérions pas échapper et nous nous attendions à périr tous dans ce marais. Au bout de neuf jours, heureusement, nous rencontrâmes un terrain ouvert, et quand nous eûmes marché pendant quelque temps, nous arrivâmes à un endroit tout rempli de nymphéas. Nous cueillîmes et mangeâmes les feuilles de ces plantes, et nous demeurâmes cinq jours dans le lieu où cette nourriture s'était offerte à nous. Peu de temps après nous être remis en route, nous arrivâmes sur les bords d'une large rivière où nous nous arrêtâmes deux jours. Là nous coupâmes une grande quantité de hautes herbes que nous liâmes en bottes pour en faire un radeau. Nous tressâmes aussi avec cette herbe une longue corde pour tirer le radeau à l'autre bord. Je traversai alors la rivière à la nage en tenant l'extrémité de la corde. Ma femme et une de ses compagnes placèrent le petit enfant et les paquets sur le radeau, et je tirai celui-ci tandis qu'elles nageaient de chaque côté, afin de le maintenir en équilibre. De cette manière nous gagnâmes la rive opposée sains et saufs, malgré la rapidité du courant et le grand nombre de crocodiles dont la rivière était infestée. »

A mesure qu'on quitte les régions basses et malsaines de l'île, on rencontre en abondance ce magnifique et précieux végétal, le ravenala, que les savants ont baptisé du nom d'*urania speciosa*, et que la reconnaissance a appelé « l'arbre du Voyageur. » Lorsqu'il sort de terre, sa jeune tige est épaisse et succulente comme celle du bananier. De son centre partent de longues et larges feuilles superposées sur deux rangs de manière à former un vaste éventail. A mesure que la tige s'élève, les premières feuilles se sèchent, tombent, et le tronc présente l'aspect de celui du palmier. Beaucoup de ces arbres ont jusqu'à dix mètres de hauteur avant les premières feuilles. Ils portent généralement vingt ou vingt-quatre de ces feuilles ; chacune d'elles est pourvue d'une longue tige rigide de 8 à 10 pieds : c'est au bas de cette tige et dans l'angle qu'elle forme en s'écartant du tronc, que s'accumule l'eau des pluies. Cette eau s'y conserve si merveilleusement, que, pendant la sécheresse, l'arbre est un précieux réservoir où le voyageur peut trouver à étancher sa soif. De là le nom qu'il porte. Mais, à Madagascar, on pourrait tout aussi bien l'appeler « l'arbre du Constructeur, » car il entre presque seul dans la construction de toutes les maisons de la côte orientale de l'île. Ses feuilles servent à la toiture ; avec leurs longues tiges on fait les cloisons et même les murs extérieurs ; enfin l'écorce battue du tronc sert de parquet. En outre, la partie verte de la feuille remplace le papier d'emballage pour les paquets, et les indigènes l'emploient encore en guise de nappe, de plats, d'assiettes, etc.

Cet arbre providentiel, aux mérites si variés, a, du reste, de puissants rivaux dans les immenses forêts vierges qui sillonnent la grande île africaine. Les bois sont une des plus riches productions de Madagascar. Les essences en sont extrêmement nombreuses. On en compte plus de cent cinquante, depuis le colossal boabab, ce géant des tropiques, jusqu'au délié chrysopia, qui s'élance tout droit et d'un seul jet jusqu'à vingt mètres du sol, et peut servir à mâter les plus grands vaisseaux. « Les plus remarquables, dit M. Albrand dans son mémoire sur Anossi et le Fort-Dauphin (1), sont : le *hazingue*, arbre très-droit, et qui parvient à une grande hauteur ; on l'a souvent employé pour mâture, et il donne, par incision, une gomme que les Français, du temps de Flacourt, substituaient avec avantage au goudron : cet arbre croît en abondance sur le bord des lacs et au pied des montagnes ; l'*endrangnendra*, bois d'une excessive dureté, très-propre aux constructions de tout genre et très-renommé chez les Malgaches par son incorruptibilité : il est jaune et exhale une odeur assez analogue à celle du sandal ; le *toumboubitsi*, très-beau bois, avec lequel les Malgaches font les manches de leurs sagaies, et dont la couleur, rose à l'intérieur, prend à l'air une teinte noire susceptible d'un très-beau poli, et comparable à la plus belle ébène ; le *takamaka*, nommé ici *vinting*, qui croît dans les montagnes, et dont le tronc, creusé par la hache, forme des pirogues d'une seule pièce, étonnantes par leurs proportions ; le *tamarin*, que les naturels appellent *monti*, et qui, par la beauté de sa verdure, la masse de son feuillage et l'élégante hauteur de sa cime, est un des plus beaux arbres de ce pays ; le *badamier*, nommé *atafa*, qui croît au bord des eaux ; le *raventsara*, qui s'é-

---

(1) *Annales marit. Revue coloniale* 1847.

lève au haut des montagnes et ne fructifie que tous les trois ans ; il donne une baie d'un goût piquant et aromatique : cette épice, encore peu connue en Europe, est préférée par beaucoup de personnes à celle des Moluques et de l'Inde, dont elle semble réunir tous les parfums et toutes les saveurs ; le *filao*, appelé par les naturels *anacaou* : cet arbre, qui couvre les rivages de Madagascar du nord au sud, est, je crois, le même que le *casuarina* de la Nouvelle-Hollande ; l'espèce qui croît à Madagascar est fort dure et donne d'excellent charbon ; le *rara*, bois tendre, qui se corrompt très-aisément et distille une résine rouge qu'on dit être le sang-dragon ; le *ravenal*, moins commun ici que dans le nord, arbre très-utile, comme on sait ; le *haram*, indiqué par Flacourt comme propre à faire des bordages, et d'où l'on tire une gomme très-odoriférante ; le *halampon*, dont le bois rouge est spécialement réservé pour les cercueils des chefs ; l'*afoupoutsi*, dont l'écorce flexible et fibreuse est employée par les naturels, qui en font des cordes assez fortes, mais que corrompt facilement l'humidité ; le *tateka*, arbre très-remarquable, dont les feuilles, l'écorce et le bois brûlé exhalent une odeur agréable : quelques personnes prétendent que c'est le bois d'aigle, si estimé dans l'Orient, qu'il s'y vend au poids de l'or ; l'*arandranton*, d'où découle une gomme que Flacourt prétend être le succin. Parmi les bois d'ébénisterie, on doit distinguer l'*acafrata*, bois très-veiné ; le *natte* et plusieurs variétés d'ébéniers ; enfin des arbres propres aux teintures, et entre autres le *roupack*, le *chacoua*, le *mera*, dont les écorces, bouillies avec le fil de coton, le teignent en rouge d'une manière ineffaçable. »

La marine ne saurait nulle part trouver un pareil choix. « On ne peut mieux faire connaître les ressources offertes par certains points des côtes de Madagascar aux constructions navales, qu'en rappelant l'événement arrivé à Mahé de la Bourdonnais. Cet illustre marin, parti de l'île de France et surpris par une effroyable tempête, eut à peine le temps de gagner un point quelconque de la côte orientale de cette île, la baie d'Antongil. En arrivant sur une plage inconnue, il désespérait presque de remettre en état de prendre la mer ses navires que l'ouragan avait avariés de toutes parts, lorsqu'il trouva à une lieue du rivage, près de l'endroit où le hasard l'avait fait aborder, des bois de construction assez beaux et en assez grande quantité pour réparer en six semaines les neuf vaisseaux de guerre qui lui restaient. C'est avec cette flotte qu'il faillit anéantir la puissance anglaise dans les Indes (1). »

(1) Barbié du Bocage, ouvr. cité.

L'accueil que recevait M. Ellis dans les villages où il faisait halte n'était pas toujours des plus récréatifs, témoin la sérénade qui lui fut donnée à Ranomafana — lisez *Eau-Chaude* — village dans le voisinage duquel se trouvent des eaux thermales. « J'avais à peine fini mon repas du soir, dit notre Anglais, qu'une troupe d'indigènes vinrent encombrer le devant de la maison, et se mirent à faire un vacarme épouvantable, sous prétexte de musique et de chant. En face de la porte, un homme et une femme tenaient chacun par un bout un bambou creux, de six pieds de long et de trois pouces de diamètre à peu près, sur lequel cinq femmes rangées d'un même côté frappaient à tour de bras, en marquant la mesure d'une espèce de chant monotone qu'elles vociféraient. Le tapage était tel, que je fus ravi de pouvoir m'en débarrasser moyennant une pièce de monnaie. Un de mes porteurs qui, le jour même, avait eu mon palanquin sur les épaules pendant une vingtaine de milles, dansait au son de cette musique, ce qui me prouva que le poids de ma personne ne l'avait pas trop fatigué. En quittant ma porte, les musiciens allèrent s'établir dans la maison voisine, où ils continuèrent leur concert jusqu'après minuit. »

Le voyageur ne pouvait pas s'arrêter à Ranomafana sans visiter les sources. Ce fut même son premier soin. Il s'y fit conduire par ses porteurs, dès que son filanzane eut été mis en sûreté. Après une marche de moins d'un kilomètre, ils traversèrent une rivière et trouvèrent à quelques pas de l'autre rive la source thermale qui bouillonnait sur un fonds de sable. L'eau était chaude à la main au sortir de la source, et un thermomètre Farenheit plongé dans la source même s'éleva immédiatement de 78° à 140°, maximum de division de l'instrument. Des globules montaient continuellement à la surface. Les indigènes, en portant M. Ellis sur l'autre bord de la rivière, lui dirent que le sable du lit et le fond de l'eau de cette même rivière, profonde d'environ quatre pieds, étaient complétement chauds du côté des sources, bien que la surface du courant fût seulement tiède.

Les sources thermales de Ranomafana sont au nombre d'une demi-douzaine. Les eaux sont sulfureuses et ferrugineuses, mais agréables à boire néanmoins, une fois refroidies. M. le docteur Lacaille les trouve très-digestes, et lors de son retour de l'Ankova (en 1862), alors que depuis plusieurs jours il était atteint des fièvres du pays, elles lui ont été d'un grand secours pour calmer des vomissements naissants, début presque général de l'invasion des fièvres sur les Européens. « Sans être prophète, dit-il, bien qu'on puisse quelquefois le devenir pour les choses de ce monde, je prédis à Bout-Zanaar (nom du village qui domine la rivière en cet endroit) la formation d'un grand établissement thermal dans l'avenir. La situation charmante de cet endroit a frappé les indigènes, qui l'ont manifesté par le nom qu'ils ont donné au village : Bout-Zanaar signifie littéralement *Enfant du Bon Dieu* (1). »

Les moustiques et les puces pullulent à Madagascar ; mais cette île est par excellence le paradis des souris et des rats. Les chats et les hiboux étant considérés comme des animaux de mauvais augure, on n'en laisse rôder aucun autour des cases, ce qui fait que les petits rongeurs en prennent à leur aise ; tout ce qu'on laisse à leur portée est rapidement dévoré. Aussi M. Ellis avait-il contracté l'habitude, en se couchant, d'enfermer tous ses vêtements et jusqu'à sa casquette dans une valise qu'il suspendait par une corde à l'une des solives de la toiture. Une nuit que, se sentant indisposé, il avait étendu sa robe de chambre sur lui, comme couverture supplémentaire, il la trouva percée à jour le lendemain matin. Plus d'une fois aussi le foulard de soie dont il s'enveloppait la tête avait subi de graves atteintes pendant son sommeil. Mais, au village de Ranomafana, un désagrément plus pénible l'attendait : il

---

(1) Lacaille, ouvr. cité.

découvrit, à son réveil, que les rats lui avaient mangé à moitié un vocabulaire hova manuscrit qu'il conservait d'ordinaire sous le coussin de son filanzane.

Les superstitions madécasses ont souvent tout le grotesque de celles des peuplades les plus barbares. Un jour, le missionnaire anglais voit presque tous ses porteurs mouchetés au visage de petites taches de boue blanche, avec enjolivements de cercles de boue tracés autour des yeux. Il s'informe, et apprend que ce maquillage sert de charmes contre les mauvais rêves de la nuit précédente. Une autre fois, des morceaux de bois d'une certaine forme et plantés dans un certain ordre symétrique mettent son esprit à la torture : ces morceaux de bois étaient des objets de culte pour les habitants du village voisin, des idoles, en un mot.

Dans un bois situé près du village d'Amboudisine, sur la route de Tananarive, on montra au commandant Dupré une grande jarre sacrée, auprès de laquelle aucun indigène ne passait autrefois sans y déposer son offrande. La sainte tirelire a fini, un beau jour, par tenter quelque mauvais drôle qui l'a éventrée et dépouillée du trésor lentement accumulé dans sa panse. « Cette mésaventure, restée impunie, remarque le commandant, a discrédité le fétiche, qui gît abandonné à quelques pas du chemin. »

SUPERSTITIONS.

Les habitants de Madagascar n'ont pas de religion, et, sauf quelques superstitions absurdes, comme on vient d'en lire des échantillons, ils ne professent aucun culte ; et s'ils croient, comme tous les peuples dans l'enfance, à des génies bons ou mauvais, ils n'ont point de représentation extérieure des objets de leur dévotion. Ils sont d'ailleurs bien plus disposés à rendre hommage aux êtres qu'ils supposent pouvoir leur nuire qu'à ceux dont ils n'attendent que des bienfai's. Ils croient à certains jours heureux ou néfastes ; ils portent des amulettes et des préservatifs contre les accidents et tous les maux en général.

Les augures sont chez eux en grande faveur ; les devins, qui exploitent cette industrie, sont désignés sous le nom d'*ombiaches* ou *ombiasses* et d'*ampisikidis*.

« Dans tout Madagascar, écrit Mme Pfeiffer, mais surtout à la cour, on est habitué, pour les affaires les plus importantes comme pour les plus insignifiantes, à consulter le *sikidi* (l'oracle). Cela se fait de la manière suivante, qui est extrêmement simple : on mêle une certaine quantité de fèves et de cailloux ensemble, et, d'après les figures qui se forment, les personnes douées de ce talent (les *ampisikidis*) prédisent une bonne ou mauvaise fortune... Il y a peu d'années encore qu'on consultait le sikidi à la naissance d'un enfant, pour savoir s'il était venu au monde dans un moment favorable. Quand la réponse était négative, on plaçait le pauvre enfant au milieu d'un des chemins suivis par les grands troupeaux de bœufs. Si les bêtes passaient avec circonspection près de l'enfant sans le blesser, le charme était rompu, et l'enfant rapporté en triomphe à la maison paternelle. Il n'y avait naturellement que peu d'enfants assez heureux pour sortir sains et saufs de cette dangereuse épreuve : la plupart y perdaient la vie (1). » Les parents, peu soucieux de soumettre leurs enfants à cette épreuve, se contentaient de les exposer, surtout quand c'étaient des filles, sans plus s'en inquiéter.

« A Madagascar, dit M. Leguével de Lacombe (2), la naissance des filles ne donne lieu à aucune réjouissance ; cet événement paraît produire au contraire un sentiment pénible sur tous les membres de la famille. Si c'est un garçon, l'allégresse est générale, après toutefois que les parents ont consulté l'*ombiache*, astrologue et médecin qui décide s'il doit vivre ou mourir ; car s'il était né dans une heure ou un jour réputés malheureux, il serait ou précipité dans une rivière, ou exposé dans une forêt,

---

(1) Ida Pfeiffer, ouv. cité.
(2) Ouvr. cité.

ou enterré vivant. Malheureusement pour les Malgaches, leurs astrologues reconnaissent un très-grand nombre d'heures et de jours malheureux. Le père du nouveau-né, entouré de ses proches et amis et aidé par un *ombiache*, plante en terre sa plus belle sagaie ornée de guirlandes de feuillage, à la tête de la natte où l'enfant repose ; l'*ombiache* s'en approche avec son *mampila*, tire l'horoscope, et la famille attend avec anxiété le résultat de ses calculs cabalistiques. Le mampila est une planchette avec des bords peu élevés, divisée en quatre compartiments de diverses couleurs par des lignes qui vont d'un angle à l'autre ; elle est couverte d'une légère couche de sable fin, sur laquelle l'*ombiache* trace des caractères arabes en murmurant des paroles mystiques, parmi lesquelles revient souvent le mot *zan*, enfant. Cependant on suspend au cou du nouveau-né des *fanfoudis* pour le préserver des *mouchanes* que les agents du mauvais génie devaient répandre autour de sa natte. Si l'arrêt de l'*ombiache* est favorable, tous les assistants sont invités à un banquet, que terminent des danses guerrières ou *mitava*. » Cette coutume, qui faisait périr chaque année un grand nombre d'enfants, a fini par être interdite par la reine Ranavalo. C'est peut-être la seule loi philanthropique qu'ait établie cette cruelle princesse.

La polygamie est un usage général à Madagascar. Il

n'est pas d'indigène un peu aisé qui n'ait deux ou trois femmes. Néanmoins il y en a toujours une qui a le pas sur les autres. On l'appelle la grande, *vadi-bé*. Les autres se désignent sous le nom de *vadi-kéli* (femme petite). Le mariage ne donne lieu à aucune cérémonie ; il en est de même du divorce. La fidélité matrimoniale est d'ailleurs peu respectée. Quant aux filles non mariées, elles sont absolument libres de leurs actions. La pudeur et la jalousie sont deux sentiments également ignorés dans ce pays barbare, dont la religion chrétienne devra changer les coutumes. Après cela il n'est pas besoin d'ajouter que la licence des mœurs y est extrême. Le roi peut prendre jusqu'à douze épouses légitimes. Un trait de mœurs à citer, c'est que, en 1810, quand Radama Ier monta sur le trône, il conserva, suivant l'ancien usage des nobles du pays, toutes les femmes de son père, la plupart choisies dans les familles des chefs dépossédés. Chose plus étrange encore ! à la mort de ce même Radama, sa veuve Ranavalo garda également, à titre d'*épouses*, toutes les femmes du roi. Quant à elle, lorsqu'elle eut été proclamée reine, il fut décidé qu'elle conserverait sa qualité de veuve, et que tous les enfants qui pourraient naître d'elle seraient enfants de Radama (1). C'est ainsi que Ra-

---

(1) Le commandant Dupré, ouvr. cité.

koto, qui naquit deux ans après la mort de Radama, passa toujours officiellement comme fils de celui-ci.

La manière barbare dont la justice a été rendue à Madagascar jusqu'à une époque très-récente, c'est-à-dire à l'avénement du généreux et éclairé Radama II, a été une cause de dépeuplement des plus actives. Pour reconnaître la culpabilité de l'accusé, les juges le forçaient à boire l'extrait de l'amande du fruit de l'arbre appelé tanghin, *tanguinia veneniflora*, poison violent, dont les effets sont très-rapides (1). « Le plus grand crime, celui dont les indi-

(1) Voici, d'après M. Lacaille, la description du tanghin : « Le tanghin, par ses caractères botaniques, appartient à cette famille de plantes connue des naturalistes sous le nom d'apocynées. Sa tige et ses branches collatérales renferment un suc laiteux d'une abondance extraordinaire, épais et caustique, qui tache et brûle tout ce qu'il touche. Cet arbre ressemble, à s'y méprendre, par son port, la disposition de ses feuilles, son écorce et sa couleur, au franchipanier cultivé dans les jardins des colonies, et qui, ainsi que la plante que je décris, fait également partie des apocynées; mais, pour un œil exercé, le tanghin diffère cependant du franchipanier : ses feuilles sont un peu moins longues et moins larges; les nervures latérales, au lieu d'être perpendiculaires à la nervure centrale, comme sur la feuille du franchipanier, lui sont parallèles. A part cette ressemblance de port et d'aspect, le tanghin diffère même totalement de son congénère par la coloration de sa fleur et son mode de fructification. L'attache de la fleur est cependant la même, mais avec cette différence que, très-abondantes au

8*

gènes s'accusent le plus souvent entre eux, écrit

bout de chaque rameau terminal du tanghin, elles forment un beau bouquet rappelant beaucoup les fleurs du laurier-rose, avec une coloration plus douce. Leur disposition naturelle est la suivante : pédoncule allongé, pas de calice, corolle à cinq pétales, pistil double entouré d'étamines. A la fleur qui a été fécondée succèdent le plus souvent deux fruits juxtaposés à leur sommet et divergents à leur base. Ces fruits, de la grosseur d'une belle poire, en ont aussi la forme. Verts, ils contiennent une quantité surprenante de ce suc laiteux qui parcourt toute la plante. Mais ils sont enveloppés d'une matière pulpeuse, qui devient spongieuse quand le fruit se dessèche avant sa chute. C'est l'amande renfermée au centre d'un noyau épais, dur et coriace, de forme ovoïde, rappelant, à s'y méprendre, le noyau du badanier des colonies, qui constitue ce poison subtil devenu célèbre dans les annales de Madagascar..... La nature n'a point été avare de cette plante, comme on l'a avancé. Elle est au contraire très-commune à Madagascar. Le tanghin y végète le plus souvent à l'état d'arbrisseau ; mais, dans les endroits où il est protégé des vents, il atteint de très-belles proportions et constitue un fort bel arbre. Entre les mains des chefs malgaches, la noix du tanghin a été pour les naturels de Madagascar un agent de destruction, dont on ne peut comparer les ravages qu'à ceux du feu, qui a servi à dévaster ce bon pays et à le priver de ses antiques forêts....... La convoitise et la rapacité des dominateurs hovas se sont donné libre carrière pendant trente ans et plus, et l'on peut hardiment avancer que depuis le moment où les Anglais ont conduit sur le littoral de Madagascar cette tribu de montagnards aux instincts farouches, la race malgache, ensevelie vivante, n'a fait que se débattre dans son linceul. » (L. Lacaille, *Connaiss. de Madagascar.*)

M. Barbié du Bocage, est la sorcellerie. Qu'un Malgache en veuille à un autre, il le flétrit aussitôt du nom de sorcier, et le malheureux est traduit devant le juge ou bourreau. Pour prouver qu'il n'est pas sorcier, il est forcé de boire la terrible liqueur : si son estomac rejette le poison, il est déclaré innocent, et en est quitte pour de très-violentes douleurs, dont une grave maladie ou l'imbécillité sont la suite presque inévitable; dans le cas contraire, il est déclaré coupable, et on le laisse périr misérablement. On peut surtout se faire une idée de cette épouvantable justice, et des désastres qui en sont la suite, lorsqu'on sait que la dose de poison que doit avaler le patient est entièrement à la discrétion du juge, et que ce dernier partage avec le délateur et le chef du gouvernement hova les biens de la victime, si elle est reconnue coupable, c'est-à-dire si elle meurt. Radama, sollicité un jour par des Européens pour faire cesser dans ses Etats ce terrible fléau, répondit à ceux qui le sollicitaient : « Trouvez-moi un impôt qui,
» comme celui-ci, remplisse mes coffres et fournisse
» aux besoins de mon armée. » Malgré cette parole cruelle, ce prince fit quelques efforts pour faire cesser l'emploi du tanghin, ou du moins pour qu'il fût moins fréquemment mis en usage; mais sous son successeur, la reine actuelle (Ranavalo), ce poison n'est plus seulement employé pour éprouver les accusés ou

punir les coupables, il sert à tout propos. Ainsi, pour citer un fait entre mille, ce *Caligula femelle*, voulant, un jour, avoir auprès d'elle, comme chanteuses ou danseuses, un certain nombre de jeunes filles de neuf à dix ans du pays d'Anossi, fit prendre les trente-quatre plus belles qu'on put trouver dans cette contrée. Toutefois, comme elles pouvaient avoir de mauvaises intentions à son égard, avant de les laisser pénétrer en sa présence, elle ordonna qu'on leur fît subir l'épreuve du tanghin. Le nombre qu'elle avait primitivement demandé put à peine être complété, et dans quel état! Sur trente-quatre, dix-huit étaient mortes sur-le-champ dans d'affreuses tortures; une dix-neuvième eut assez de force pour en relever, mais elle fut aussitôt tuée à coups de pierre, n'étant pas considérée comme assez pure pour approcher de sa souveraine. M. de Lastelle estime que le tanghin a tué à Madagascar, de 1823 à 1844, plus de 150,000 personnes. »

Au dire de Mme Pfeiffer, les empoisonnements, les corvées et les guerres faisaient périr tous les ans de vingt à trente mille personnes. — C'est ici le cas de rappeler que Radama II, en abolissant le tanghin, a supprimé aussi le lourd et barbare impôt des corvées.

« Il y a aussi le tanghin civil, ou épreuve qui, dans un procès, donne raison à l'un ou à l'autre parti ; seulement, dans ce cas, le poison est administré à un certain nombre de poulets ; si la majorité de ces pauvres innocents survit, le requérant a tort, et il supporte tous les frais et dépens (1). »

L'administration du tanghin était assujettie à des formes particulières que Mme Ida Pfeiffer a décrites minutieusement. Le condamné était averti par l'*ampi-tanghine* (individu chargé d'administrer le poison) du jour fixé pour l'épreuve. Durant les vingt-quatre heures qui précédaient le moment fatal, le malheureux ne devait prendre aucun aliment. Ses parents l'accompagnaient chez l'exécuteur. Là il se déshabillait et jurait qu'il n'avait eu recours à aucun sortilége. L'*ampi-tanghine* alors ratissait avec un couteau autant de poison qu'il jugeait nécessaire, l'étendait sur trois petits morceaux de peau d'environ deux centimètres de long, découpés sur le dos d'une poule grasse, et faisait du tout une boulette que l'accusé avalait. Dans les dix dernières années du règne de Ranavalo, une innovation a été apportée à l'épreuve du tanghin. Les parents de l'accusé eurent l'autorisation de lui faire avaler, une fois le poison pris, d'énormes quantités d'eau de riz. De la sorte il survenait des vomissements qui, parfois, sauvaient le patient. Toutefois fallait-il qu'avec le

(1) Barbié du Bocage, ouvr. cité.

poison il rendît les trois petites peaux intactes ; sans cela il n'avait pas la vie sauve, et l'effet manqué du tanghin était remplacé par le supplice de la sagaie, qui consiste à larder méthodiquement son homme de coups de lance ou de sagaie jusqu'à ce que mort s'ensuive.

Le tanghin n'était pas, du reste, le seul élément employé dans ces espèces de jugement de Dieu ; les crocodiles lui faisaient une sorte de concurrence. Ainsi très-souvent il arrivait que des individus supposés criminels étaient obligés de prouver leur innocence en traversant à la nage, un certain nombre de fois déterminé par la gravité du délit, les rivières peuplées de ces dangereux animaux. A Matatane, M. Leguével fut témoin d'une épreuve semblable que subissait une jeune fille de seize ans, accusée par un parent jaloux et cupide d'avoir eu des relations coupables avec un esclave, crime réputé horrible dans le pays. La malheureuse enfant dut plonger trois fois devant l'îlot qui sert de repaire à ces terribles amphibies.

« Il existe encore, poursuit M. Barbié, une manière de tirer l'ivraie d'avec le bon grain, mais elle n'est employée que sur les côtes. On conduit le prévenu au bord de la mer, jusqu'à ce qu'il ait de l'eau à la hauteur des genoux ; si alors une vague, en se brisant sur lui, fait jaillir quelques gouttes plus haut que la ceinture, il est réputé coupable, et ses voisins le percent à coups de sagaie. »

Nous ne voudrions pas répondre qu'à l'heure où nous écrivons, ces absurdes et barbares coutumes, abolies par Radama II, n'aient été remises en vigueur par le gouvernement actuel de Tananarive.

« Ce qu'il y a de plus remarquable dans ces sortes de jugements, ajoute le même auteur, c'est la bonne foi des indigènes, bonne foi poussée si loin, que jamais l'accusé n'essaye de se soustraire au sort qui l'attend. »

A côté de ces révoltantes coutumes, il en est une qui, du moins, fait honneur aux Madécasses, et qui rappelle la fraternité d'armes des anciens chevaliers : c'est *le serment du sang*. Au moyen de cette formalité, dit M. L. Carayon (1), « deux individus qui se conviennent cherchent à resserrer encore les liens d'amitié qui les unissent. La cérémonie se célèbre en présence des notables de l'endroit, et consiste à se tirer un peu de sang de part et d'autre, à le recevoir sur un morceau de gingembre, à en faire l'échange et à l'avaler en prononçant des imprécations terribles contre celui qui viendrait à manquer à cet engagement solennel. Alors leur sort est lié, ils sont frères et se doivent assistance dans toutes les occa-

(1) *Hist. de l'établiss. de Madagascar pendant la Restauration.*

sions de la vie. Cette alliance servait particulièrement à ceux qui, voulant faire le commerce dans l'intérieur de l'île, avaient besoin de se créer des amis dévoués dans les pays qu'ils devaient traverser, afin d'assurer à leur négoce une protection qui n'existe pas légalement. »

M. Leguével de Lacombe a, dans le cours de ses voyages, contracté très-souvent le serment du sang. Voici en quels termes il raconte une de ces cérémonies ; — la scène se passait dans un village de la province de Bétaniména, sur la côte orientale de l'île :

« Un vieillard presque septuagénaire, ancien ministre du chef d'Andévourante, remplissait les fonctions de prêtre et de magistrat. Il prit dans son *seidik* un rasoir et deux petits morceaux de *sakarivo* (gingembre), une balle, une pierre à fusil et du riz en herbe, puis il mêla à tous ces objets quelques grains de poudre qu'il prit dans sa corne de chasse. Après avoir déposé sur la natte qui couvrait le plancher le rasoir et le gingembre, il mit le reste dans un bassin d'eau limpide qu'un esclave venait d'apporter. Prenant ensuite deux sagaies des mains d'un officier du chef, il plongea la plus grande dans le bassin, et l'appuya au fond du vase. Il se servit de l'autre sagaie pour frapper sur le fer de la première, comme les nègres sur un tam-tam, en prononçant la formule du serment. Il me demanda plusieurs

fois, ainsi qu'à mon futur parent, si je promettais de remplir tous les engagements que ce serment m'imposait. Sur notre réponse affirmative, il nous prévint que les plus grands malheurs retomberaient sur nous, si nous venions à y manquer. Puis il prononça les conjurations les plus terribles, en évoquant *Angatch*, le mauvais génie. Ses yeux s'animèrent par degré et prirent une expression surnaturelle lorsqu'il nous dit d'une voix sonore et fortement accentuée : « Que le caïman vous dévore
» la langue (*alela-vouai!* imprécation très-com-
» mune dans la langue des Malgaches; ils la font
» suivre ordinairement du mot *hafiri*, juron qui
» paraît avoir été importé par les Arabes); que vos
» enfants soient déchirés par les chiens des forêts;
» que toutes les sources se tarissent pour vous, et
» que vos corps, abandonnés aux *vouroundoules*
» (effraies), soient privés de sépulture, si vous vous
» parjurez. » Cette première partie de la cérémonie terminée, le vieillard fit à chacun de nous une petite incision au-dessus du creux de l'estomac, imbiba les deux morceaux de gingembre du sang qui en coulait, et donna à avaler à chacun de nous celui qui contenait le sang de son frère. Il nous fit boire aussitôt après, dans une feuille de ravenala, une petite quantité de l'eau qu'il avait préparée. En sortant pour nous rendre à un banquet de rigueur

servi sur le gazon, nous reçûmes les félicitations de la foule qui nous entourait. »

C'est par le serment du sang que notre compatriote M. Lambert était devenu *frère* de Radama II.

D'après les croyances des Hovas, l'homme aurait encore dans la tombe une sorte d'existence matérielle. Ainsi un officier hova d'un rang élevé, mort dans la capitale peu de temps avant l'arrivée de M. Ellis, avait assemblé ses fils à son chevet, et leur avait fait promettre de venir de temps en temps enlever la large pierre qui fermerait la porte de son tombeau, pour laisser le soleil réchauffer la place où reposeraient ses restes. Cette sollicitude pour leur sépulture est, paraît-il, particulière aux chefs hovas. A quelque distance d'un village qu'il venait de traverser. M. Ellis aperçut le tombeau récent d'un chef de cette nation. Le mausolée consistait en un espace d'une dizaine de mètres carrés enclos de murs de pierres hauts de 4 ou 5 pieds. L'intérieur de l'enceinte avait été rempli de terre jusqu'à la hauteur des murs, et au centre s'élevait une petite construction de pierre.

Cette sépulture était située au point culminant d'une colline dominant le village, et entourée d'un amphithéâtre de montagnes boisées. Le paysage était magnifique ; pour en mieux jouir, le voyageur descendit de son siége à porteurs et fit à pied un trajet assez long, bien que le sol fût mouillé et que le sentier traversât plusieurs parties de forêt. Une fois ou deux, de soudaines éclaircies lui permirent d'apercevoir encore la mer au loin derrière lui. Toutefois de tristes pensées s'associaient à ce splendide spectacle :

« A l'ouest, ou devant nous, à mesure que nous montions, s'étageaient les hautes montagnes boisées que nous devions traverser, et au delà de ces montagnes s'étendaient les frontières d'Émirne ; à l'est, et immédiatement au-dessous de nous, se développait une longue vallée en partie couverte de cultures ; courant du nord au sud sur le flanc opposé de cette déchirure du sol, les pentes des montagnes que nous venions de passer étalaient au soleil leur tapis de prairies, de rochers et de forêts ; puis bien loin dans la distance, par delà ces montagnes, apparaissait la ligne bleue de l'Océan. Ce lieu, tout entouré qu'il est de sites grandioses, porte chez les Hovas le nom de « sommet des larmes, » en souvenir des douleurs dont il avait été tant de fois témoin quand le commerce des esclaves, aboli en 1817 par un traité entre Radama et l'Angleterre, était en pleine activité. Avant cette époque, trois à quatre mille infortunés étaient exportés annuellement de Madagascar. Le plus grand nombre venait de la capitale, où on les réunissait après les avoir tirés des provinces éloignées. Là les agents des trafiquants venaient les acheter, pour les emmener ensuite à la côte. C'est donc de ce point culminant que le malheureux esclave chargé de fers, et près de quitter à tout jamais sa patrie, apercevait pour la première fois la mer, cette mer dont les vagues allaient l'emporter dans une terre inconnue, une terre de rudes travaux, de misère et de mort. Quand il atteignait ce lieu, en même temps qu'il apercevait l'Océan, il pouvait voir encore les montagnes d'Emirne. Rien d'étonnant donc que le nom de « sommet des larmes » ait été donné à ce site. »

Sur aucun point de Madagascar, il n'y a de lieux réservés pour enterrer les morts. Ceux qui possèdent quelque terre y sont enterrés. Les pauvres sont inhumés dans les terrains vagues n'appartenant à personne. Les Hovas, qui ont une grande vénération pour leurs ancêtres, choisissent pour lieu de sépulture le bord des routes fréquentées, et même l'intérieur des villages et des villes. La plupart, au contraire, des autres tribus éprouvent une crainte superstitieuse pour les tombes, et ils enterrent leurs morts dans les forêts ou les endroits écartés. Les Hovas ne se servent point de cercueil; ils enveloppent le cadavre dans des pièces de soie, dont le nombre varie suivant la fortune du défunt. Avec les morts il est d'usage d'enterrer une partie de leurs vêtements. En outre, on dépose de fortes sommes dans les tombeaux. Ces dépôts sont sacrés. La famille seule, réunie en conseil, peut y toucher dans les cas extrêmes (1).

(1) Dupré, ouvr. cité.

XI.

Suite du voyage à Tananarive. — Forêt d'Alamazaotra. — Difficultés de la route. — Une chasse de Radama Ier. — Baba-koutes; simepounes; makes; tenrecs; aye-aye. — Poulpe gigantesque.—Premier village de l'Ankova.—Un marché. — Sauterelles. — Vers à soie. —Mines de fer. — Produits minéraux.—Un atelier de tisserand.

La partie la plus pénible du trajet de la caravane Ellis fut la traversée de la forêt d'Alamazaotra, l'une des plus grandes de l'île. Elle a plus de 60 kilomètres de largeur; c'est une portion de la vaste ceinture de grands bois qui, à peu près à la même altitude, traverse les principales provinces de Madagascar. Le sol est de la nature la plus inégale, semé de précipices et de profondes déchirures ; on y rencontre une grande variété d'arbres, parmi lesquels de véritables colosses. « La route est ici effrayante, écrit le voyageur anglais ; le sol est une argile ferme avec des trous profonds, pleins de boue et d'eau. Notre chemin était parfois couvert d'eau; mais le plus souvent il ne présentait qu'une succession de ravins glissants, exigeant de nombreux détours à cause des arbres gigantesques qui étaient tombés en travers de la voie. Les flancs, à la fois argileux et rocailleux, de ces ravins, étaient quelquefois si raides, qu'allongé comme je l'étais dans mon palanquin, mon corps prenait la position verticale, et qu'il fallait souvent, dans ces circonstances, dix ou douze hommes pour me porter. Je ne me sentais pas assez bien pour marcher (la fièvre l'avait pris en route); mais, une fois ou deux, je fis arrêter mes porteurs pour qu'ils se reposassent. Dans ces difficiles passages, je compris toute la valeur de ce mot de Radama, qui disait avoir à son service deux généraux, le général *hazo* (forêt) et le général *tazo* (fièvre), sur lesquels il se reposait parfaitement pour arrêter toute armée d'invasion. Il serait, en effet, impossible à une armée de traverser un pays comme celui-ci. Je compris aussi bien vite comment, en 1816, quelques-uns des hommes du capitaine Lesage s'étaient jetés par terre en déclarant qu'ils mourraient plutôt que d'avancer plus loin. Il faudrait plus d'une existence d'homme pour établir une route, même passable, à travers cette région.... »

« Nous étions encore en pleine forêt quand le soleil se coucha; mais nous continuâmes notre marche en suivant le cours d'un ruisseau. Des lumières qui finirent par se montrer nous indiquèrent que nous approchions d'un poste de nuit, et, en réponse aux cris de nos hommes, des torches de bambou nous furent bientôt après apportées pour nous guider jusqu'à la maison.... Ce lieu est une station pour les relais de messagers du gouvernement ; c'est en outre un village de bûcherons. Le chef, un officier hova, de haute taille, arriva bientôt avec un présent de riz, de patates douces et de volailles, et une bonne provision de bois sec, que j'appréciai d'autant mieux que la nuit était devenue froide. »

Les sangliers sont nombreux dans les forêts de Madagascar. Il en est de deux espèces, l'une petite et assez rare, l'autre dont la taille se rapproche de celle des sangliers d'Europe. Cette dernière est très-commune. « Ces animaux se sont multipliés à un tel point, au milieu de la nature vierge de Madagascar, qu'ils font parfois par bandes des invasions sur les parties cultivées et dévastent en peu d'heures les plus belles plantations de riz. Aussi ceux qui les poursuivent sont-ils en grand honneur, et les habitants s'empressent, dans les villages où ils passent, de leur donner des bœufs pour leur nourriture. Cette chasse occupe surtout les loisirs des chefs Malgaches. Si elle cessait, les sangliers deviendraient un véritable fléau pour le cultivateur ; les chasseurs européens rendraient donc, par les moyens de destruction qu'ils possèdent, comparés à la simple sagaie ou lance dont se servent les Malgaches, de grands services aux habitants. Les sangliers de Madagascar étaient connus pour leur taille extraordinaire dès le temps de Marco-Polo, car ce célèbre voyageur raconte que le grand khan de Tartarie, ayant envoyé un messager dans l'île malgache, celui-ci lui montra au retour, comme un des produits remarquables de l'île, une défense de sanglier « que peise libres quatorze (1). »

La chasse au sanglier et au bœuf sauvage était un des plaisirs favoris de Radama Ier. Les chasses de ce prince étaient de véritables expéditions, dans lesquelles il emmenait parfois 2 ou 3 mille hommes; et comme un très-grand nombre étaient armés de fusils, le carnage était immense. Dans un récit, communiqué à M. Ellis, d'une de ces parties monstres, organisée à 100 milles environ à l'ouest de la capitale, pendant l'automne de 1825, l'auteur indigène écrit:

« Voici les animaux que nous avons obtenus à la fin de septembre et au commencement d'octobre :

Bœufs sauvages.	3,063
Poules sauvages.	2,235
Sangliers	63
Grandes tortues amphibies. .	326

(1) Barbié du Bocage, ouvr. cité.

Grands paniers de poissons. .	5
Anguilles.	183
Tenrecs qui se terrent. . .	11
Tenrecs qui ne se terrent pas.	7
Singes ou lemurs. . . .	43
Crocodiles.	13

» Nous n'avons chassé que dix jours le bœuf sauvage, et quand la chair (des bœufs) a été consommée, nous avons chassé le sanglier 2 jours seulement. Nous avons pris toutes les poules sauvages en un jour. Nous ne les avons pas tirées, nous nous en sommes emparés. Les bœufs sauvages et les sangliers ont été tués par les soldats, et les oiseaux pris aussi par eux. Les crocodiles et le reste : poissons, tortues, singes, hérissons, ont été pris par le peuple, laboureurs et villageois. »

Le nombre immense de bœufs et de sangliers tués en dix jours et celui des oiseaux pris en un seul jour prouvent l'abondance extrême du gibier. Il paraît qu'il n'y a pas eu d'expédition de chasse depuis plusieurs années ; — les principales du genre semblent n'avoir eu pour but que la destruction des sangliers. Le seul amusement de la cour de Ranavalo étaient les combats de taureaux; ils avaient lieu dans la capitale.

Madagascar est peu riche en mammifères. Point de ces grands animaux qui sont pour l'homme des ennemis redoutables : ni lions, ni tigres, ni éléphants, ni ours, rien que de petits animaux, la plupart inoffensifs. Un gros chat sauvage représente seul l'espèce féline ; mais il est rare et n'attaque jamais l'homme. Le singe proprement dit n'existe pas dans l'île, preuve, remarque le docteur Vinson (1), en faveur de l'opinion qui attribue à Madagascar une formation indépendante du continent africain. Les animaux qui se rapprochent le plus des singes appartiennent au genre indri et sont connus dans le pays sous le nom de *baba-koutes* et de *simepounes*. Les baba-koutes ont environ un mètre de hauteur. Ils n'habitent guère que les grands bois et voyagent par troupes. Leur poil est ras et couleur gris de souris ; ils n'ont pas de queue. Ils représentent, dans l'ordre des lémuriens, le chimpanzé dans l'ordre des singes proprement dits, et ont, comme lui, quelques habitudes de l'homme. Ainsi on les voit généralement debout ou assis. Les indigènes les redoutent ; ils prétendent qu'autrefois les baba-koutes étaient des hommes, mais que, pour se délivrer du joug du travail, ils se retirèrent dans les bois, et que le maître des créatures les métamorphosa pour les punir de leur paresse.

(1) Note sur l'hist. nat. de Madag., par le docteur A. Vinson, membre de la mission du commandant Dupré.

Un autre animal extrêmement abondant dans les forêts, c'est la *make*, que M. Ellis appelle avec Linné *lémur*. Cette famille de quadrumanes est propre à Madagascar; on n'en retrouve de représentants nulle part ailleurs. « Il y a, dit M. Leguével (1), plusieurs espèces de makes ou makis à Madagascar; les plus petites et les plus jolies sont de la grandeur d'un chat ordinaire, mais plus minces; leur fourrure, tachetée de gris, de blanc et de noir, ressemble à celle de l'hermine, et pourrait avoir de la valeur en Europe, s'il était possible de la conserver; on s'en procurerait des milliers, car les forêts sont peuplées d'une innombrable quantité de ces animaux. Le museau de la make est noir et allongé comme celui du renard; ses oreilles sont étroites, effilées et courtes; sa queue est longue et fourrée. La make rousse est un peu plus grosse que les autres espèces; sa chair est aussi bonne que celle du lièvre, qui n'a jamais pu s'acclimater à Madagascar. La plus grande de toutes les makes (le *vari*) est noire et blanche. Son crâne est couvert d'un poil noir, court et luisant, et sa tête, entourée d'un bandeau de longs poils blancs: elle a au cou une sorte de fraise noire, qui contraste singulièrement avec l'extrême blancheur du reste du corps;

---

(1) Ouvr. cité.

ses pattes sont couvertes jusqu'au genou de poils noirs, disposés exactement comme les gants à la Crispin ; sa queue est d'un noir luisant. Les makes de cette espèce sont plus longues et plus grosses qu'un angora ; elles sont d'un naturel plus doux que les autres, quoiqu'elles ne soient pas faciles à apprivoiser. »

Le *tendrac* ou tenrec est un autre habitant également curieux des forêts madécasses. « Il est gros comme un lapin domestique, dit le même voyageur; ses formes et son organisation ne diffèrent pas beaucoup de celles du hérisson. Il se terre au mois d'avril dans un trou de deux ou trois pieds de profondeur, où il reste dans un état de torpeur jusqu'en décembre. Quoiqu'il ne prenne pas de nourriture pendant ce sommeil de sept mois, il s'engraisse d'une manière prodigieuse, et perd cette odeur insupportable et ce goût plus fort que celui de venaison, qu'on trouve à sa chair quand il est errant pendant l'hivernage. On connaît les endroits où les tendracs se sont terrés par la présence de monticules semblables à ceux qui couvrent les trous de taupe. Les petits garçons ont l'habitude d'y fouiller, et les en arrachent avec beaucoup d'adresse ; cependant il arrive quelquefois que le tendrac dont ils troublent le sommeil léthargique les mord assez fortement pour leur faire lâcher prise. La chair de cet animal, quand il a été quelques mois en terre, a le goût de celle du cochon de lait; il a, ainsi que lui, une couche de graisse ou panne, mais plus savoureuse. Les Malgaches et surtout les Hovas en sont très-friands. »

M. Ellis aurait bien voulu se procurer un aye-aye, pour l'envoyer en Angleterre, mais il n'y parvint point. L'aye-aye (cheiromys madagascariensis) est un petit mammifère de la famille des écureuils. Le seul spécimen qui existât en Europe, à l'époque du voyage du missionnaire anglais, était au muséum de Paris. Cet animal n'est pas commun, et les indigènes entretiennent à son égard certaines idées superstitieuses qui les empêchent de lui faire la chasse. Cependant MM. de Lastelle et Provint en avaient eu plusieurs fois en leur possession. L'aye-aye est nocturne; il est plein d'activité la nuit et dort le jour. Il tient de l'écureuil par sa queue et ses dents, et des quadrumanes par ses membres postérieurs; il a la tête grosse et ronde, les oreilles droites et nues, de gros yeux et une fourrure formée de deux sortes de poils, les uns longs et soyeux, et les autres laineux et courts. Il se nourrit d'insectes et de fruits.

Nous avons dit combien les crocodiles étaient nombreux à Madagascar. Certaines rivières, l'Yvondrou entre autres, contiendraient, suivant le commandant Dupré, un autre animal non moins dangereux, quoique d'apparence inoffensive. « Si redoutables et redoutés que soient les caïmans, dit-il, ce ne sont pas eux que les bouviers craignent le plus, quand ils sont forcés de faire traverser l'eau par les troupeaux qu'ils conduisent à Tamatave. Il paraît qu'il y a dans cette rivière (l'Yvondrou) une sorte de poulpe gélatineux, à peu près transparent et invisible dans l'eau, qui s'attache aux animaux et aux hommes, et se développe sur eux au point de les entourer complétement et de les étouffer, si on n'arrache immédiatement cette pellicule blanchâtre, espèce de tunique de Nessus qui se colle à la peau et brûle comme un vésicatoire tous les points avec lesquels elle a été en contact (1). »

La caravane du missionnaire anglais approchait de la capitale. A Angavo, l'une des dernières étapes, le voyageur, auquel un officier venait de remettre un message du prince Ramonja, fut harangué par le chef du village, chargé aussi par le prince de lui offrir un bœuf, du riz et d'autres provisions de bouche. De ce point, où il passa la nuit, M. Ellis écrivit au secrétaire du gouvernement, au prince royal et au prince Ramonja, pour les informer de sa prochaine arrivée. Le lendemain matin,

---

(1) Dupré, ouvr. cité.

vers huit heures, ses porteurs franchissaient le passage de la montagne de granit qui est la forteresse naturelle de la province d'Ankay. Le sommet de cette montagne escarpée est défendu par une succession de fossés profonds, qui, avant l'introduction des armes à feu, devaient le rendre à peu près imprenable. Le dernier chef indépendant des Bazanozanos y tint quelque temps en échec les forces de Radama, lesquelles ne durent leur succès qu'à la puissance irrésistible de leur mousqueterie. Vers une heure, on atteignit Ankara-Madinika, premier village de l'Ankova, la province centrale de l'île.

C'était jour de marché, et une foule de denrées étaient étalées par terre ou dans des paniers, de chaque côté du chemin. Généralement, dans les marchés madécasses, on vend des aliments tout cuits; mais les seuls qu'il y eût là étaient du manioc et des patates. « Je ne vis ni poissons, ni œufs, ni sauterelles, dit M. Ellis ; la saison, du reste, n'était pas encore venue pour ces dernières. Les sauterelles volent généralement à deux ou trois pieds de terre, et, dès que leur approche est signalée, c'est une clameur universelle ; tout le monde se précipite à leur rencontre en essayant à l'envi de les abattre ou de les prendre au vol dans les *lambas ;* les femmes et les enfants les ramassent dans les paniers; on leur détache les jambes et les ailes en les secouant d'un bout à l'autre d'un long sac, comme font les épiciers pour nettoyer leurs raisins secs. Ailes et jambes sont ensuite séparées des corps au moyen d'un vannage, et les corps, séchés au soleil ou quelquefois frits dans la graisse, sont ensuite conservés en sacs pour être mangés ou envoyés au marché. Dans certaines parties de l'Ankova et dans le Betsiléo, vers le sud, on ramasse ainsi d'immenses quantités de cigales et de vers à soie à l'état de chrysalides. »

Ces sauterelles ont beaucoup d'analogie avec la cigale d'Europe; elles sont grises et ont les ailes brun foncé. Les indigènes, et particulièrement les Hovas, en sont très-friands; elles ont un peu le goût de la crevette. Toutefois il est heureux que les nuées de ces insectes ne se montrent pas tous les ans, car les ravages qu'ils causent aux biens de la terre équivalent à un incendie. Les Madécasses prétendent que quand les sauterelles se retirent après leurs expéditions dévastatrices, elles vont se jeter à la mer.

Le ver à soie vit à peu près sur tous les arbres de Madagascar, et est extrêmement commun dans les bois. Il diffère, dit M. Albrand, de celui qu'on élève en France, par les longs poils dont il est tout garni. La soie qu'il donne est très-fine; mais, pour la leur faire donner plus belle et plus abondante, les habitants nourrissent le ver avec de la farine de manioc. Dans certaines provinces de l'île, on ne dévide pas le cocon, on se contente de le carder et de le filer ensuite. Les fabriques de soieries françaises, dont la réputation est universelle, auraient dans Madagascar une ressource immense. La production indigène est loin de suffire à tous les besoins, et il entre annuellement dans nos ports pour 250 millions de soie étrangère, dont cent millions environ par navires anglais venant directement de la Chine.

Le miel est un produit très-commun dans la grande île africaine; les abeilles y sont innombrables. Les insectes ailés sont en général très-variés à Madagascar, et tous les voyageurs parlent avec enthousiasme des magnifiques papillons qu'on y rencontre. Mais ce qui ne saurait manquer de frapper l'Européen, c'est le divertissant spectacle des cascades de feux que de toute part, comme dans toutes les contrées équinoxiales, présentent, pendant la nuit, des myriades de mouches phosphorescentes.

A mesure qu'on approchait de Tananarive, les maisons étaient mieux bâties; on y voyait des volets et des portes de bois; les unes, au lieu d'être de bois, étaient de terre, les toits de chaume ou de jonc épais. Les habitations, fermées par des clôtures, étaient entourées de jardins plantés de produits variés ; enfin les bestiaux qui paissaient dans les champs donnaient souvent à cet ensemble un certain air de *cottage* anglais.

Ce qui rappelait beaucoup moins l'Angleterre, c'étaient les fortifications indigènes dont certains villages étaient entourés. Dans l'un d'eux, M. Ellis vit un système d'engraissement pour les bœufs, auquel les éleveurs de Normandie n'ont point encore songé, que nous sachions. L'animal est traité comme chez nous la volaille ; seulement on économise les frais de la mue, en remplaçant cet appareil par une simple fosse creusée en terre, où la pauvre bête a à peine assez de place pour se mouvoir. Dans cette prison cellulaire est un grossier râtelier qu'on charge d'herbe fraîche aussi souvent que besoin est. Un toit de chaume, placé au-dessus de la fosse, sert à abriter l'animal du soleil et de la pluie.

Le fer abonde dans les provinces centrales. La montagne d'Ambohimiangavo en est si riche, qu'elle a reçu le nom de montagne de fer. Les Madécasses ont pour fondre le minerai une méthode bien différente des nôtres, et leurs soufflets sont de la plus primitive simplicité. La description qu'en donne M. Ellis est conforme à ce qu'en avait dit avant lui M. Leguével de Lacombe. « Ils se composent, écrit ce dernier, de deux troncs d'arbre percés d'un bout à l'autre, à l'exception d'une petite portion à l'extrémité inférieure, qui forme le fond et au-dessus duquel est un trou. Ces cylindres ont environ un pied de diamètre et trois pieds et demi de longueur. Ils ressemblent à deux pompes qui sont tenues ensemble par le moyen d'une mortaise pratiquée dans la longueur de l'une d'elles. Deux tuyaux en fer d'un pied environ de longueur et d'un pouce de diamètre sont placés à quelques pouces au-dessus du fond, dans les trous dont je viens de parler. Les deux tuyaux, en se rapprochant, entrent dans des trous ronds que l'on pratique dans les pierres qui forment un ouvrage en maçonnerie consolidé avec de la terre glaise. Ce foyer a la forme d'un chapeau chinois; au milieu s'élève un tuyau en fer, plus large que les premiers, par où sort la fumée; chaque pompe a un piston garnie détoupe, que le souffleur, placé au milieu, tient à chaque main et qu'il fait aller alternativement : ces soufflets produisent beaucoup de vent. Comme les forges ordinaires n'ont pas besoin de concentrer tant de chaleur que celles qui servent à fondre le minerai, les Malgaches ne se donnent pas la peine de faire des ouvrages en maçonnerie, et les tuyaux placés près du fond sont seulement retenus par une grosse pierre qui a un trou dans lequel ils entrent. »

Avant d'avoir eu aucun rapport avec les Européens, les Hovas connaissaient les métaux et savaient les employer. Ils forgent des outils très-propres à la culture et des ustensiles de ménage à peu près semblables à ceux d'Europe. M. Leguével rapporte qu'on trouvait de son temps, à Tananarive, des ouvriers capables de faire toutes les pièces de la batterie d'un fusil. L'orfévrerie est un art qu'ils pratiquent également avec succès. Ils font des plats, des assiettes et des couverts d'argent d'un excellent travail. Ils fabriquent aussi des petites chaînes d'or et d'argent qui jadis étaient très-recherchées sur la côte de l'ouest, où elles servaient de monnaie courante (1).

« L'île de Madagascar, remarque M. Barbié du Bocage, dont le patient et patriotique travail (2) est à chaque instant pour nous une source précieuse, est un vaste champ non encore exploité, où les plus curieuses découvertes restent à faire dans tous les genres. » Son sol présente une grande variété dans le genre minéralogique. Le fer, nous venons de le dire, y est très-abondant. Les voyageurs y signalent aussi l'existence de vastes dépôts d'étain, de cuivre, de plomb, de mine de plomb, de mercure, de salpêtre, d'oxyde de manganèse. Enfin la houille,

---

(1) Leguével de Lacombe, cité par Tardieu, *Encycl. mod.*
(2) *Madagascar, possess. franç.*, etc. Ouvr. cité.

« cette clef de l'industrie et de la navigation, » ce produit qui rendrait la possession de la grande île africaine si précieuse pour une grande nation européenne, la houille s'y trouve en grande quantité.

Mais laissons ici la parole à M. Barbié. « Souchu de Rennefort, dit cet écrivain, est le premier voyageur qui ait signalé l'existence de la houille à Madagascar, et depuis lui on en a trouvé sur trois points dans l'Ankova, non loin de Tananarivou, dans le Milanza, province d'Ambongou, et enfin sur les rivages de la baie de Bavatoubé. C'est même dans ce dernier endroit, où il exploitait un filon très-considérable de charbon de terre, qu'est tombé le Français victime des derniers événements de Nossi-Bé (1). On trouve encore, sur divers points de l'île, de vastes dépôts de bitume glutineux et d'asphalte, matière que l'on rencontre fréquemment dans les terrains houillers. Les parties marécageuses y renferment un grand nombre de tourbières d'une excessive profondeur. Enfin, sur les côtes, et particulièrement à l'est, les habitants ramassent de grandes quantités d'ambre gris apporté sur le rivage par les vagues de l'Océan. Fressange en signale même des blocs pesant jusqu'à 25 livres.

» Le produit minéral qui a frappé le plus vive-

---

(1) M. d'Arvoy. *Voir*, plus haut, *page* 57.

ment les voyageurs qui ont pénétré dans l'île de Madagascar, c'est le cristal de roche. Cette matière y est des plus communes. Selon Fressange, les blocs de cristaux dont cette île est parsemée sont de la plus grande beauté : l'on en trouve qui ont jusqu'à 20 pieds de circonférence : « Les plus beaux, dit-il,
» sont ceux que j'ai vus dans les montagnes du Be-
» fourre (frontière orientale de la province d'An-
» kova). Une d'elles en est toute semée : lorsque le
» soleil y darde ses rayons, elle brille d'un grand
» éclat. La quantité de sable dont Madagascar est
» couverte n'est que des débris de cristaux, et se-
» rait propre à faire du très-beau verre par sa
» grande blancheur. »

» Des mines de sel existent près des côtes. On trouve encore dans les montagnes, selon Flacourt et Rennefort, dont les témoignages ont été confirmés par des voyageurs plus modernes, des améthystes, des topazes, des aigues marines, du jaspe, des opales, des grenats et des rubis-balais ; mais toutes ces pierres rares et précieuses ne paraissent pas appartenir aux belles qualités recherchées par le commerce. Suivant M. Alfred Maury, on trouverait également à Madagascar des tourmalines, sorte d'émeraude d'un noir brunâtre.

» Enfin, et pour clore la liste des métaux que l'île africaine peut fournir aux Européens, on doit citer l'argent et l'or. Nonobstant l'opinion contraire de quelques écrivains, il est à peu près certain que si ces matières n'y sont pas en quantité considérable, on en trouve du moins des vestiges sur plusieurs points, et il n'y aurait rien de surprenant à ce qu'une connaissance plus approfondie de l'intérieur amenât la découverte de dépôts considérables de minerai. Malgré le dire de Flacourt, peu d'accord en cela avec les indigènes, on a signalé la présence de l'argent dans la province de Féérègne, sur la côte occidentale, et la rivière Manombo, qui la traverse, en roule, dit-on, des paillettes. Il existe dans la province d'Antsianaka un lac au milieu duquel est une île dont le nom, Nossi-Vola (île d'argent), semble indiquer la présence de ce métal.

» Les traditions malgaches affirment qu'il existe des gisements aurifères dans plusieurs provinces, et ce fait est confirmé, sans cependant que les endroits où ils existent soient connus des Européens, par les paillettes que l'on trouve dans plusieurs rivières, notamment dans celle d'Yvondrou, près de Tamatave, et celle de Mahoupa, près de Tintingue. Flacourt disait dès 1661 : « Il y a des mines d'or dans
» ce pays d'Anossi et par toute cette terre, au rap-
» port des nègres.... J'ai appris que vers le nord
» de la rivière d'Yonghelahé (Ongn'lahé), qui se
» jette dans la baie de Saint-Augustin, il y a un pays

» où l'on fouille de l'or, et j'ai toujours ouï dire par
» les grands d'Anossi que c'est vers ce pays-là
» qu'est la source de l'or ; ou bien il faut qu'il y en
» ait eu partout, car il n'y a aucun grand de cette
» terre qui n'en ait beaucoup (1). » Souchu de Rennefort, qui se rendit à Madagascar en 1665, affirme que les habitants avaient de son temps de l'or et de l'argent. « On ne sait, dit-il, de quel endroit de

(1) A côté de cette opinion de Flacourt, pour laquelle semble pencher M. Barbié du Bocage, peut-être n'est-il pas inutile de rapporter celle de M. Albrand, professeur du collége de Bourbon, qui fut chargé en 1819 d'explorer la côte de Madagascar depuis Sainte-Marie jusqu'au Fort-Dauphin, conjointement avec MM. Frappas et Schneider. On ne sait pas, dit M. Albrand, si l'or, qui est assez commun dans le pays (Anossi), y a été apporté de l'extérieur. Cette opinion, assez vraisemblable, est contredite par M. Flacourt, qui prétend que cet or diffère de celui que nous connaissons en Europe, et que, de l'aveu des Malgaches, il est bien plus aisé à fondre. Quoi qu'il en soit, la quantité qu'on en voit dans ce pays n'augmente pas depuis longtemps, et il me semble que s'il y en existait une mine connue, elle ne serait point abandonnée par les Malgaches, qui connaissent aujourd'hui tout le prix des richesses, et qui n'ont plus actuellement les motifs qui auraient pu les porter autrefois à en dérober la connaissance aux Européens. Quant à l'argent, il est bien certain que tout ce qu'il y en a dans cette contrée a été introduit dans le commerce. — *Ann. Mar. Rev. Col.*, 1847. V. *Encycl. mod.*

» chez eux ils tirent ces métaux; et ce pays étant
» situé en parallèle et en hauteur à d'autres pays où
» l'on a trouvé de l'or, il doit être sans doute qu'il y
» en a. On ne l'a point encore bien pénétré, ni fait
» des tentatives assez justes pour découvrir ses ri-
» chesses. Les habitants, qui en cherchent la source,
» ont voulu faire croire que ce qui s'y en rencontre
» a été apporté par une flotte d'Arabes, qui s'en
» emparèrent au commencement du xv° siècle. »

» Leguével raconte qu'il existe dans le Ménabé une montagne nommée Tangouri, volcan éteint, dont les habitants n'osent approcher; car ils la croient gardée par un géant redoutable, ennemi des hommes, qui depuis des siècles reste dans son palais, couché sur des monceaux d'or qui lui servent de lit. Ce métal est si abondant, dit la tradition, sous les rochers de Tangouri, que souvent, pendant l'hivernage, les pêcheurs de Ranou-Minti en trouvent des morceaux dans leurs filets. Si on parvenait à le chasser de son repaire, les Sakalaves pourraient disposer des richesses qui y sont enfouies. Le voyageur français ajoute : « Il est certain que le mont
» Tangouri renferme des mines d'or; elles avaient
» été indiquées aux Anglais, et ce fut dans l'espoir
» de les reconnaître que M. Hastie, leur agent, en-
» gagea le roi Radama à faire la guerre aux Sakala-

» ves; mais, les Hovas ayant été repoussés plusieurs
» fois par cette nation belliqueuse, les recherches
» projetées n'ont pu être effectuées. »

Le 25 août, M. Ellis arrivait à Amboipo, petit village situé au pied de la montagne où est bâtie la capitale. Un aide de camp du secrétaire de la reine l'y attendait avec une lettre. Le message priait l'étranger de ne pas aller plus loin ce jour-là, Sa Majesté ayant fixé le lendemain pour son entrée dans la capitale. On le prévenait, en outre, que trois officiers seraient envoyés à sa rencontre, avec mission de le conduire à la résidence qui lui avait été préparée. M. Ellis se conforma naturellement à ce désir; mais, comme la nouvelle de son approche s'était déjà répandue à Tananarive, un certain nombre de personnes vinrent de la ville le féliciter et lui souhaiter la bienvenue.

La maison dans laquelle M. Ellis devait passer la nuit était une véritable chaumière de paysan madécasse. L'intérieur, qui n'avait pas plus de vingt pieds carrés, était divisé en deux compartiments par une cloison de jonc. Le premier, auquel la porte d'entrée donnait accès, était affecté aux veaux, aux agneaux et aux hôtes de la basse-cour, poules, canards, etc.; la pièce du fond servait d'atelier de travail, de cuisine, de salle à manger, de salon et de chambre à coucher (1). « Quand nous pénétrâmes dans cette pièce, écrit le voyageur, le mari surveillait la cuisson d'un grand pot de riz qui bouillait sur le feu, et la femme, assise par terre, sur une natte, en face d'un rustique et fragile métier à tisser, confectionnait un de ces beaux lambas de soie que les chefs hovas portent dans les occasions solennelles. Le métier était de construction extrêmement primitive. Quatre piquets d'inégale longueur, plantés tout droits dans le sol et soutenant des baguettes transversales, composait le gros œuvre de la machine. La femme était accroupie en face de ce chassis. A la distance de six ou sept pieds, deux petits piquets étaient réunis par une baguette à laquelle la trame de soie était attachée. C'est avec ce simple et fragile appareil que sont faits les

---

(1) Il est impossible à un Européen de ne pas être frappé du laisser-aller dans lequel vivent les Malgaches. « Nous en avons eu de nombreux exemples, remarque le commandant Dupré, aussi bien pendant notre séjour à Tananarive que le long de la route; chaque soir, nos porteurs remplissaient les cases où refluaient avec eux toutes les familles dépossédées pour faire place aux hôtes du roi. Hommes, femmes, enfants petits et grands, adultes et à la mamelle, chacun, roulé dans son lamba, était couché côte à côte. Ce fait étrange pour nous semblait être pour eux le plus naturel du monde. » — *Dupré*, ouvr. cité.

beaux lambas des Hovas, aux riches couleurs et aux élégants modèles.

» Bien qu'en entrant j'eusse prié la paysanne de ne pas se déranger, elle démonta rapidement les différentes pièces de son métier, roula la soie, la mit dans un panier de jonc placé à côté d'elle, arracha les piquets, et en moins de cinq minutes toute trace du travail auquel elle était occupée avait disparu. Le lit, je m'en aperçus ensuite, était fixé à demeure, les pieds étant enfoncés en terre. Le foyer était fixé auprès du lit, et il y avait une petite fenêtre dans le fond de la pièce. »

XII.

Arrivée dans la capitale. — Description de Tananarive. — Le palais de la reine. — Visites et occupations. — Portrait du prince royal. — Promenades. — Palais de Souaniérana. — La lance *tsitialainga*. — Déjeuner à Mahazoarivo chez le prince Rakoto. — Cortége du prince. — Costumes. — Musique. — L'audience royale. — Ranavalo. — Dîner et *speeches*. — Déjeuner chez M. Laborde. — Une fête à la cour.

Le lendemain matin, vers huit heures, arrivèrent, montés sur d'assez beaux chevaux, les trois officiers annoncés la veille, trois jeunes hommes, à la physionomie intelligente, vêtus à l'européenne et parlant couramment l'anglais. M. Ellis fut bientôt prêt à les suivre, et dès qu'il fut installé dans le filanzane que le prince royal avait eu l'attention de lui envoyer, la petite troupe se mit en marche, les trois cavaliers en tête.

« La matinée était belle, écrit le missionnaire, et, en approchant du côté de l'est, nous fûmes à même de voir à notre aise et sous divers aspects la *ville des mille bourgs;* car telle est la signification du nom de la capitale de Madagascar. Tananarive est située sur une longue colline de forme semi-ovoïde, ayant un mille et demi au plus d'étendue, élevée de 400 à 500 pieds au-dessus du pays environnant, et de 7,000 pieds au-dessus du niveau de la mer (1). Près du centre et sur le point culminant de la colline, ou, comme disent les indigènes, sur le *tampombohitra* (la couronne de la ville), est construit le palais, l'édifice le plus vaste et le plus élevé de l'endroit. »

Ce palais (*tranouvola*), bâti par Ranavalo, est un grand bâtiment de bois, composé d'un rez-de-chaussée et de deux étages, avec une toiture aiguë et tronquée. A chaque étage, de larges galeries tournent autour de l'édifice, reposant sur 24 colonnes de bois, d'un seul jet, de 26 mètres de haut, qui supportent la toiture, élevée encore de plus de 13 mètres. La colonne centrale, qui forme la pointe du pignon, a 39 mètres d'élévation. Toutes ces colonnes sont enfoncées à plus de 6 mètres dans le sol maçonné; elles proviennent de forêts situées à plus de 30 lieues de Tananarive. Le transport de la plus

---

(1) Hauteur de Tananarive au-dessus de la mer (maison de M. Laborde), 1,345 mètres. Situation : latitude, 18° 54' 8; longitude, 45° 23' 41" E.

(Chiffres donnés par le commandant Dupré.)

haute colonne seule a, dit Mme Pfeiffer, occupé 5,000 hommes, et l'érection a duré 12 jours. Pendant la construction du palais, exécutée par le peuple comme corvée, 15,000 hommes ont, dit-on, succombé à la peine et aux privations. Le palais de Ranavalo ne renferme, paraît-il, que les appartements d'apparat. La reine habitait un des bâtiments latéraux, rattaché au palais par une galerie.

Attenant à l'angle nord-est de l'édifice principal, est une maison plus petite (*bessakane*) et qui lui ressemble d'ailleurs sous certains rapports. C'est le palais d'argent, ainsi appelé du grand nombre d'ornements d'argent qui garnissent les encadrements des portes et des fenêtres. Le palais d'argent était, sous la vieille reine, la résidence de Rakoto, qui ne l'habitait toutefois que rarement.

Les deux palais sont surmontés de l'oiseau royal *vouroun mahéré* en cuivre doré. Ils portent aussi aux angles deux paratonnerres. — Remarquons, en passant, que le paratonnerre, introduction de notre compatriote M. Laborde, a été promptement apprécié à Tananarive, exposée quotidiennement, pendant les mois d'été, à de terribles orages qui causent la mort d'un grand nombre de personnes. Aussi est-il peu de maisons qui n'en soient pourvues. Naturellement M. Ellis, à qui l'éloge coûte infiniment quand il s'agit de la France ou des Français, a passé sous silence ce détail et bien d'autres, — lacunes que nous nous sommes efforcés de combler en puisant à des sources moins partiales.

Tout proche du palais d'argent est le tombeau de Radama le Grand, petite maison de bois sans fenêtres, devant laquelle il est de règle, quand on passe, de s'arrêter et de saluer.

Les demeures royales sont établies sur deux plates-formes spacieuses contiguës, soutenues par un mur de pierres de taille, et entourées de palissades et de grilles. « Au nord et au midi de ces édifices, continue M. Ellis, et formant avec eux une ligne qui longe la crête de la colline, sont groupées les habitations des autres membres de la famille royale et des principaux fonctionnaires du gouvernement. Elles sont bâties sur le modèle de celle de la souveraine et dominent toutes les autres constructions de la capitale. Au-dessous sont les maisons des autres habitants, construites presque entièrement en bois, avec des toits élevés et étroits, couverts en jonc ou en herbes sèches, et ornés, aux extrémités, de longs chevrons qui ressortent au-dessus des pignons. Les maisons qui longent les flancs de la colline sont bâties sur des terrasses nivelées artificiellement et ayant de 20 à 40 pieds de largeur. Les pentes supérieures, notamment celles du nord, sont couvertes de maisons ; mais la nature du terrain a empêché qu'on pût mettre de l'ordre ou de la régularité dans la disposition de celles-ci. Elles sont souvent entourées chacune d'un mur de boue ou de pierre peu élevé, qui leur forme une espèce de cour. »

Les maisons de Tananarive sont très-petites, chacune d'elles n'ayant qu'une ou deux pièces; aussi le nombre en est-il considérable relativement à la population. Mme Pfeiffer évalue ce nombre à quinze ou vingt mille, ce qui nous semble bien exagéré. Si la famille s'accroît, on construit à côté de l'habitation principale deux ou trois autres maisons aussi petites. Chez les gens un peu aisés, la cuisine est distincte des autres cases. Les esclaves sont également répartis sous plusieurs toits. L'habitation de ville de M. Laborde, par exemple, se composait, en 1857, de neuf petites maisons habitées par sept personnes libres et une trentaine d'esclaves. L'ensemble des constructions d'une famille est clos d'un mur en terre d'un mètre et demi à trois mètres de hauteur. C'est entre ces murs que serpentent au hasard les sentiers qui servent de voie de communication.

« Tananarive, dit M. Lacaille, n'est traversée du nord au sud que par une seule rue qui suit tous les accidents du sol ; les autres voies de communication sont des sentiers tortueux, plus ou moins difficiles à parcourir. Dans la partie nord-ouest de la ville, non loin du palais, la crête de la montagne s'élargit en s'abaissant vers la campagne. Là se trouve une place qui sert de marché journalier. Les foires se tiennent au bas de la ville et dans la plaine qui la borne au sud. Dans le sud-est, à la base du morne, se trouve une autre place, mais vaste et spacieuse comme la moitié du Champ-de-Mars de Paris. C'est là qu'ont lieu les assemblées du peuple et les réunions des troupes. A l'ouest de cette place s'élève, à un mètre du sol, la pierre sacrée sur laquelle, d'habitude, on présente au peuple l'héritier désigné du trône (1). »

Revenons aux impressions du missionnaire anglais, que nous avons laissé au pied de la montagne. « La partie inférieure de la colline, dit M. Ellis, se compose de blocs nus et déchirés de rocher granitique mêlé d'argile, et présente un contraste frappant avec l'herbe verte, les champs de riz et les cours d'eau qui se partagent la vallée d'en bas. L'uniformité des maisons, le bois brut des murs, et le chaume brun foncé des toits, donnaient à toute la capitale un aspect un peu sombre, auquel on eût aisément pu remédier au moyen de la peinture. On distinguait çà et là, dans les quartiers élevés de la ville, quelques arbres qui paraissaient une espèce de figuiers, et qui, malgré la teinte jaune et pâle que

(1) L. Lacaille, *Connais. de Madagascar*, ouvr. cité.

leur imprimait le soleil ou la poussière, servaient à relever un peu la monotonie du tableau.

» Sur les dix heures, nous atteignîmes les premières maisons, et nous continuâmes à monter par un chemin large, mais rude et raboteux, tracé souvent sur le roc nu ; enfin nous parvînmes à une porte construite en pierre et ouverte, située près d'un des palais, en dehors de laquelle était un poste d'une douzaine de soldats, qui présentèrent les armes aux officiers lorsque nous passâmes Nous montâmes encore jusqu'à ce que nous eussions gagné la crête de la colline, puis nous descendîmes dans la direction de l'ouest. J'observai, dans les enclos de chaque côté du chemin, des groupes d'indigènes qui paraissaient prendre plaisir à nous regarder passer. Alors la route devint excessivement difficile ; et, après avoir suivi assez longtemps un sentier qui dominait, en le longeant, un mur haut de 12 à 14 pieds, nous finîmes par entrer dans une cour spacieuse, servant d'enceinte à trois jolies maisons bien construites, ayant chacune un étage au-dessus du rez-de-chaussée. On déposa mon palanquin à la porte de celle qui se trouvait le plus au nord. Les officiers, qui étaient descendus de cheval quand nous étions parvenus à la partie la plus difficile du chemin, vinrent à moi, et l'un d'eux, me prenant par la main, m'introduisit dans la maison, en me disant que c'était la demeure que la reine avait désignée pour ma résidence, puis il me souhaita cordialement la bienvenue. »

L'habitation était aussi confortable que possible ; le rez-de-chaussée, composé de deux pièces meublées à l'européenne et tapissées de nattes, était réservé pour M. Ellis; l'étage supérieur était destiné aux domestiques. Un second corps de logis devait servir de garde-meuble pour les bagages. Quand ils virent le voyageur en possession de son nouveau domicile, les officiers se retirèrent et allèrent prévenir la reine de son arrivée.

Comme à Tamatave, les visites ne tardèrent pas à affluer chez l'étranger, les unes officielles, les autres purement amicales. Dès le lendemain, le prince royal se fit annoncer. Le portrait que M. Ellis fait de sa personne est conforme à celui qu'en a tracé le commandant Dupré ; il le dépeint comme paraissant plus jeune que ne le comportaient les vingt-six ans qu'il avait alors, de taille médiocre, mais bien proportionnée, les épaules et la poitrine larges, la tête petite, les cheveux noirs et légèrement frisés, le front un peu fuyant, le nez aquilin, le menton saillant, l'œil vif et pénétrant, les lèvres fortes, la lèvre supérieure cachée sous des moustaches; en somme, des traits européens, que complétaient une tenue de parfait gentleman, habit et pantalon noirs, gilet de velours brodé et cravate blanche.

Les manières ouvertes et prévenantes du futur souverain de Madagascar mirent bientôt le missionnaire à l'aise. Celui-ci, qui a ses motifs pour ne dire de leurs conversations que ce qu'il lui plait d'en faire connaître, raconte qu'entre autres choses le prince s'informa avec intérêt des affaires politiques de l'Europe, et des résultats de la guerre avec la Russie. Puis il voulut, toujours suivant M. Ellis, savoir ce qu'il y avait de fondé dans les bruits, qui couraient dans l'île, d'une invasion à Madagascar projetée par le gouvernement français. Il s'informa aussi de l'exacte signification du mot *protection*, lorsqu'on dit qu'une nation est sous la protection d'une autre. M. Ellis s'efforça de lui rendre le terme clair; mais il est peu probable qu'il ait choisi pour exemple de sa définition le genre spécial de protection que l'Angleterre accorde depuis si longtemps à un certain nombre de princes indiens. Il s'est tu sans doute aussi sur la reconnaissance des peuples ainsi protégés envers le pouvoir protecteur. Agent des missions méthodistes de Londres, et lui-même méthodiste fanatique, M. Ellis voudrait laisser croire que Rakoto avait adopté le culte méthodiste. La vérité est que, protecteur des chrétiens et imbu de la doctrine du Christ, le prince hova ne s'est jamais, même devenu roi, converti au christianisme, et qu'il n'appartenait, par conséquent, à aucune communion chrétienne. Intelligent, d'ailleurs, et doué des meilleurs instincts, Rakoto, qui n'était jamais sorti de l'Ankove, n'avait eu qu'une instruction très-limitée. Ses connaissances se bornaient à ce qu'il avait retenu de ses fréquentations avec les rares étrangers qu'il avait été à même de voir, et avant tout de ses constants rapports avec son ami M. Laborde. S'exprimant avec facilité dans sa langue, il n'en parlait pas d'autres, à part un peu d'anglais (1).

Une autre visite également flatteuse, que note soigneusement M. Ellis, et qui succéda à celle du prince royal, fut celle du prince Ramonja, son cousin, et d'un autre membre de la famille royale. Dans la matinée du second jour, arriva du palais une députation d'officiers de haut grade, envoyés par la reine pour s'informer du but exact de la venue du missionnaire anglais dans la capitale. Tous ces officiers portaient des pantalons d'uniforme bleus, galonnés d'or, et sur leurs épaules le *lamba* de soie, rayé de brun et de pourpre ; plusieurs avaient au cou de lourdes chaînes d'or, et aux poignets des bracelets de même métal. L'un d'eux, élevé en Angleterre, parlait l'anglais facilement. M. Ellis, par leur intermédiaire, put assurer la

(1) *Voir* Lacaille, Dupré, Régnon.

reine du but pacifique de sa visite, *visite de pure amitié*, comme il l'appelle, et faire parvenir à Sa Majesté Ranavalo, la lettre dont il a été question plus haut, du gouverneur de Maurice. Il insista particulièrement sur les *excellentes intentions* du gouvernement anglais envers Madagascar (nous savons ce que cela veut dire), intentions que lord Clarendon l'avait spécialement chargé, disait-il, d'exprimer au gouvernement madécasse; enfin il annonça qu'il avait apporté pour la reine des présents qu'il serait heureux de lui remettre, dès que le reste de ses bagages serait arrivé.

Nous ne pouvons enregistrer ici tous les faits et gestes de l'agent anglais à Tananarive. Lui-même, du reste, est assez sobre des détails qui pourraient nous intéresser le plus. Ce qu'il ne cherche pas à dissimuler, ce à quoi il paraît même tenir que tout le monde sache, ce sont ses fréquentes et agréables relations avec le prince royal. Cela ne veut pas dire toutefois que M. Ellis, sujet anglais profondément imbu des idées de hiérarchie en cours dans sa patrie, oublie un seul instant, dans l'entraînement de son récit, l'incommensurable distance qui sépare un simple gentleman de l'héritier d'un trône, même d'un trône madécasse.

Le futur monarque fit avec le voyageur plusieurs promenades aux environs de la ville, pendant lesquelles le prince et ses compagnons se montrèrent extrêmement communicatifs, indiquant et nommant à l'étranger les villages qu'on apercevait au loin. C'est ainsi qu'un jour ils allèrent ensemble visiter le palais de Souaniérana, espèce de résidence suburbaine, bâtie, il y a trente et quelques années, par le roi Radama, sur les plans et sous la direction d'un Français, M. Legros, que la mort surprit avant son complet achèvement. C'est un vaste édifice tout en bois, composé de trois longs bâtiments juxtaposés. Celui du milieu est débordé par les deux latéraux, qui forment ainsi comme quatre grands pavillons aux angles. Il est situé sur une esplanade circulaire, ou plutôt ovale, entourée d'une triple rangée d'arbres, chose rare dans ce pays découvert. « Le large balcon qui fait le tour de l'édifice, dit le commandant Dupré, a certainement plus de 300 mètres de développement. Au rez-de-chaussée, deux des corps de logis forment d'immenses salons richement parquetés; le troisième est divisé en plusieurs chambres. Je n'ai point visité le premier étage, qui a été plus particulièrement aménagé pour servir de logement.... Radama Ier était, paraît-il, singulièrement fier de ce palais ; il avait déclaré qu'il ne permettrait jamais d'en franchir le seuil qu'à ceux qui sauraient lire. Ranavalo l'a laissé dans l'état où il se trouvait et ne lui a fait donner aucun soin..... On le réparerait à peu de frais, et je pense qu'avec quelques couches de peinture à l'huile il défierait, pendant bien des années, tous les ravages atmosphériques (1). » Le roi Radama II l'avait cédé à M. Lambert, qui le réservait pour la compagnie d'exploitation de Madagascar.

Chemin faisant, les promeneurs avaient rencontré un groupe d'officiers, dont l'un portait une lance à longue pointe d'argent. « Toute notre suite salua la lance quand elle passa, écrit M. Ellis, et le prince me dit que cet emblème était Tsitialainga, le *haïsseur du mensonge*, le révélateur des crimes, le dénonciateur des coupables, un symbole du pouvoir à Madagascar. L'officier qui le portait était un des hérauts de la reine, en mission judiciaire. Quand un individu est accusé d'un crime, cette lance est plantée devant sa porte, et personne n'ose sortir du logis tant qu'elle reste là (2). »

(1) Dupré, ouv. cité.
(2) Rappelons ici, à propos de cette coutume, qu'il existe à Madagascar un usage analogue à la loi du *tabou* océanien. Il consiste à planter un bâton devant la porte d'une maison pour en interdire l'entrée, soit à cause de l'absence du maître, soit pour en éloigner les visiteurs importuns. On met aussi une espèce d'interdit sur un objet quelconque en le déclarant *fadi*. Le travail est *fadi* pendant toute la durée des funérailles d'un chef; un aliment est *fadi*, etc.

(Voir Lacaille, ouvr. cité, et H. de Régnon, ouvr. cité.)

Comme la Rome antique, Tananarive a sa roche Tarpéienne. Le prince la fit voir à M. Ellis, au retour de cette même promenade, dans un lieu appelé Ambohipotsi. Elle est située à l'extrémité sud de la colline sur laquelle est bâtie la ville : c'est là que se font les exécutions. La colline se termine brusquement par un rocher à pic, qui n'a pas moins de 100 mètres de la base au sommet. C'est du point le plus élevé que sont précipités les condamnés. Beaucoup de chrétiens ont subi ce supplice.

L'excursion que le missionnaire anglais fit, quelques jours après, en la compagnie du prince, de la princesse Rabodo, sa femme, et de leur suite, à Mahazoarivo, maison de campagne de Radama, eut un caractère bien plus solennel. « Le cortége, dit-il, avait plus d'un demi-mille de long ; on y comptait douze ou quinze officiers montés, et dont les chevaux, quoique assez mal soignés, étaient vifs et vigoureux. Il y avait quatorze palanquins ornés de draperies de diverses couleurs. Dans l'un de ces palanquins, un beau jeune homme, fils du prince Ramboasalama (1), attira mon attention. Quand le cortége se mit en marche, huit ou dix officiers à cheval prirent les devants, et les autres marchèrent à côté

---

(1) Nous retrouverons plus loin ce dernier personnage, cousin et compétiteur de Rakoto.

des palanquins. Ensuite venaient les officiers du palais, dans des palanquins ou à pied, et, après eux, la musique du prince, composée de dix-neuf musiciens : cinq clarinettes, cinq flûtes et fifres, un basson, quatre cors, une basse, un tambourin et un triangle. Les musiciens étaient précédés et suivis de deux officiers, l'épée nue à la main. Le palanquin du prince venait ensuite, escorté de chaque côté par trois ou quatre officiers ayant aussi l'épée hors du fourreau. Après le prince, venait la princesse, dans son palanquin couvert de drap écarlate, orné de galons d'or et bordé de riches franches d'or semblables à celles dont on fait les épaulettes d'officier, et garni en dedans de satin rose. A côté de la princesse, un homme portait un grand parasol de soie rose, surmonté d'une boule dorée, et immédiatement derrière le palanquin marchaient des femmes esclaves au nombre de douze ou quinze, vêtues de lambas de coton à larges raies blanches et bleues. Une fille du prince Ramonja, mais adoptée par la princesse, intéressante jeune personne d'environ dix-sept ans, occupait le palanquin suivant. Dans trois autres palanquins étaient les dames de la suite ou du service de la princesse. Après elles, quelques officiers, puis la foule.

» Tout le chemin, bien en avant des cavaliers qui ouvraient le cortége jusqu'à 200 ou 300 yards après le dernier palanquin, était tellement encombré, que la marche était difficile. Le prince, vêtu d'un habit noir avec une étoile d'argent, avait, en sautoir sur son gilet, un large ruban de soie rouge et vert dont les bouts à frange d'or lui pendaient sur la hanche. La princesse portait une robe bleue faite à l'européenne, garnie de velours écarlate et ornée de rangées de petits boutons dorés, un chapeau de satin rose avec des fleurs artificielles, un voile et une pèlerine de dentelle. Une des dames avait une coiffure indigène ou arabe vraiment curieuse ; les autres étaient habillées à l'européenne : toutes s'étaient parées d'une profusion de chaînes d'or et de bijoux, et toutes étaient portées dans des palanquins ouverts. Quelques-uns des officiers étaient en uniformes bleus ; plusieurs avaient des pantalons écarlates avec le lamba blanc flottant, bordé de l'akotso ou de cinq larges raies, tandis que les serviteurs et les gens qui suivaient le cortége ou s'étaient répandus sur le côté paraissaient tous avoir revêtu leurs habits de fête. »

A propos de ce déploiement de costumes européens, ou prétendus tels, intercalons ici, sous forme de parenthèse, une ou deux remarques empruntées au livre si plein d'observations du commandant Dupré. Le vêtement national tend de plus en plus à disparaître ; le peuple et les esclaves seuls le conservent. Toutes les femmes d'un certain rang et le plus grand nombre de celles qui fréquentent les écoles chrétiennes ne sortent plus qu'habillées ou plutôt déguisées en Européennes. La reine seule, Rabodo, sait s'habiller et s'habille complétement. Les autres sont moins exigeantes pour leur toilette. « Pourvu qu'elles aient une cage connue à Tananarive sous le nom provocateur de Malakoff, et quelque chose pour la recouvrir, elles sont satisfaites; aucune d'elles ne s'inquiète de savoir si sa peau brune prend l'air entre son corsage et sa jupe. » Cet abandon du costume national est encore plus commun parmi les hommes. A l'époque de la mission du commandant Dupré, on en voyait un grand nombre, dans les rues de Tananarive, habillés à l'européenne, sauf la couleur toutefois, car le ministre des affaires étrangères Rahanirake avait adopté pour sa personne le jaune exclusivement, habit veste et culotte, même la cravate. « Pour varier, il alternait entre le jaune orange et le jaune soufre. » Les partisans du costume européen portent les cheveux courts, se coiffent de chapeaux de paille, de chapeaux noirs ou de képis, et de casquettes faites avec la peau de la bosse des bœufs du pays. « Ces casquettes, tout à fait imperméables, écrit le commandant Dupré, leur servent aux usages les plus variés : à puiser de l'eau dans les rivières, à recevoir pêle-mêle leur riz et les différents mets dont se compose le repas, lorsque, faute de place à table, ils mangent accroupis derrière le reste des convives. » Les officiers, surtout les plus haut gradés, portent des uniformes de fantaisie, qu'ils galonnent et chamarrent le plus possible, et qui ne peuvent servir à faire reconnaître leur grade. Le rouge est la couleur royale. Cette règle, absolue pour les femmes, souffre des exceptions pour l'autre sexe.

Reprenons le récit de M. Ellis.

« Après avoir décrit un circuit du nord à l'est de la capitale, la route se rapprochait du palais, qui n'en était distant que de quelques centaines d'yards. Bientôt on aperçut un grand parasol écarlate et plusieurs personnes sur la terrasse de la façade. Le cortége s'arrêta ; tout le monde se découvrit, et la musique joua le *God save* madécasse, air indigène qui n'est pas désagréable (1). La reine était venue sur la terrasse pour voir passer le prince et la princesse. Au bout de quelques minutes, le parasol

---

(1) Cet air était probablement celui que Rakoto, en montant sur le trône, adopta comme air royal ou national, trouvant plus digne d'avoir son air à lui que d'emprunter, comme l'avaient fait Radama Ier et Ranavalo, celui du *God save* britannique. La musique de cet air a été composée en collaboration par Rainibesa et Ratsimamanga, avec les conseils de Rakoto lui-même.—*Voy.* Dupré, ouv. cité.

écarlate disparut, et le cortége se remit en marche. »

A Mahazoarivo, un *lunch* fut servi, pendant lequel le prince et la princesse firent à leur hôte mille questions sur l'Europe et ses usages, sur la famille royale d'Angleterre : la reine Victoria avait-elle beaucoup d'enfants ? Savait-elle danser ? Aimait-elle la musique, etc.? Quelques instants après, sur un signe du prince, l'orchestre madécasse joua le *God save the Queen*, le vrai *God save* anglais, puis *Rule Britannia*, puis la *Marche des grenadiers*, airs bien faits pour flatter le missionnaire anglais, tout en lui écorchant peut-être un peu les oreilles. Disons, en passant, que les exécutants avaient été envoyés deux ans à Maurice, à l'école du chef de musique d'un des régiments de la garnison, et que d'ailleurs les Madécasses ont des dispositions vraiment très-remarquables pour l'art musical. Après la musique, vinrent les danses, et l'on ne reprit qu'à cinq heures du soir le chemin de la ville.

Il y a deux camps dans le voisinage de Tananarive. La route que suivait le cortége passait près de l'un d'eux. Les tentes étaient faites d'étoffe de rofia. La tenue des soldats était aussi simple qu'économique ; elle consistait uniquement en une pièce de toile blanche serrée autour des reins. Ils avaient d'ailleurs des buffleteries en croix sur leurs poitrines nues, et étaient armés de fusils à baïonnettes.

Un des officiers voisins de M. Ellis lui dit qu'il y avait 40,000 hommes dans les deux camps et une compagnie d'artillerie.

Le 5 septembre, à une heure très-matinale, notre voyageur reçut, d'un de ses amis du palais, la note suivante, qui montre au moins l'absence de toute circonlocution dans les messages officiels ou semi-officiels du siége du gouvernement madécasse :

« Vendredi matin.

» Mon cher ami, je vous informe, comme ami, que la reine vous donnera une audience aujourd'hui au palais; par conséquent, lorsqu'on vous priera de venir, mettez votre plus bel habit, et prenez avec vous un souverain d'or et un dollar. Comment vous portez-vous ce matin?

» Tout à vous,

» R. »

Les pièces de monnaie dont il est ici question se rapportent à une coutume de Madagascar : on n'approche jamais le monarque sans lui offrir un présent, qui est une espèce de tribut payé à sa puissance. Ce présent, qui s'appelle *hasina*, est le plus souvent une pièce d'or.

Dans le cours de la matinée, l'auteur de la lettre

qu'on vient de lire arriva chez M. Ellis pour le prévenir qu'on l'attendait à trois heures et pour s'informer du costume qu'il comptait revêtir. L'habit noir que lui montra le missionnaire ne parut pas le satisfaire entièrement; si bien que, ayant découvert, parmi les autres effets du voyageur, une robe de chambre verte et rouge avec doublure écarlate, il lui conseilla de l'endosser par-dessus le malencontreux habit. « Je crus un instant qu'il plaisantait, dit M. Ellis; mais, le voyant très-sérieux, je consentis à me conformer à son désir. » A trois heures, après avoir reçu une seconde missive plus laconique encore que la première, M. Ellis acheva sa toilette, revêtit la robe de chambre, et monta en palanquin pour se rendre à la résidence royale. Mais il nous faut ici laisser la parole au voyageur :

« Dès que nous eûmes franchi la grande porte extérieure, dit-il, nous nous découvrîmes et nous avançâmes vers le palais à travers une tour carrée de 50 ou 60 mètres, dont trois côtés étaient garnis de soldats sur quatre rangs, avec musique en tête... Les soldats avaient pour tout costume un morceau de toile blanche serré autour des reins, et portaient des baudriers blancs sur leur peau brune. C'étaient tous des hommes de haute taille et de formes athlétiques. L'officier qui les commandait, homme d'un âge mûr, mais encore actif et vigoureux, était coiffé d'un turban fait avec un châle de soie roulé ; une chemise à petits dessins, un magnifique *lamba* ou écharpe de soie, noué à la taille en guise de ceinture, et dont les bouts ornés de franges lui tombaient jusqu'à la cheville, complétaient sa tenue. Il avait à la main un cimeterre brillant et richement orné. Comme les manœuvres militaires n'étaient pas finies, nous nous arrêtâmes un instant, à peu près à moitié chemin de la cour, et nous nous avançâmes ensuite jusqu'à la position qui nous était assignée, à trois ou quatre yards des soldats et en face de la longue et large véranda sous laquelle la reine et sa cour étaient assemblées. Nous nous inclinâmes tous devant la reine en prononçant le salut : « *Tsara, tsara, tompoko* (c'est bien, c'est bien, souveraine.) » Puis nous nous tournâmes vers le levant, et nous nous inclinâmes devant la tombe de Radama, petit monument carré en pierre, bâti sur un des côtés de la cour. Après cela, on nous conduisit aux places qui nous étaient réservées. On me donna celle du milieu, tout juste devant la reine, avec un interprète de chaque côté de moi. Deux Français qui habitent la capitale avaient été invités à cette cérémonie. M. Laborde, résident français, se tenait debout à droite d'un des interprètes, et M. Finaz, prêtre français catholique, homme robuste et d'une bonne figure, était à sa gauche. »

Le P. Finaz doit être bien flatté que sa figure ait su plaire au missionnaire méthodiste. Quant à M. Laborde, il faut qu'il se contente de la simple mention de son nom, qu'il n'était pas possible de taire. Ce nom revient forcément deux ou trois fois sous la plume de M. Ellis; mais c'est là tout. Les merveilles de toute espèce réalisées à Madagascar par notre éminent compatriote sont systématiquement passées sous silence par le voyageur anglais.

Les officiers interprètes, qui avaient été élevés en Angleterre, mirent promptement l'étranger au courant des règles de l'étiquette madécasse. C'est ainsi que celui-ci fut averti de parler assez haut pour que ses paroles pussent être entendues aussi bien que leur traduction. L'éloquence de l'agent de lord Clarendon dut plaire à la reine, car son discours, dont il donne la substance dans son livre, était une chaleureuse protestation de l'amitié du gouvernement anglais pour le gouvernement de Madagascar,—bien digne à tous égards d'une pareille sympathie,—et un témoignage personnel de reconnaissance pour le gracieux accueil dont il était lui-même l'objet. La reine, par l'entremise de son interprète, répondit dans le même sens, assurant, en outre, le voyageur qu'elle voulait qu'il fût traité en ami dans ses États. L'audience terminée, le premier ministre invita les étrangers à se retirer. « Nous saluâmes la reine, dit

M. Ellis ; puis, nous tournant vers l'orient, nous saluâmes aussi le tombeau de Radama, et nous nous dirigeâmes vers la porte; mais, la musique ayant entamé le *God save*, nous nous arrêtâmes, et, mettant chapeau bas, nous ne sortîmes que lorsque l'air fut fini. » Tout ce cérémonial avait duré près d'une heure.

Pendant la réception, la reine et sa cour s'étaient tenues sur la véranda ou balcon du premier étage. « Sa Majesté, continue M. Ellis, occupait la place du milieu, sur un siége plus élevé que tous les autres, et recouvert de damas vert. Sa nièce, la princesse Rabodo, épouse du prince royal, et les dames de la cour étaient assises à sa droite, son fils tout près d'elle, à sa gauche, ensuite son neveu, les autres membres de sa famille et les principaux officiers du gouvernement. Un grand parasol de soie écarlate, brodé et frangé d'or, était tenu au-dessus de la reine, et un autre, plus petit, aussi écarlate, mais sans ornement, au-dessus de la princesse. La reine n'est pas grande, mais assez replète; elle a le front bien modelé, les yeux petits, le nez court sans être épaté, les lèvres bien dessinées et délicates, le menton légèrement arrondi. L'ensemble de la tête et du visage est petit, ramassé et bien proportionné. Sa physionomie a une expression assez agréable, bien que, par intervalles, elle trahisse un caractère impérieux. La reine paraissait jouir d'une bonne santé et posséder une constitution vigoureuse pour son âge, car on la dit âgée de soixante-huit ans. Sa Majesté portait une couronne faite de plaques d'or, avec un ornement-talisman, quelque chose comme une dent de crocodile en or, sur la plaque antérieure. Elle avait aussi un collier et de grosses boucles d'oreilles d'or. Son vêtement consistait en un lamba de satin blanc, sur lequel étaient brodés des petits rameaux d'or. Le prince, son fils, portait son étoile et une couronne de velours vert bordée d'un cercle et d'une guirlande de feuilles d'argent massif. Son cousin, le prince Ramboasalama, était coiffé d'une toque de velours noir brodée d'or. Plusieurs des officiers portaient des lambas de soie par-dessus leurs vêtements. »

A quelques jours de là, M. Ellis fut invité à un dîner donné par la reine dans une maison voisine du palais, appartenant à l'un des plus hauts fonctionnaires du royaume. A ce dîner, servi à l'européenne, assistaient les résidents français de la capitale. Les Madécasses, on a pu le remarquer, sont grands amateurs de *speechs*; or le *speech* est un genre d'exercice pour lequel M. Ellis a moins de répugnance que pour le vin, liquide dont il s'abstient comme sectateur du R. P. Matthew. Aussi, dans cette circonstance, notre Anglais crut-il devoir faire, *inter pocula*, un petit exposé de politique britannique dans lequel, à la grande satisfaction de l'assistance indigène, il prouva, d'une façon claire comme le jour — comme le jour des bords de la Tamise — que la France n'avait plus aucune espèce de droit sur Madagascar.

Malgré les idées politiques de l'honorable gentleman, les résidents, nos compatriotes, voulurent à leur tour lui donner un échantillon de l'hospitalité française sur la terre étrangère, et un colossal déjeuner lui fut offert chez M. Laborde.

Mais, de toutes les fêtes auxquelles assista le révérend *clergyman*, la plus curieuse peut-être fut celle qui eut lieu au palais de la reine, le 18 septembre. Dans le récit détaillé qu'il en fait, la partie la plus intéressante est celle qui concerne les danses indigènes. Elles commencèrent par celle des Sakalaves, habitants des districts occidentaux de l'île, et furent exécutées, comme à l'ordinaire, dans la cour du palais.

La musique sakalave, composée d'instruments du pays, comprenait un gros tambour creusé dans un bloc de bois solide, et plusieurs tambours plus petits, des tamtams ou des tambourins qui paraissaient d'origine asiatique; le tambour était exactement semblable à ceux qu'on voit dans l'île de Ceylan. Quatre hommes, accoutrés en guerriers, coiffés de bonnets écarlates de formes bizarres, ornés d'une large flamme de même couleur pendant par derrière, le mousquet à la main et le cornet à poudre suspendu au côté, l'ornement ou talisman madécasse de la dent de crocodile en argent attaché sur le devant de la ceinture, suivaient cette troupe de musiciens, que conduisait une espèce de chef dont la tâche semblait être d'indiquer les mouvements de la danse. Les danseurs étaient des hommes grands et sveltes. Ils commencèrent leur exercice dès qu'ils entrèrent dans la cour, et le continuèrent en passant d'un côté à l'autre de l'espace central découvert ; puis, décrivant en courant une sorte de zigzag, ils finirent par arriver immédiatement en face de la reine. Alors l'homme à la grosse caisse frappa trois ou quatre coups très-forts sur son instrument, et les exécutants, après s'être inclinés devant Sa Majesté, se retirèrent sur le côté.

Ils furent suivis par quatre ou cinq autres compagnies de danseurs sakalaves, composées chacune de quatre personnages qui, entrant par la porte principale, dansèrent en longeant chaque groupe et en exécutant des figures ou des pas différents, jusqu'à ce qu'ils fussent arrivés devant la reine ; là ils s'inclinèrent à leur tour, puis ils se retirèrent. Outre le mousquet à la main droite, une ou deux de ces compagnies tenaient à la main gauche un mouchoir de soie ou une petite écharpe. Leurs mouvements étaient aisés, mais, pour la plupart, mesurés et lents, excepté dans les figures qui paraissent devoir représenter les péripéties les plus animées de la bataille, l'assaut, la mêlée, la poursuite et le triomphe. Ils ne poussaient point de cris, et même, bien qu'on lançât parfois les fusils en l'air, et qu'on les rattrapât lorsqu'ils retombaient, ces mouvements étaient réservés et modérés, ce qui ne s'accorde guère avec les idées que nous nous faisons habituellement des danses guerrières des sauvages. Si un de ces industriels qui exploitent les divertissements publics en Europe eût assisté à cette fête, peut-être eût-on vu quelque jour la valse sakalave importée dans nos sociétés civilisées.

Après la danse sakalave, une centaine de femmes appartenant, à en juger par leur extérieur, leur toilette et la recherche de leur coiffure, aux officiers et aux autres familles notables de la capitale, entrèrent dans l'espace découvert. Elles se rangèrent par trois de front vis-à-vis de la reine, formant une sorte de colonne à jour. La ligne ou la colonne se composait de trente-quatre groupes de trois, à la suite les uns des autres. Dès qu'elles furent en position, elles laissèrent glisser leurs lambas ou écharpes de dessus leurs épaules jusqu'à la ceinture, faisant ainsi voir leurs riches robes de velours, de satin, de soie et de mousseline, dont quelques-unes étaient garnies d'or au corsage et aux manches. La musique de la reine se mit à jouer un air du pays, air doux et lent. Un maître de danse, placé en tête de la colonne et en face de la reine, donna le signal, et alors commença la danse, si on peut appeler de ce nom un exercice dans lequel les pieds, cachés sous les plis du lamba traînant, paraissent à peine bouger. Chaque danseuse, en effet, restait à la même place, et c'étaient surtout les bras qui suivaient, par des mouvements souples et gracieux, la cadence de la musique. Il n'y avait pas, parmi ces femmes, de type vraiment blanc, quoique aucune d'elles n'eût le teint très-foncé. Le visage et les traits d'un grand nombre étaient plus délicats que ceux des femmes des classes inférieures, et l'on aurait pu en qualifier beaucoup de jolies. La musique se composait entièrement d'airs nationaux, d'une douceur et d'une simplicité remarquables. Après deux ou trois danses, les danseuses s'inclinèrent devant leur souveraine et se retirèrent. Telles furent les danses indigènes de la journée.

A ces danses succédèrent des imitations plus ou moins exactes de danses européennes, auxquelles prirent part un certain nombre de personnages de la cour. « C'était un spectacle fort animé, qu'il peut être bon de voir une fois, ajoute le révérend ; cependant je sentais en moi une espèce de regret, en observant les formes vigoureuses, les fronts découverts et bien modelés, les yeux vifs et pénétrants de tous ces jeunes hommes ; je pensais à ce que l'éducation aurait pu faire d'eux ; et si le temps et le lieu m'eussent permis d'exprimer mon opinion sur la fête à laquelle j'assistais, j'aurais peut-être dit que l'habileté dans l'art de la danse n'est pas le plus haut mérite des princes, et que, sans fuir absolument les plaisirs, le but constant de ceux qui sont appelés à gouverner les hommes doit être d'apprendre comment on fait les nations grandes et dignes. »

XIII.

Appréciations favorables du caractère de l'héritier du trône. — Les chrétiens indigènes. — Persécution de 1849. — Persistance du gouvernement dans ses mesures de rigueur. — Terme du séjour à Tananarive du missionnaire anglais. — Cadeaux. — Départ de la capitale. — Retour à la côte. — Débarquement à Maurice. — Retour en Angleterre.

En dehors de cette vie mondaine, bien mondaine surtout pour un aussi fervent adepte de la doctrine méthodiste, M. Ellis, qui, nous l'avons dit, a un peu étudié la médecine, passait une partie de son temps à donner des consultations, à distribuer des médicaments et, ce qu'il ne dit pas, à gagner des adhérents à la politique anglaise et à faire de la propagande anti-catholique. Il consacrait aussi quelques heures à son appareil photographique, devant lequel vinrent poser successivement le prince et la princesse royale, et la plupart des principaux officiers et fonctionnaires.

Les rapports fréquents qu'il eut de la sorte avec le futur héritier du trône le mirent à même d'apprécier le caractère élevé et les vues désintéressées de ce jeune homme, qui semblait alors à ses yeux providentiellement destiné à relever le peuple madécasse et à préparer pour la grande île africaine un avenir de progrès et de civilisation. Aujourd'hui que de graves événements sont venus changer la face des choses à Madagascar, on est en droit de se demander jusqu'à quel point le missionnaire anglais était sincère en se montrant partisan si enthousiaste des nobles intentions de Rakoto, prince royal. Certes, en lisant les pages publiées en 1858 par M. Ellis, il est difficile de concevoir que l'homme qui les a écrites devait, cinq ans plus tard, être le premier à amnistier dans les journaux d'Angleterre le meurtre de Radama II.

Mais hâtons-nous d'en finir avec le voyage de M. Ellis à Tananarive.

Tout ce qui pouvait avoir trait à la situation actuelle des chrétiens indigènes et à la propagande méthodiste dans Madagascar devait naturellement offrir au missionnaire anglais un intérêt exceptionnel. Nous ne doutons pas qu'il n'ait profité de tous les moyens à sa disposition pour se renseigner à fond sur ce point. Mais, ainsi que nous l'avons dit déjà, sa réserve à cet égard est extrême. « Des raisons que tout le monde comprendra, écrit-il, nous obligent au silence. Il ne faut pas risquer d'impliquer les vivants dans les calamités qu'ont endurées ceux qui ne sont plus. Les lois contre la religion chrétienne ne sont pas rapportées; elles peuvent même devenir plus rigoureuses encore, car les desseins de Dieu sont impénétrables.

» Le merveilleux degré de développement que semble avoir atteint la parole divine ne peut s'expliquer que par l'intervention toute spéciale de la Providence, car le plus grand nombre de ceux qui ont subi le martyre ont embrassé le christianisme après le départ des derniers missionnaires. J'ai vu plusieurs fois les lieux où les martyrs ont souffert; j'ai conversé à plusieurs reprises avec les veuves et les orphelins qu'ils ont laissés, aussi bien qu'avec les personnes qui ont été temoins de leur constance, de leur foi et du triomphe de leur mort, et ces témoignages n'ont fait que confirmer tout ce que j'avais appris jusque-là.....

» Les autorités de Madagascar qui ont employé la torture et la mort pour éteindre la foi chrétienne, quels que soient les motifs qui les aient poussés, n'ont fait qu'imiter les Dioclétiens des premiers âges et les persécuteurs des temps plus récents, avec des résultats identiques quant à l'inébranlable constance des victimes et aux fruits subséquents poussés dans ce sang généreux. Émouvants à l'extrême, sont les détails que j'ai reçus des douleurs et des consolations de ceux qui ont souffert, de leur conduite à l'heure du péril, et de leur intrépidité devant leurs juges et leurs bourreaux, au jour de la persécution et de la condamnation. »

L'extrait qui suit se rapporte à la persécution de 1849 :

« Des milliers d'individus de tout rang et de tout âge, — depuis l'innocente créature vendue avec ses parents, jusqu'au vénérable patriarche dont la vie s'était passée au service du pays, ou depuis le noble personnage que son rang et sa naissance avaient placé sur les marches du trône jusqu'au malheureux esclave sans famille, — avaient été punis comme coupables de participation, avouée ou supposée, à la lecture des livres chrétiens ou aux prières des chrétiens. Les peines infligées avaient varié suivant la condition ou la fortune des délinquants. Le *tanghin* avait souvent joué son rôle fatal. Des amendes avaient été imposées, depuis le simple dollar (1) jusqu'au

---

(1) Le dollar n'est pas une amende insignifiante, si l'on veut bien remarquer qu'à Madagascar la journée du travail ne se paye pas la plupart du temps plus de vingt centimes.

maximum de ce qu'on savait pouvoir exiger du coupable ou de sa famille. Une multitude de gens furent réduits en esclavage et vendus dans les marchés publics, souvent avec condition expresse que les acquéreurs les occuperaient aux travaux les plus pénibles, et qu'ils ne pourraient jamais être rachetés par leurs parents ou leurs amis. Parmi les communications que j'ai reçues, se trouvaient de lamentables récits des misères de quelques-uns de ces malheureux vendus il y avait dix-neuf ans, et aussi la mention des prix payés par les acquéreurs. Dans le nombre étaient des maris ou des femmes dont les conjoints avaient été mis à mort; d'autres étaient des chefs de famille qui avaient vu vendre avec eux leurs femmes et leurs enfants. Les prix variaient de 23 à 90 dollars pour un individu seul, et de 110 dollars pour le mari et la femme, à 178 pour un homme et trois enfants.

» Un certain nombre qui avaient échappé à l'esclavage perpétuel avaient été dégradés de rang et condamnés aux plus rudes travaux, tels que l'extraction et l'équarrissage des pierres pour l'érection d'édifices publics, ou autres tâches analogues. Plusieurs d'entre eux, qui avaient occupé des postes éminents, avaient subi ce genre de peine pendant de longues années, et de ces derniers, quelques-uns, morts depuis que j'ai quitté l'île, ont été mes visiteurs assidus. D'autres, m'a-t-on dit, avaient passé par le supplice du fouet ; d'autres encore, condamnés à l'emprisonnement, gémissaient dans les cachots; et de malheureux bannis erraient loin des habitations humaines comme autant de parias. Enfin, des individus, hommes et femmes, appartenant aux rangs les plus élevés, avaient été chargés de fers, et bon nombre avaient été mis à mort. »

M. Ellis possède une curieuse relation indigène manuscrite des poursuites exercées contre les chrétiens madécasses en 1849, année pendant laquelle les persécuteurs montrèrent le plus d'acharnement. Des officiers du gouvernement, portant la lance d'argent appelée « le haïsseur du mensonge, » arrêtaient et interrogeaient quiconque était soupçonné de s'être fait chrétien. La plupart des gens mis ainsi en état d'arrestation confessèrent hautement la foi du Christ. « On se fera une idée du nombre des poursuites exercées, par ce fait que d'une seule fois, et dans un même lieu, trente-sept individus qui avaient expliqué ou prêché la parole de Dieu furent réduits à la condition d'esclaves avec leurs femmes et leurs enfants; 42 autres, chez lesquels on avait saisi des livres chrétiens, furent réduits également en esclavage et eurent leurs biens confisqués; 27 qui avaient eu des livres entre les mains, et qui avaient prêché ou expliqué l'Évangile, furent vendus comme esclaves avec leurs femmes et leurs enfants ; 6 qui étaient en état de récidive furent emprisonnés ; 5,055 eurent à payer chacun une amende d'un dollar ; 18 subirent la peine de mort ; 14 furent précipités du haut du rocher, et 4 furent brûlés vifs. »

Voici un fragment du document indigène dont nous venons de parler :

« Le 14 mars 1849, l'officier devant lequel les chrétiens furent examinés dit : Priez-vous le soleil, ou la lune, ou la terre?

» R. répondit : Je ne prie pas ces choses, car la main de Dieu les a faites.

» Priez-vous les 12 montagnes qui sont sacrées?

» R. — Je ne les prie pas, car ce sont des montagnes.

» Priez-vous les idoles qui font des rois des êtres sacrés?

» R. — Je ne les prie pas, car la main de l'homme les a faites.

» Priez-vous les ancêtres des souverains ?

» R. — Les rois et les souverains nous sont donnés par Dieu pour que nous les servions, que nous leur obéissions, et que nous leur rendions hommage ; ils ne sont néanmoins que des hommes comme nous. Quand nous prions, nous ne prions que Dieu seul.

» Vous distinguez le jour du sabbat et vous l'observez ?

» R. — C'est le jour du Dieu grand ; car le Seigneur a fait toutes ses œuvres en six jours ; mais il s'est reposé le septième, et il a voulu que ce jour fût saint ; ce jour-là je me repose et j'obéis à Dieu.

» Et de la même manière répondirent tous les chrétiens.

» Et un homme qui s'était tenu à l'écart, voyant une femme qui ne reniait pas Dieu, se souvint que renier Dieu entraînait le remords ; il s'avança alors et parla comme les autres. Et quand ces frères et sœurs en Jésus-Christ furent attachés, le mari d'une des femmes, qui avait entendu leur confession, s'approcha et leur dit : « N'ayez point de crainte, car il est beau de mourir pour cela. » C'était un soldat d'une province éloignée, et il n'était pas du nombre des accusés. On l'examina alors, et comme il fit la même déclaration, on l'attacha aussi. Et ils emmenèrent ces dix frères et sœurs ; puis ils serrèrent leurs liens et les enfermèrent chacun dans un endroit séparé. Et à une heure après minuit nous (les autres chrétiens) nous assemblâmes et nous nous mîmes en prière.

» Le 22 mars, quand l'un des accusés eut dit : « Jéhovah est le seul Dieu ; il est au-dessus de tous les noms qui se prononcent, et Jésus-Christ est Dieu aussi, » le peuple poussa des cris et le couvrit de railleries. Et un autre officier dit : « Rabodampoimérina (le nom sacré de notre reine) est notre dieu, mais il n'est pas le vôtre. » Le chrétien répondit : « Le Dieu qui m'a fait est mon Dieu; mais la reine est ma souveraine. » Et comme il refusait de répondre autre chose, ils dirent : « Il est probablement idiot ou fou. » Il répondit : « Je ne suis point idiot et je n'ai pas perdu l'intelligence. » Il y eut alors un mouvement et des murmures dans le peuple : « Qu'on l'emmène, » disait-on. Et ils le conduisirent en prison.

» Et avant le jour, le lendemain, le peuple s'assembla à A-y. Alors ils prirent les dix-huit frères que Dieu avait choisis pour leur donner la vie éternelle et en faire ses enfants, et ils leur lièrent les mains et les pieds, et ils les attachèrent chacun à un poteau, roulés dans des nattes, et ils les placèrent avec les autres prisonniers. Et de ces frères et de ces sœurs, dix étaient de Vonizongo. Et quand les officiers, les troupes et les juges arrivèrent, ils lurent les listes de chaque catégorie de prisonniers, puis ils les placèrent à côté les uns des autres et les firent entourer de soldats armés de fusils et de lances, et les sentences furent alors rendues, condamnant les uns à l'amende et à la confiscation, les autres à l'esclavage, d'autres à la prison et aux chaînes, d'autres à la peine du fouet, d'autres à mort : quatre à être brûlés et quatorze à être précipités du rocher et brûlés ensuite.

» Et les dix-huit désignés pour mourir s'assirent par terre, entourés des soldats, et chantèrent le 137ᵉ hymne (1) :

» Quand je mourrai et quitterai mes amis,
» Quand ils me pleureront,
» Quand la vie m'aura quitté,
» Alors je serai heureux.

» Lorsqu'ils eurent fini cet hymne, ils chantèrent le 154ᵉ :

» Quand je verrai le Seigneur dans le ciel, etc.

» Et les sentences prononcées, au moment où l'officier se retirait pour aller rejoindre les autorités suprêmes, les quatre condamnés à être brûlés le prièrent de demander qu'on les tuât d'abord et qu'on ne les brulât qu'après. Mais ils furent brûlés vifs.

» Quand l'officier fut parti, on emmena ces dix-huit et on les mit à mort. Les quatorze furent liés par les mains et les pieds à de longues perches, et des hommes les emportèrent sur leurs épaules. Et, pendant le trajet, les frères priaient et parlaient au

---

(1) Le numéro ci-dessus se rapporte à la collection des hymnes imprimées en langue madécasse.

peuple. Et des gens qui les virent, dirent que leurs figures étaient comme des figures d'anges. Et quand les hommes arrivèrent au sommet de Nampaminarina, ils les jetèrent au fond du précipice, et leurs corps furent ensuite traînés à l'autre bout de la capitale, pour être brûlés avec les corps de ceux qui devaient être brûlés vifs.

» Et quand on emporta sur le lieu de l'exécution les quatre qui devaient être brûlés vifs, ces chrétiens chantèrent le 90e hymne, commençant par ces mots : « Quand nos cœurs sont troublés, » et dont chaque strophe se termine par ceux-ci : « Alors souvenez-vous de nous. » Ils chantèrent ainsi tout le long de la route. Et quand ils arrivèrent à Faravohitra, ils furent attachés entre des planches et brûlés. Et tout près du lieu où on les brûlait, un arc-en-ciel se montra. Alors ils chantèrent l'hymne 158 :

» Il est une terre bénie
» Où l'on est heureux ;
» Le repos ne s'en éloigne jamais,
» Et jamais le chagrin n'y vient.

» Ce fut l'hymne qu'ils chantèrent après qu'ils furent dans les flammes. Puis ils prièrent, disant :
» O Seigneur, reçois mon âme ; car c'est par amour pour toi que nous souffrons; et pardonne-leur leurs péchés. »

» Ainsi prièrent-ils tant qu'il leur resta un souffle de vie. Puis ils moururent doucement, doucement.

» Et frappés d'étonnement furent tous ceux qui assistèrent à leur supplice. »

Les quatre personnes qui furent brûlées vives étaient toutes nobles ; M. Ellis a recueilli d'autres détails sur les derniers moments de deux d'entre elles.

« Andriampinery et Ramanandalana étaient mari et femme, dit-il, et celle-ci était sur le point de devenir mère. Sur le lieu de l'exécution, on leur offrit la vie sauve, s'ils voulaient prêter le serment idolâtre requis. Tous les deux refusèrent. On les attacha alors entre des planches, puis on les mit sur une pile de bois, et après qu'on les eut encore recouvert de matières combustibles, on alluma le tout. Au milieu de la fumée et des flammes du bûcher, les douleurs de la maternité vinrent s'ajouter aux tortures du supplice ; et, dans ce terrible moment, l'enfant des deux martyrs vint au monde. Je demandai à ceux qui me racontaient ces détails ce que les bourreaux et les assistants firent de la petite créature : « Ils la jetèrent dans les flammes, où son corps fut consumé avec ceux de ses parents, me fut-il répondu, et son âme monta vers Dieu avec les leurs.... »

» Les quatorze autres condamnés furent conduits sur l'emplacement ordinaire des exécutions, avec des criminels également condamnés à la peine capitale. Le mode d'exécution choisi était la roche tarpéienne de Tananarive. Chacun des infortunés chrétiens fut suspendu par une corde au-dessus du précipice, et, dans cette position, reçut l'offre de sa grâce, à la condition de renoncer à la foi du Christ et de prêter les serments voulus. Tous refusèrent la vie à ces conditions. L'un d'eux même parla avec tant de calme de sa confiance en Dieu, qu'il émut toute l'assistance. Parmi ces malheureux était une jeune femme. On espérait qu'au moment du supplice elle se rétracterait, et à cet effet on l'avait conservée pour la dernière et placée de manière à voir la mort affreuse de ses compagnons; mais, loin de se laisser abattre, la courageuse chrétienne demanda elle-même à subir le sort de ses coreligionnaires. Les exécuteurs, en présence de ce stoïcisme, la déclarèrent folle et la firent emmener. On se contenta alors de la transporter dans une région éloignée du pays. »

Ces horribles boucheries se passaient au mois de mars 1849. Depuis lors, la persécution s'était un peu ralentie. « D'après ce que j'ai pu voir et entendre, ajoute M. Ellis, l'hostilité du gouvernement contre la religion chrétienne semble moins active qu'autrefois. Cela dépend sans doute de l'influence combinée de plusieurs événements que la divine Providence a permis de se produire dans le cours de cette période. Dans le nombre, il faut surtout compter l'adoption de la foi chrétienne par le fils unique de la reine, l'héritier du trône. Cet important événement s'est passé il y a dix ans (1). Il a été suivi de la conversion d'un autre membre de la famille royale, devenu depuis chrétien sincère et zélé. La mort a aussi enlevé certains personnages influents, hostiles aux chrétiens, et les fonctionnaires qui leur ont succédé ont d'autres manières de voir. On raconte que l'un de ces derniers, pressé d'imposer une seconde période de travail forcé à des gens qui déjà avaient subi la peine prononcée contre eux, aurait répondu : « Ils ont subi le châtiment » qui leur a été infligé, pourquoi les punirait-on » de nouveau ? La foudre ne frappe pas deux fois. »

Il ne paraissait pas d'ailleurs, à l'époque du voyage de M. Ellis, qu'il y eût de changement projeté dans l'intention du gouvernement, car l'ordre suivant se lisait, tous les quinze jours, devant le front des troupes rassemblées pour la parade à Tananarive :

« Si quelqu'un baptise (c'est-à-dire administre » ou reçoit le baptême), je le mettrai à mort, dit Ra-

---

(1) Le fait de cette conversion est inexact, nous l'avons dit plus haut.

» navalomanjaka ; car il change les prières des douze
» rois. Par conséquent, recherchez et surveillez,
» et si vous trouvez quelqu'un, homme ou femme,
» commettant ce crime, prenez-le et tuez-le, car moi
» et vous nous tuerons tous ceux qui feront pareille
» chose, leur nombre montât-il à la moitié du
» peuple. Car quiconque changerait ce que les an-
» cêtres ont ordonné et fait, et prierait les ancêtres
» des étrangers et non Andrianampoinémérina et
» Léhidama, et les idoles qui ont sanctifié les douze
» rois, et les douze montagnes qui sont adorées,
» quiconque, dis-je, changerait tout cela, je fais
» savoir à tout le peuple que je le tuerais. Ainsi
» dit Ranavalomanjaka. »

Cette allusion aux usages ordonnés par leurs ancêtres et aux prières faites aux ancêtres des étrangers, explique en grande partie la base sur laquelle
le renoncement à la religion du pays et l'adoption
du christianisme sont regardés par les Madécasses
comme des crimes atroces. « La religion des indigènes, dit le missionnaire anglais, leur enseigne
de regarder les esprits des ancêtres de leurs gouvernants comme des objets auxquels est dû un culte
religieux ; elle revêt aussi d'une espèce de caractère
sacré le monarque régnant, comme descendant de
leurs dieux. Dans la plupart des discours publics
que j'ai entendus, on déclarait le caractère sacré de

la personne de la reine, et elle était représentée comme exerçant un droit sur la vie et les biens de ses sujets, en vertu de cette origine divine et de ce caractère sacré mêmes. Ainsi leurs idées en religion ajoutent une sorte de consécration à leur fidélité au monarque. Ils s'imaginent que la religion des nations chrétiennes reposent sur une base semblable à la leur, et beaucoup d'entre eux croient probablement que le suprême objet du culte chrétien, ce sont les ancêtres des chefs actuels de ces nations ; les convertis au christianisme sont donc regardés comme coupables du double crime d'apostasie et de trahison. Persuader à leurs compatriotes de croire en Jésus Christ, de lui obéir et de l'aimer, est regardé comme aliéner la confiance et l'affection du peuple à ses souverains légitimes, et transférer cette confiance et cette affection aux souverains des étrangers. Beaucoup de Madécasses sont probablement trop éclairés pour croire que leurs ancêtres étaient autre chose que des hommes ; mais la masse croit ce que les soutiens de l'idolâtrie lui enseignent, et c'est ainsi que l'erreur populaire devient une arme contre les chrétiens.

» L'avenir immédiat de Madagascar n'est connu que du Tout-Puissant, qui voit la fin de chaque chose dès son commencement. Mais, quel que puisse être cet avenir, il y a dans le passé des événements qui pèseront sur lui d'un grand poids, — événements bien faits pour donner l'espoir qu'un jour plus heureux brillera bientôt sur la grande île africaine et sur son intéressante population, et que la lumière se fera dans l'âme des gouvernants, pour leur montrer que le christianisme est la plus sûre base de la grandeur et de la gloire des souverains, aussi bien que de la prospérité et du bonheur des peuples. »

Le terme du temps accordé pour la visite du voyageur anglais approchait. En vain celui-ci essaya-t-il de faire prolonger son permis de séjour. La reine lui fit répondre, aussi poliment que possible, qu'elle était enchantée de l'avoir vu arriver dans sa capitale, mais qu'elle serait ravie de l'en voir partir. On lui accordait, du reste, huit jours pour faire ses paquets, et on lui promettait des porteurs pour son palanquin, dès qu'il serait prêt à s'en retourner. Puis, en échange de ses présents, on lui faisait remettre un certain nombre de beaux lambas de soie, et on le prévenait que le gouverneur de Tamatave avait ordre de lui donner dix bœufs pour lui-même et vingt pour le gouverneur de Maurice.

En somme ce n'était pas trop mal faire les choses. M. Ellis se tint pour content,—il le dit du moins;— il remercia et fit ses préparatifs.

Le jour de la séparation avait été fixé au 26 septembre. Vers midi, tout était prêt; les officiers de la reine avaient pourvu à tout, et huit d'entre eux avaient été désignés pour accompagner le voyageur jusqu'à la côte, afin d'éviter les retards dans les district fiévreux.

« Vers une heure, écrit M. Ellis, le prince arriva et entra chez moi accompagné d'un des nobles de la ville et d'une suite nombreuse. La cour était pleine de monde. Le prince était plus grave que de coutume. Il parla beaucoup de ses préoccupations pour le peuple et de son chagrin des événements qui étaient arrivés. Cela, disait-il, lui déchirait le cœur. » M. Ellis se tait sur ces événements : peut-être s'agissait-il de rigueurs récentes contre les chrétiens ou de quelque exécution barbare. « Vers trois heures, nous nous levâmes pour partir, et le prince, alors, avec une bonté qui m'émut profondément, » — excellent M. Ellis ! — « me prit par la main, et, à travers la foule des officiers et du peuple, me conduisit jusqu'à mon palanquin. Dès que j'y fus assis, il monta dans le sien, ainsi que son jeune compagnon, et notre cortége se mit en route. Le peuple se pressait dans les rues étroites par lesquelles nous passions. Je reconnus dans la foule bien des visages amis. Quand nous atteignîmes la route, nous fûmes rejoints par deux autres nobles et la femme de l'un des amis du prince. La musique du prince nous attendait également en cet endroit. Elle commença à jouer quand nous approchâmes, et elle nous précéda le reste du trajet. Le prince ordonna à ses porteurs de tenir son palanquin tout près du mien, afin que nous pussions causer chemin faisant... La journée était belle, et nous continuâmes de la sorte jusqu'à Amboipo, village situé à 5 milles de la capitale, où il avait été convenu d'abord que je passerais la nuit. Une fois en plaine, un peu avant d'arriver au village, nous descendîmes tous. La dame qui nous avait accompagnés m'offrit un *lamba* de soie en souvenir de ma visite. Les officiers chargés de la direction du voyage furent d'avis qu'il serait mieux de pousser notre étape jusqu'à Bétafo, à 5 milles plus loin. Le prince ordonna alors à la musique de jouer l'air anglais du *God save the Queen*, que tout le monde écouta découvert. Il prit ensuite congé de moi d'une manière tout à la fois affectueuse et digne, ce que firent aussi les nobles et leurs compagnons, me recommandant à la protection de Dieu. Puis, m'ayant conduit à mon palanquin, après avoir dit au chef de musique de poursuivre avec moi jusqu'au lieu où je devais m'arrêter pour la nuit, le prince reprit avec sa suite le chemin de la capitale, et moi celui de Bétafo, où je trouvai mes bagages arrivés déjà. Là, je congédiai la musique; je fis à son chef un petit présent, et je m'organisai pour la nuit. Ainsi se terminèrent, ajoute M. Ellis, ma visite à la capitale de

Madagascar et mes rapports avec ses habitants. »

Le seul incident du voyage de M. Ellis à la côte fut la rencontre qu'il fit, entre Imerina et Béforana, de plusieurs Français se rendant à Tananarive. Le principal personnage était un médecin de la Réunion, le docteur Milhet-Fontarabie, dont nous avons eu plus haut l'occasion de citer la relation. Avec lui étaient deux missionnaires catholiques : l'un, le père Jouen, devenu depuis préfet apostolique de Madagascar ; l'autre, le P. Weber, qui l'accompagnaient tous deux en qualité d'aides-chirurgiens. A quelque distance venait un négociant français de Tamatave, M. Soumagne, que M. Ellis connaissait particulièrement.

Le 12 octobre, le voyageur se retrouva de nouveau à Tamatave. Tous les notables indigènes accoururent successivement chez lui pour voir les portraits des principaux personnages de la cour hova. La plupart se découvraient devant le portrait en pied du prince, et, prononçant son nom avec orgueil, ils ajoutaient : *Veloma Tompoko !* (Puissiez-vous vivre, seigneur !) Parmi les personnes qui vinrent ainsi, se trouvait Mme veuve de Lastelle, fille d'un des derniers chefs héréditaires des Betsimasarakas, et dont les ancêtres, jusque dans ces dernières années, avaient toujours regardé les ancêtres de Radama et la famille régnante des Hovas comme leurs inférieurs. « Madame de Lastelle, dit M. Ellis, regarda longtemps le portrait en pied de la princesse, et, quand elle l'eut bien examiné, elle s'écria : « Voilà donc ce que c'est que Rabodo ! » Le cœur humain est partout le même.

Le 18 novembre, au matin, M. Ellis quittait Tamatave à bord du *Castro*. Arrivé à Port-Louis le 2 décembre, il en repartit le 13 janvier suivant, à bord du steamer *England*. Après une passable traversée, pendant laquelle son navire eut le bonheur de sauver deux infortunés naufragés flottant au milieu de l'Océan sur un débris de mât, il débarquait en Angleterre le 20 mars 1857. Ce n'était pas toutefois pour y rester éternellement ; nous le verrons plus tard reparaître à Madagascar, champion plus actif que jamais des idées et des intérêts britanniques.

XIV.

Retour de M. Lambert à Tananarive (mai 1857). — Le complot. — Les *priants* et les *religionnaires*. — Influence occulte. — Un traître. — Mesures de sûreté prises par Rainizair. — Grand kabar. — Exécutions sanglantes. — Procès des étrangers. — Expulsion et confiscation.

Nous n'avons pas voulu interrompre l'analyse des « visites à Madagascar » du missionnaire méthodiste autrement que pour compléter, par des emprunts faits à d'autres écrivains, le tableau qu'il nous trace de la grande île africaine et des Hovas, ses dominateurs. Les réflexions que nous y avons intercalées souvent nous étaient commandées par la nécessité de redresser des aperçus par trop anglais de la situation telle que la comprenait l'écrivain britannique. Nous allons maintenant reprendre le récit des faits où nous l'avons laissé, c'est-à-dre au moment où Rakoto, désespéré des crimes commis journellement par le parti dominant à la cour, et décidé à sauver les Madécasses du joug de fer qui pesait sur eux, avait envoyé

M. Lambert en France solliciter la protection effective de l'Empereur.

Ceci se passait, nous l'avons dit, en 1856 ; et nous avons dit aussi comment, malgré le bienveillant accueil fait à Paris à l'envoyé du prince hova, la mission n'avait pas eu le succès qu'en espéraient ses promoteurs, et comment, sur ces entrefaites, la Société des Missions de Londres, appuyée par le gouvernement d'Angleterre, s'était hâtée de dépêcher à Madagascar le révérend William Ellis, pour brouiller les cartes et empêcher à tout prix la réussite des projets de M. Lambert et de ses amis. La pieuse compagnie, remarque Mme Pfeiffer, craignait, en voyant la France prendre pied à Madagascar, de voir aussi le catholicisme se développer dans l'île, « malheur naturellement beaucoup plus grand pour les habitants que d'être gouvernés par une femme aussi cruelle que la reine Ranavalo, qui se joue de la vie des hommes... M. W. Ellis prouva malheureusement, en cette occasion, que les missionnaires anglais, quand il s'agit d'arriver à leurs fins, s'entendent parfaitement à fausser la vérité et à se servir d'artifices de tout genre (1). »

Le voyage du missionnaire méthodiste, ce voyage dont la relation affecte tant d'éloignement pour

---

(1) Ida Pfeiffer, trad. Suckau, ouv. cité.

tout ce qui pourrait toucher directement à la politique, devait porter ses fruits, nous le verrons plus tard. Pour le moment toutefois, malgré son argent et ses cadeaux, M. Ellis ne réussit pas à faire accepter le traité de commerce et d'alliance qu'il proposait. Tandis que la mission de M. Lambert échouait en France, le gouvernement de Ranavalo poussait la tyrannie à ses dernières limites contre les malheureuses populations de Madagascar. La « notice historique » de M. Riaux, tant de fois citée déjà dans les pages qui précèdent, fait, d'après des documents dignes de foi, un poignant tableau de la terreur qui, en mars et avril 1857 particulièrement, régnait à Tananarive. Chaque jour, le chiffre des exécutions augmentait. « A la moindre dénonciation d'un ennemi, dit une lettre d'un témoin oculaire, l'accusé est un homme perdu ; on l'exécute sans même l'avertir du motif de sa condamnation... Le prince Rakoto en sauve beaucoup ; mais il ne peut suffire à tout, d'autant plus que les gardiens de ceux qui ne sont pas exécutés sur-le-champ répondent sur leur tête du prisonnier. » Il ne faut pas oublier que la confiscation des biens était l'indispensable corollaire des condamnations, et que les femmes et les enfants des victimes étaient vendus comme esclaves.

Ce fut au moment où les cruautés de Ranavalo paraissaient avoir comblé la mesure, que M. Lambert revint d'Europe. Le 30 mai 1857, il rentrait à Tananarive, après une absence de près de deux ans. La célèbre voyageuse allemande Mme Pfeiffer, qui avait fait avec lui le trajet du Cap à Maurice, l'accompagnait, ne se doutant pas qu'elle allait se trouver impliquée bientôt dans une conspiration politique. M. Lambert arrivait à Madagascar porteur de riches cadeaux pour la reine et le prince Rakoto. Jamais Européen n'eut une réception plus brillante. Le prince et ses partisans voyaient en lui un sauveur. Grand fut leur désappointement quand ils surent qu'il n'y avait, pour le moment, aucune aide à espérer de la France. La situation était telle, qu'attendre ou reculer était également impossible. « Le prince et ses amis se résolurent à agir avec leurs propres forces, à leurs risques et périls (1). »

Le projet fut alors arrêté entre eux de s'emparer ou de se défaire, à un moment donné, du vieux ministre Rainizair, l'âme du gouvernement et l'instigateur des cruautés de Ranavalo, puis d'amener la reine à abdiquer en faveur de Rakoto, ce qui n'eût point été difficile, la vieille souveraine ayant voulu plusieurs fois déjà présenter son fils au peuple

---

(1) Riaux. *Voir,* dans le *Voyage à Madagascar* de Mme Ida Pfeiffer, les différentes péripéties de ce complot et ses suites sastreuses.

comme son successeur, mais ayant toujours été retenue par des idées superstitieuses.

Il existait à Madagascar deux partis désignés, l'un sous le nom des *priants*, entièrement composé de chrétiens méthodistes ; l'autre sous le nom des *religionnaires* ou hommes de la prière, parti plus exclusivement politique, et dont les membres aspiraient avant tout à un meilleur ordre de choses. Les religionnaires se chargèrent de l'exécution du complot, promettant qu'il n'y aurait pas de sang de versé. Rakoto tenait à rester en dehors de l'action, et le rôle de MM. Lambert et Laborde devait se borner à veiller à la sûreté personnelle du prince.

M. Ellis, en repartant pour l'Angleterre, n'avait pas vu sans inquiétude l'influence française se développer chaque jour davantage, grâce à MM. Laborde et Lambert. « La présence des missionnaires catholiques à Tananarive, écrit le Père H. de Régnon (1), était pour lui une préoccupation grave ; la cause de la France et celle du catholicisme étaient intimement unies, il le savait bien, dans la pensée des hommes qui se dévouaient à l'avenir du peuple madécasse. » En quittant Madagascar, M. Ellis avait conservé, comme on dit, des intelligences dans la place. Au moment du retour de M. Lambert, un autre ministre métho-

---

(1) *Madagascar et le roi Radama II,* ouv. cité.

diste se rendait de Maurice à Tamatave, et échangeait une correspondance active avec les *priants* d'Emirne.

Les *religionnaires protestants*, travaillés à leur tour par la même influence, reçoivent, au moment décisif, des conseils perfides : leur tentative, leur persuade-t-on, n'aboutira qu'à établir le catholicisme à Tananarive et à y assurer l'influence française. Bref, un temps précieux s'écoule en pure perte; l'heure d'agir venue, le courage manque aux chefs, le signal n'est pas donné et la conspiration avorte misérablement.

L'affaire toutefois semble se renouer; mais l'indécision des chefs madécasses persiste, et, pour comble de malheur, M. Lambert est malade des fièvres de la côte. Cependant la crise finale approchait. « Le 29 juin, au soir, écrit le père H. de Régnon, celui des *priants* qui avait inspiré à M. Ellis et à son collègue le révérend Lebrun, de Maurice, le plus de confiance, puisqu'il s'était fait conférer par eux le titre de ministre méthodiste, se présente à Rainijoary (Rainizair), et dénonce ses compagnons, ses ouailles : il les accuse de prier, de baptiser, de prêcher. Il ajoute qu'ils veulent établir une république et affranchir les esclaves; il complète sa déposition en affirmant que les blancs sont à la tête de ces menées; que Rainijoary sera la première victime du complot; que sa tête a été mise à prix.—Pendant ce temps, les missionnaires catholiques, qu'on a représentés comme affiliés à cette tentative, résidaient à Soatsimanampiovana (1); non-seulement ils n'entraient point dans le mouvement, mais, afin de demeurer complétement étrangers à ces agitations, ils avaient été chercher à huit lieues de la ville des malades à soigner. »

Aussitôt la révélation du complot, le palais reçut un renfort considérable de troupes. Certes, la volonté de sévir ne manqua pas au vieux ministre, mais la prudence l'obligea à modérer sa soif de vengeance et son courroux.

Dans un grand kabar convoqué le lendemain 30 juin, le peuple fut informé que les *priants*, malgré la défense de la reine, s'étaient rassemblés pour prier et baptiser, et qu'ils avaient reçu des étrangers de l'argent pour renverser le gouvernement de Ranavalo. En conséquence, dix des chefs de la secte proscrite étaient désignés à la justice expéditive et sommaire de l'assemblée. En outre, tous ceux qui avaient assisté à leurs réunions devaient, pour avoir la vie sauve, venir s'accuser eux-mêmes et se mettre à la discrétion de la reine.

---

(1) Le village fondé par M. Laborde, et où étaient ses usines et sa demeure principale.

« Rakotond avait prévenu les *priants*. La plupart se cachèrent ; 300 avaient disparu de Tañanarive avant l'assemblée du peuple; un village situé à quatre lieues de la capitale et composé de 19 feux avait fui tout entier. Mais plusieurs individus, faisant bravement et hautement le sacrifice de leur vie, indignés de la lâcheté et de la trahison des autres, dégoûtés de l'horrible spectacle qu'ils avaient sous les yeux, voulurent se livrer eux-mêmes ; on les condamna de suite, et tous ils montrèrent en marchant au supplice et dans les tortures un courage héroïque. Ils ne dénoncèrent personne et édifièrent le peuple, accouru en foule sur leur passage, par des cantiques que la mort seule arrêta sur leurs lèvres (1). »

Le tour des étrangers vint bientôt. Environnés d'espions, il ne leur fut plus possible de quitter la maison de M. Laborde. On avait d'abord songé à les faire périr ; mais leur ami, le prince Rakoto, sut si bien persuader à sa mère que M. Lambert était un agent secret du gouvernement français, qu'on se borna pour eux à l'épreuve du tanghin… faite à leur adresse sur des poulets. Toutefois Rainimonja, le frère de Rainizair, se rappelant à propos les soins qu'il avait reçus du P. Joseph Weber, l'aide du docteur Milhet-Fontarabie, et présenté à la cour

(1) Riaux, ouvr. cité.

comme chirurgien, recommanda au *lampi-tanguine* d'épargner le volatile chargé de représenter cet accusé. A l'exception donc du poulet du P. Weber, toutes les autres volailles succombèrent, et naturellement tous les autres accusés furent déclarés coupables, y compris la pauvre Mme Pfeiffer.

Le 17 juillet, les juges, accompagnés de nobles, d'officiers et de soldats, vinrent encombrer la cour de M. Laborde et requérir les étrangers (1) d'avoir à entendre la sentence prononcée contre eux. Par cette sentence, la reine, déclarant user de clémence, faisait grâce de la vie aux blancs ; mais elle les expulsait à tout jamais de ses Etats. Une heure leur était accordée pour se préparer au départ. Par une faveur spéciale, une journée tout entière était donnée à M. Laborde, dont tous les biens, d'ailleurs, étaient déclarés appartenir à la reine. Ranavalo fit rendre à M. Lambert les cadeaux qu'il avait apportés : on craignait qu'ils ne fissent un titre au profit de la France. Néanmoins la restitution ne fut pas complète : nombre d'objets avaient disparu. Il est probable que des officiers et autres employés,

---

(1) MM. Marius Arnaud et Goudot, fixés depuis longues années à Madagascar, où ils avaient des exploitations importantes; M. Laborde ; M. Lambert et son soi-disant secrétaire, le P. Finaz; et enfin Mme Ida Pfeiffer.

les trouvant à leur convenance, s'étaient dit que ce qui est bon à prendre est bon à conserver.

L'heure fixée pour le départ des exilés ne fut pas heureusement observée à la lettre. Les porteurs et les hommes d'escorte ne purent être réunis qu'assez tard, et c'est le lendemain seulement, 18 juillet, que le premier convoi se mit en route. La distance de 24 heures devait être scrupuleusement maintenue, durant tout le trajet, entre MM. Lambert et consorts, et leur ami M. Laborde et sa famille.

Le 17, au soir, le prince Rakoto, que sa mère avait constamment gardé auprès d'elle, sans qu'il pût s'éloigner du palais, s'échappa, déguisé en esclave, pour aller dire un dernier adieu à ses amis. On devine ce que fut cette entrevue. Le prince se désolait de n'avoir rien pu obtenir pour eux, et son dernier mot, en les quittant, fut celui-ci : « Défiez-vous des Anglais ! défiez-vous des Anglais ! » Puis il supplia de nouveau M. Lambert, s'il réchappait, d'aller derechef implorer le secours de l'Empereur.

Il suffisait d'une dizaine de jours de marche pour franchir la distance de Tananarive à Tamatave. Mais Rainizair avait ses vues. L'escorte reçut les ordres les plus sévères, et l'on imposa aux bannis un voyage de cinquante-deux jours, le ministre comptant sur les ravages de la fièvre pour compléter son œuvre et assouvir sa soif de vengeance. Ils purent toutefois résister au mal. « Arrivés à Tamatave le 11 septembre, les exilés de la première catégorie s'embarquèrent trois jours après. M. Laborde, qui les avait rejoints avant d'entrer dans ce port, y resta encore quinze jours avec une autorisation..... Aussitôt que M. Laborde, qu'on redoutait le plus, eut quitté Tananarive, le gouverneur hova confisqua tous ses biens, toutes ses propriétés, ainsi que les propriétés et les noirs de la succession de M. de Lastelle. Ainsi finit cette entreprise avortée ; rien ne vint plus troubler le despotisme de Ranavalo, ni la domination du jongleur Rainijoary (1). »

(1) Riaux, ouvr. cité.

XV.

Mort de Ranavalo. — Ramboasalama et Rakoto. — Rakoto proclamé roi sous le nom de Radama II (15 août 1861).— Rappel de MM. Laborde et Lambert. — Réformes radicales. — Mission du capitaine de frégate B. de Corbigny. — Reconnaissance de Radama II par le gouvernement français. — M. Laborde consul de France à Madagascar. — Circulaire adressée à toutes les ambassades de Paris par M. Lambert, au nom de Radama II, roi de Madagascar.

M. Lambert retourna plusieurs fois en France; mais la fatalité devait toujours entraver le succès de ses démarches. Au moment où la question de Madagascar semblait avoir fait un pas heureux, la question d'Italie éclatait, et devant les grandes préoccupations de la politique européenne, tous les autres intérêts s'effaçaient pour le moment.

M. Laborde, qui s'était d'abord retiré à la Réunion, finit par obtenir du gouvernement hova l'autorisation de se fixer à Tamatave, mais sans pouvoir jamais remonter à Tananarive.

Enfin, dans la nuit du 14 au 15 août 1861, la mort vint mettre un terme au long et terrible règne de Ranavalo.

Cet événement fut encore l'occasion d'une lutte dans le palais. Deux partis étaient en présence : celui de Rakoto, le fils de la reine, qui réunissait tous les hommes intelligents et amis du progrès, et celui de Ramboasalama ou Ramboussalam, neveu de Ranavalo, lequel s'appuyait sur le vieux parti hova, ennemi de tout contact avec les étrangers. Les droits que prétendait faire valoir Ramboussalam reposaient sur ce fait que Radama 1er, n'ayant pas d'enfant mâle, avait, quelque temps avant sa mort, présenté au peuple comme son successeur désigné, son neveu, le même Ramboussalam, alors enfant.

« Dans cette nuit d'angoisses, on vit Ramboussalam entrer plusieurs fois au palais, et, toujours armé, épiant le moment de se défaire de son cousin. Mais cet homme, d'un caractère naturellement lâche et cruel, n'eut pas le courage d'accomplir ses sinistres desseins. Il se laisse surprendre, et pendant qu'on se saisit de sa personne, les conjurés du parti de Rakoto entraînent le fils de la reine sur le balcon et le présentent au peuple qui, à un signal donné, avait été appelé dans la cour du palais. Au milieu même de la nuit, Rakoto est proclamé roi (sous le nom de

Radama II), après une allocution qu'un des chefs adresse au peuple. Cette manifestation eut toutes les suites désirables : on vit, pour la première fois à Madagascar, un avénement de souverain hova se passer sans aucune effusion de sang. Ramboussalam eut la vie sauve, ainsi que Rainizair ; on les interna à huit lieues de Tananarive (1). » Le premier ne survécut pas longtemps à son exil : il mourut le 21 avril suivant.

Le règne de Radama II inaugura à Madagascar une ère nouvelle. Naturellement, un des premiers soins du nouveau monarque fut de rappeler auprès de lui ses fidèles amis, MM. Laborde et Lambert. Ordre fut donné de mettre en liberté les individus emprisonnés sous le règne précédent. La peine de mort fut abolie (mesure un peu hâtive peut-être, mais qui s'explique par l'horreur qu'avait conçue Rakoto des exécutions iniques au milieu desquelles il avait été jusque-là forcé de vivre). L'épreuve par le tanghin fut supprimée, et les lois qui, dans certains cas, autorisaient et même ordonnaient de mettre en vente des personnes libres, furent abrogées. Le régime de la corvée fut profondément modifié à l'avantage des populations. Les chrétiens purent pratiquer ouvertement leur religion. Pour relever le

---

(1) L. Lacaille, ouvr. cité.

commerce, les droits de douanes furent provisoirement suspendus, et l'accès de l'île, dans toutes ses parties, fut laissé libre pour tous les étrangers, sans autorisation préalable.

Les Anglais se hâtèrent de profiter des bonnes dispositions du nouveau roi. Le gouverneur de Maurice dépêcha, dès le mois de septembre, une députation à Radama II, pour le féliciter de son avénement. De son côté, la France envoya à Madagascar le capitaine de frégate Brossard de Corbigny. Cet officier trouva à Tamatave le fils de M. Laborde, chargé de l'accompagner à Tananarive. Parti pour la capitale hova le 8 février 1862, M. de Corbigny y resta jusqu'en avril et revint, paraît-il, très-satisfait des résultats de sa mission.

Le gouvernement français ne fit pas difficulté pour reconnaître Radama II, et il le reconnut non pas seulement comme roi des Hovas, mais comme roi de l'île de Madagascar, *sous la réserve des droits de la France*. Quelle sera la portée de cette réserve ? c'est ce que le temps seul pourra nous apprendre.

Un consul chargé de protéger les intérêts de nos nationaux et de soutenir notre politique a été accrédité à Tananarive. Le choix du gouvernement de l'Empereur pour remplir ce poste important s'est immédiatement fixé sur M. Laborde, l'ami et en quelque sorte le précepteur de Radama et l'homme le mieux au courant des choses de Madagascar, en même temps que le plus dévoué aux intérêts français dans la grande île africaine.

« Après la reconnaissance de la France, dit M. Riaux, celle d'aucun gouvernement ne pouvait faire question; et M. Lambert, l'heureux et courageux envoyé de Radama II, a pu adresser la lettre suivante, en date du 7 avril 1862, publiée par les journaux, à toutes les ambassades de Paris :

« J'ai l'honneur d'informer Votre Excellence que
» j'ai été chargé par S. M. Radama II de faire con-
» naître aux gouvernements de l'Europe son avé-
» nement au trône, et son vif désir d'entretenir
» avec eux les relations les plus amicales. J'ai reçu
» également mission de faire savoir que le royaume
» de Madagascar est ouvert au commerce de toutes
» les nations, et que l'ordre a été donné aux gou-
» verneurs des différentes provinces de protéger en
» toutes circonstances les personnes et les biens
» des étrangers qui voudraient se fixer dans le pays
» ou y faire le négoce. »

« Que sortira-t-il de la situation actuelle? ajoute le même écrivain, en terminant sa remarquable *Notice historique*, datée de Paris, 1er mai 1862. Madagascar est maintenant un gouvernement indépendant. La France, qui seule aurait des droits sérieux et positifs à faire valoir, semble vouloir, pour le moment, ne rechercher que d'excellents rapports avec cette grande terre, à la possession exclusive de laquelle elle aspira pendant plus de deux siècles. Cette indépendance sera-t-elle favorable à Madagascar, ou plutôt ne faut-il pas craindre, en y réfléchissant bien, que les Européens se décideront difficilement à risquer leurs capitaux, leur industrie, leur fortune, dans un pays riche, assurément, des plus beaux dons de la nature, mais où le despotisme le plus absolu est encore le seul mode de gouvernement? Ne craindront-ils pas, en l'absence de tout protectorat européen, qui ne serait, par la force des choses, qu'une garantie pour leurs droits et leurs intérêts, un de ces revirements subits qui changent brusquement la face des affaires dans ces latitudes éloignées, chez ces populations si différentes des sociétés européennes, et amènent des désastres et des ruines où l'on espérait une ample moisson de richesses et de produits? Graves questions, que les politiques et les hommes d'Etat peuvent débattre, et que l'avenir seul résoudra (1). »

(1) Riaux, ouvr. cité.

XVI.

Couronnement de Radama II.—Mission du commandant Dupré.—Mission anglaise.—La fête de l'Empereur à Tananarive.—Le consul anglais.—Encore M. Ellis.—Arrivée de M. Lambert.—Le traité.—Confirmation de la charte Lambert.—Cérémonie du couronnement.—Départ de la mission française.—Progrès du catholicisme.

Le couronnement du roi de Madagascar avait été annoncé pour la fin de juillet 1862 (1). La France et l'Angleterre tinrent à y être représentées. Le capitaine de vaisseau Dupré, commandant de la division navale des côtes occidentales d'Afrique, désigné par le ministre pour représenter le gouvernement français à cette cérémonie, arrivait le 5 juillet en rade de Tamatave, à bord de la frégate l'*Hermione*, avec le personnel de la mission (2).

---

(1) Plusieurs fois retardée, la cérémonie n'eut lieu que le 23 septembre.

(2) La dépêche ministérielle autorisait le commandant

MISSION DU COMMANDANT DUPRÉ. 283

Le 28 juillet nos compatriotes entraient dans Tananarive, et, dès le lendemain, le roi faisait exprimer au commandant Dupré et à ses compagnons de voyage l'impatience qu'il avait de les voir. La réception officielle eut lieu deux jours après. Radama fut ravi de l'entrevue et des assurances de sympathie que le commandant Dupré lui apportait au nom de la France ; aussi, après le départ de ses hôtes, ne cessait-il de répéter : « Voilà donc ces Français qu'on me représentait obstinément comme

Dupré à se faire accompagner à Tananarive par un certain nombre d'officiers de la division navale ou par d'autres personnes à son choix. M. Dupré choisit deux lieutenants de vaisseau de l'*Hermione* ; M. de Ferrières, M. Dewatre, son aide de camp, un jeune chirurgien, M. Capitaine, le commandant particulier de l'île Sainte-Marie, le révérend Père Jouen, préfet apostolique de Madagascar, et M. Soumagne, négociant français de Tamatave, chargé plus tard des fonctions d'agent consulaire de France dans ce port. Le gouverneur de la Réunion avait, de son côté, désigné le lieutenant-colonel Lesseline, les capitaines Mazières et Prudhomme, et le docteur Vinson. M. Charles Richard, délégué de la chambre de commerce de Saint-Denis, ne put partir que plus tard ; il rejoignit la mission à Tananarive à la fin d'août avec MM. Marius Arnaud et Lambert.

Voir, pour tous les détails de cette mission et de son séjour dans la grande île, l'intéressante relation du capitaine Dupré, intitulée *Trois Mois de séjour à Madagascar*, souvent citée dans les pages qui précèdent et à laquelle nous ferons encore plus d'un emprunt.

mes ennemis ! Vous avez entendu ce que leur Empereur me fait dire ? Si ce sont là des ennemis, où sont donc mes amis ? »

A partir de ce moment, les relations les plus cordiales s'établirent entre le roi et les Français. Toutefois l'arrivée, sur ces entrefaites, de la mission anglaise, vint mettre une espèce de contrainte dans les rapports officiels. «,Radama, dit le commandant Dupré, s'étudiait évidemment à tenir la balance aussi égale que possible entre les officiers des deux nations, lorsqu'ils se trouvaient réunis en sa présence. Dès qu'il était seul avec les nôtres, il reprenait le laisser-aller qui lui est naturel ; je sais qu'il en agissait de même avec les officiers anglais, lorsqu'il n'avait plus à craindre d'éveiller la jalousie des Français. »

Le lendemain du jour de l'entrée de la mission anglaise à Tananarive, le roi envoya prévenir le commandant français qu'il avait autorisé le chef de cette mission, le général Johnstone, à hisser le pavillon de la Grande-Bretagne sur la maison qu'il habitait ; il désirait savoir ce que, de son côté, le commandant Dupré voulait faire. Celui-ci répondit que, presque à la veille de la fête de l'Empereur, il croyait préférable d'attendre au 15 août pour arborer le drapeau de la France.

Laissons ici la parole au digne commandant.

« M. Laborde, pendant ce temps, dit-il, s'occupait, avec son activité accoutumée, des préparatifs de la fête, à laquelle le roi et la reine s'étaient spontanément invités. Depuis l'incendie de sa maison, il était logé très à l'étroit; il avait donc été convenu entre nous que la réunion aurait lieu dans une maison de campagne qui lui appartenait, et qui est située au pied de la colline sur laquelle est bâtie Tananarive. Avant 10 heures, tous les membres de la mission, en grande tenue, étaient rassemblés au consulat, où se rendait un détachement de la garde avec la musique. A 10 heures précises, le pavillon français était solennellement arboré à Tananarive, aux cris enthousiastes de vive l'Empereur; les troupes présentaient les armes, les tambours battaient au drapeau, tandis qu'une salve de 21 coups de canon saluait nos couleurs et annonçait à la population la fête de l'Empereur des Français. Nous étions tous profondément émus; mais que pouvait être notre émotion comparée à celle de l'homme qui, après plus de la moitié de sa vie passée sur la terre malgache, voyait en ce moment son vœu le plus cher enfin réalisé! Il pleurait, me serrait les mains avec effusion, et, muet de joie, il me remerciait de son regard attendri. »

Bientôt arriva le cortége royal. Le roi, la reine et leur suite assistèrent à la messe, dite par les missionnaires catholiques, et plus tard au banquet organisé pour la circonstance. Le général Johnstone, que ses scrupules religieux avaient empêché d'assister à la messe, prit place au banquet avec les membres de la mission anglaise. Nous ferons grâce au lecteur des toasts et des discours ; nous dirons simplement que la plus grande cordialité ne cessa de présider à cette réunion et qu'on se sépara très-satisfaits.

Ici se place, dans la relation du commandant Dupré, un épisode qui mérite d'être rapporté.

Le 16 août avait eu lieu l'entrée officielle du consul anglais, M. Th. Pakenham, et, deux jours plus tard, la réception de ce fonctionnaire par le roi. L'accueil royal, paraît-il, avait été froid. D'injustes préventions avaient été inspirées au roi par quelques-uns des compatriotes de M. Pakenham. Celui-ci vint confier sa déconvenue au commandant Dupré, qui lui promit de tout faire pour éclairer le roi sur ces manœuvres.

« Notre adversaire commun, dit le commandant Dupré, était un homme dont il est impossible de ne pas prononcer le nom, quelque répugnance qu'on éprouve à le faire, lorsqu'on a à parler de Madagascar et de Tananarive. C'est l'agent des missions méthodistes, M. Ellis. »

A la nouvelle de la mort de Ranavalo, l'ardent

missionnaire anglais s'était remis en route pour Madagascar, et il était arrivé à Tananarive au printemps de 1862. Là, ses intrigues avaient recommencé de plus belle, et il avait pris même quelque influence sur l'esprit du roi, auquel il expliquait la Bible et qu'il s'efforçait avant tout d'éloigner de la France, en lui inspirant des craintes sur les projets de l'Empereur. Naturellement, M. Ellis avait vu arriver la mission française avec un sentiment d'intense jalousie : « ses mauvais sentiments se traduisaient surtout par des calomnies sourdement semées parmi les nombreux prosélytes que les méthodistes se sont faits à Tananarive depuis plus de 40 ans, calomnies qui de là se propageaient avec une incroyable facilité dans le peuple entier. »

Deux incidents contribuèrent à augmenter la haine du révérend *clergyman*, surtout le suivant : Rabodo, qui n'a pas d'enfant, avait adopté, en 1856, à la mort de sa mère, un petit garçon nommé Ratahiri, descendant par son père et sa mère d'Andrianampouine, le fondateur de la puissance hova. Cet enfant, promis par la princesse, dès 1856, aux instituteurs catholiques, fut d'abord confié aux écoles méthodistes, les premières ouvertes après la mort de Ranavalo. Le 15 août, Rabodo, se souvenant de sa promesse, prévint le P. Finaz qu'elle allait lui envoyer le jeune Ratahiri, ce qu'elle fit, en effet, quelques jours après. M. Ellis jeta les hauts cris et décida le général Johnstone à s'associer à ses démarches auprès du roi, pour se faire rendre l'enfant. Le roi répondit que la reine était seule maîtresse de disposer de son fils adoptif, et Ratahiri resta aux missionnaires français (1). Dès lors, la colère de M. Ellis ne connut plus de bornes, et rien ne l'arrêta plus dans ses menées.

« Tel est cet homme, dont je n'ai que trop longuement parlé, ajoute le commandant Dupré ; son but est évidemment de faire éliminer du pays tous les Français, et de ruiner la légitime et salutaire influence de M. Laborde. Si jamais il parvenait à se débarrasser de nous, il se retournerait probablement contre ses compatriotes, pour ne garder à Tananarive que des gens de sa secte, avec lesquels il voudrait régner sur Madagascar. La visée est ambitieuse, et dépasse la portée d'un homme dont les intrigues ne sont dangereuses que par la grande quantité d'argent dont il dispose, et qui lui procu-

---

(1) Il est bon de remarquer que le roi n'avait d'autre enfant qu'un fils qu'il avait eu de sa favorite Marie, mais qui à cause de la condition de sa mère, née esclave, se trouvait exclu du trône. Or, à défaut d'héritier direct, un enfant adopté par la reine, et issu par son père et sa mère de souche royale, pouvait un jour devenir un héritier présomptif. — *Voy.* Dupré, p. 218.

rera toujours de nombreux adhérents dans le pays (1). »

Il est probable que, renseigné par ses correspondants de Maurice sur le caractère du nouveau consul britannique, le missionnaire anglais prévoyait qu'il ne pourrait compter sur le concours de cet agent pour l'aider dans ses ténébreuses intrigues. Voilà pourquoi M. Pakenham, dès son arrivée, s'était trouvé desservi à la fois auprès des Hovas et auprès de ses compatriotes : ce qui l'avait obligé de se rapprocher de nos nationaux.

Sur ces entrefaites, arriva M. Lambert, accompagné d'un certain nombre de Français. Il revenait d'Europe, où il avait accompli heureusement, auprès de différentes cours, la mission que Radama lui avait confiée, de faire reconnaître son gouvernement et de lui ménager des relations amicales.

Inutile d'ajouter que la réception préparée par le roi à son ambassadeur fut des plus brillantes.

Le commandant Dupré avait été chargé de soumettre au roi un projet de traité d'amitié et de commerce. La conclusion de ce traité, plus avantageux assurément pour le roi que pour la France, n'eut pas lieu sans de nombreuses hésitations de la

(1) Dupré, ouvr. cité, p. 220-221.

part de Radama. On était aux premiers jours de septembre, et les difficultés avaient fini par s'accumuler si bien, que, le 9, le plénipotentiaire français se rendit au palais avec l'intention de retirer son projet. « J'eus avec le roi, raconte à ce sujet le commandant Dupré, un long entretien, sans autre témoin que le commandant en chef et M. Laborde, qui me servait d'interprète. Pressé par mes arguments, Radama m'avoua que M. Ellis avait fait tous ses efforts pour le détourner de conclure ce traité. Je le laissai indécis encore en apparence, mais tout disposé au fond à renouer (1). »

En effet, dans l'après-midi du même jour, le roi fit savoir qu'il acceptait le traité proposé, et fixait au 12 septembre la signature de cet acte solennel, cérémonie à laquelle il convia la mission anglaise (2).

(1) Dupré, ouvr. cité, p. 225.

(2) Voici ce traité tel que le l'a publié le *Moniteur*, quelques jours après sa ratification (11 avril 1863) :

« Art. 1er. Il y aura paix constante et amitié perpétuelle entre S. M. l'Empereur des Français, ses héritiers et successeurs, d'une part, et S. M. le roi de Madagascar, ses héritiers et successeurs, d'autre part, et entre les sujets des deux Etats, sans exception de personnes ni de lieux.

» Art. 2. Les sujets des deux pays pourront librement entrer, résider, circuler, commercer dans l'autre pays, en se conformant à ses lois; ils jouiront respectivement de tous les priviléges, immunités, avantages accordés dans ce pays aux sujets de la nation la plus favorisée.

Le commandant Dupré profita du moment de la signature du traité pour demander au roi si, dans

» Art. 3. Les sujets français jouiront de la faculté de pratiquer ouvertement leur religion. Les missionnaires pourront librement prêcher, enseigner, construire des églises, séminaires, écoles, hôpitaux et autres édifices pieux où ils le jugeront convenable, en se conformant aux lois du pays; ils jouiront de droit de tous les priviléges, immunités, grâces ou faveurs accordés à des missionnaires de nation ou de secte différente. Nul Malgache ne pourra être inquiété au sujet de la religion qu'il professera, en se conformant aux lois du pays.

» Art. 4. Les Français auront la faculté d'acheter, de vendre, de prendre à bail, de mettre en culture et en exploitation des terres, maisons et magasins dans les Etats de S. M. le roi; ils pourront choisir librement et prendre à leur service, à quelque titre que ce soit, tout Malgache non esclave et libre de tout engagement antérieur, ou traiter avec les propriétaires pour s'assurer les services de leurs esclaves; le propriétaire, dans ce cas, sera responsable de l'exécution du traité. Les baux, contrats de vente et d'achat, d'engagement de travailleurs, seront passés par actes authentiques par-devant les magistrats du pays et le consul de France, et leur stricte exécution garantie par le gouvernement.

» Nul ne pourra pénétrer dans les établissements, maisons ou propriétés possédés ou occupés par des Français ou par des personnes au service des Français, ni même les visiter, sans le consentement de l'occupant, à moins que ce ne soit avec l'intervention du consul.

» Art. 5. Les Malgaches au service des Français jouiront de la même protection que les Français eux-mêmes; mais si lesdits Malgaches étaient convaincus de quelque crime le but de donner plus d'authenticité à la charte que depuis longtemps il avait accordée à M. Lambert

ou infraction punissable par la loi de leur pays, ils seraient livrés par l'intervention du consul à l'autorité locale.

» Art. 6. Les Français ne pourront être retenus contre leur volonté dans les Etats du roi, à moins qu'ils ne soient convaincus de crime.

» Art. 7. Les Français voyageant dans l'intérêt de la science, géographes, naturalistes et autres, recevront des autorités locales toute la protection et l'aide susceptibles de favoriser l'accomplissement de leur mission.

» Le gouvernement de l'Empereur s'engage à fournir au roi de Madagascar les instructeurs militaires, ingénieurs civils, conducteurs de travaux qui lui seront demandés.

» Art. 8. Les hautes parties contractantes se reconnaissent le droit réciproque d'avoir un agent politique résidant auprès de chacune d'elles, et celui de nommer des consuls ou agents consulaires partout où les besoins l'exigeront.

» Cet agent politique, ces consuls et agents consulaires jouiront des mêmes droits et prérogatives qui pourront être accordés aux agents de même rang de la puissance la plus favorisée; ils pourront arborer le pavillon de leur nation respective sur leur habitation.

» Art. 9. Les autorités dépendant du roi n'interviendront pas dans les contestations entre Français, ou entre Français et autres sujets chrétiens.

» Dans les différends entre Français et Malgaches, la plainte ressortira au consul et au juge malgache jugeant ensemble.

» Dans les différends de ce genre, la déposition d'un individu convaincu de faux témoignage dans une précédente occasion, sera récusée, à moins qu'il ne soit prouvé qu'il dit la vérité.

(pour l'exploitation, par une compagnie, des richesses agricoles, végétales, minérales, etc., de

» Art. 10. L'autorité locale n'aura aucune action à exercer sur les navires de commerce français, qui ne relèvent que de l'autorité française et de leurs capitaines. Toutefois, en l'absence de bâtiments de guerre français, les autorités malgaches devront, si elles en sont requises par un consul ou agent consulaire français, lui prêter main-forte pour faire respecter son autorité par ses nationaux, pour rétablir et maintenir la concorde et la discipline parmi les équipages des navires de commerce français.

» Si des matelots ou autres individus désertent leur bâtiment, l'autorité locale fera tous ses efforts pour découvrir et remettre sur-le-champ le déserteur entre les mains du requérant.

» Art. 11. Si un Français fait faillite à Madagascar, le consul de France prendra possession de tous les biens du failli et les remettra à ses créanciers pour être partagés entre eux.

» Cela fait, le failli aura droit à une décharge complète de ses créanciers. Il ne saurait être ultérieurement tenu de combler son déficit, et l'on ne pourra considérer les biens qu'il acquerra par la suite comme susceptibles d'être détournés à cet effet.

» Mais le consul de France ne négligera aucun moyen d'opérer, dans l'intérêt des créanciers, la saisie de tout ce qui appartiendra au failli dans d'autres pays, et de constater qu'il a fait l'abandon, sans réserve, de tout ce qu'il possédait au moment où il a été déclaré insolvable.

» Art. 12. Si un Malgache refuse ou élude le payement d'une dette envers un Français, les autorités locales donneront toute aide et facilité au créancier pour recouvrer ce qui lui est dû; et, de même, le consul de France don-

Madagascar), il consentirait à la signer de nouveau publiquement, et à la faire contre-signer et sceller

nera toute assistance aux Malgaches pour recouvrer les dettes qu'ils auront à réclamer des Français.

» Art. 13. Les biens d'un Français décédé à Madagascar, ou d'un Malgache décédé sur territoire français, seront remis aux héritiers ou exécuteurs testamentaires ou, à leur défaut, au consul ou agent consulaire de la nation à laquelle appartenait le décédé.

» Art. 14. Les navires français jouiront de plein droit, dans les ports de Madagascar, de tous les priviléges et immunités accordés à ceux de la nation la plus favorisée.

» Art. 15. Aucun article de commerce ne sera prohibé, soit à l'importation, soit à l'exportation, dans les ports de Madagascar.

» Art. 16. Les marchandises importées ou exportées par navires malgaches dans les ports ou des ports de France y jouiront de tous les priviléges et immunités accordés à la nation la plus favorisée.

» Art. 17. Si un navire français en détresse entre dans un port de Madagascar, l'autorité locale lui donnera toute l'aide et les facilités possibles pour se réparer, se ravitailler et continuer son voyage. Si un navire français fait naufrage sur les côtes de Madagascar, les naufragés seront accueillis avec bienveillance et secourus. Les autorités locales donneront tous leurs soins au sauvetage, et les objets sauvés seront intégralement remis au propriétaire ou au consul français. Les navires malgaches auront droit à la même protection de la part des autorités françaises.

» Art. 18. Si quelque navire de commerce français était attaqué ou pillé dans des parages dépendant du royaume de Madagascar, l'autorité du lieu le plus voisin, dès qu'elle aura connaissance du fait, en poursuivra activement les en sa présence. Radama se prêta de la meilleure grâce à cette demande, «et l'acte transcrit sur par-

auteurs et ne négligera rien pour qu'ils soient arrêtés et punis.

» Les marchandises enlevées, en quelque lieu et en quelque état qu'elles se retrouvent, seront remises au propriétaire, ou au consul qui se chargera de leur restitution.

» Il en sera de même pour les actes de pillage et de vol qui pourront être commis à terre sur les propriétés des Français résidant à Madagascar.

» Les autorités locales, après avoir prouvé qu'elles ont fait tous leurs efforts pour saisir les coupables et recouvrer les objets volés, ne sauraient être rendues pécuniairement responsables.

» La même protection sera accordée aux propriétés malgaches pillées ou volées sur les côtes ou dans l'intérieur de l'empire français.

» Art. 19. Le présent traité ayant été rédigé en français et en malgache, et les deux versions ayant exactement le même sens, le texte français sera officiel et fera loi sous tous les rapports, aussi bien que le texte malgache.

» Art. 20. Tous les avantages résultant du présent traité d'amitié et de commerce seront étendus, de plein droit et sans traité particulier, à toutes les nations qui en réclameront le bénéfice.

» Art. 21. Le présent traité sera ratifié, et les ratifications seront échangées à Madagascar dans l'intervalle d'un an, à dater du jour de la signature, ou plus tôt, si faire se peut, et le traité sera en vigueur dès que cet échange aura eu lieu.

ARTICLE ADDITIONNEL.

» Les droits de douane sur toutes marchandises sont

chemin reçut cette triple garantie devant une assistance nombreuse de Malgaches, de Français et d'Anglais..... Nos calomniateurs habituels, ajoute le commandant, ne manquèrent pas de faire courir le bruit que ma victoire m'avait coûté cent mille piastres; je ne fus pas peu flatté d'apprendre qu'ils évaluaient à une somme aussi considérable ce que je n'avais obtenu que par des moyens hautement avouables (1). »

supprimés, tant à l'entrée qu'à la sortie, par la volonté expresse de S. M. le roi Radama II; ils ne seront pas rétablis pendant la durée de son règne. »

Le *Moniteur* fait, au sujet du traité qui précède, les observations suivantes :

« Les clauses du traité d'amitié et de commerce conclu entre la France et Madagascar, et ratifié le 11 avril par l'Empereur, sont empruntées en grande partie à nos conventions antérieures avec le roi de Siam et l'iman de Mascate. Mais ce traité offre, sous le rapport des dispositions douanières, une différence qui mérite d'être signalée. En effet, les avantages qu'il consacre doivent profiter non-seulement au commerce de la France, mais encore à celui du monde entier. En s'engageant, vis-à-vis du gouvernement de l'Empereur, à faire participer toutes les nations civilisées, sur leur simple demande, au bénéfice d'un arrangement qui stipule la suppression de tous droits de douane à Madagascar, le roi Radama II les appelle à concourir, par leurs capitaux, leurs lumières et leur industrie, à l'exploitation des richesses que renferme cette vaste et intéressante contrée. »

(1) Dupré, ouvr. cité.

Le 23 septembre eut lieu, avec toute la pompe qu'il était possible de déployer dans la capitale madécasse, la fête du couronnement de Radama II. Les cadeaux apportés par M. Lambert de la part de l'Empereur et de l'Impératrice firent merveille. La couronne royale et le manteau destinés au roi, le diadème, les toilettes envoyés à la reine eurent « un succès d'enthousiasme. » Mais c'est dans l'intéressante relation du commandant Dupré qu'il faut lire les détails pittoresques et circonstanciés de cette solennité. Il n'entre pas dans les dimensions de notre cadre de les rapporter ici.

Le pape, ne pouvant donner de décoration à un prince non encore chrétien, avait fait offrir par M. Lambert à Radama un médaillon en mosaïque représentant une main qui bénit, et il avait ajouté à ce présent une lettre touchante. Le jour du couronnement, Radama porta au cou le bijou de Pie IX, et, dit le père Jouen, « il était aisé de voir qu'il était fier de cette distinction. »

Le 4 octobre, la mission française quittait Tananarive avec les mêmes honneurs qui lui avaient été rendus à son arrivée, « emportant les vœux des hommes le plus sincèrement dévoués au roi et à la reine; » dix jours après, le 14, le commandant Dupré et ses compagnons de voyage remontaient à bord de l'*Hermione*. M. Lambert, arrivé à Tamatave le 16, s'embarquait le 17 avec le cérémonial dû à sa qualité d'ambassadeur du roi de Madagascar, et le même soir la frégate partait pour Sainte-Marie, et de là pour St-Denis de la Réunion.

Il nous reste à parler du progrès que, sous le régime de tolérance inauguré par Radama II, le catholicisme avait fait sur la terre madécasse, au milieu des obstacles que ne manquèrent pas de lui susciter les méthodistes anglais. Il nous suffira pour cela d'ouvrir les *notes* du révérend Père Jouen, préfet apostolique de Madagascar.

« Il y a à peine un an, écrit le P. Jouen, au lendemain de la fameuse solennité du 15 août 1862, racontée plus haut, lorsque les missionnaires catholiques sont venus s'installer au centre de la capitale, ils n'étaient que deux : ils ne possédaient ni terrain, ni logement, ni église. M. Laborde, pauvre lui-même, puisque l'exil et la proscription lui avaient tout enlevé, s'empressa de leur offrir l'hospitalité du pauvre. Ils trouvèrent chez lui un cœur d'ami avec une case de 8 pieds carrés, qui leur servait tout à la fois de parloir, de chambre à coucher, de cabinet de travail, de salle à manger et de chapelle pour les dimanches. M. Laborde et sa famille étaient à peu près les seuls catholiques de la province d'Émirne. C'est grâce à leur généreuse hospitalité que nous avons pu jeter les fondements de cette nouvelle et importante mission. »

Le P. Jouen raconte ensuite comment, la foule grossissant, il fallut songer à se procurer un local plus spacieux. Le roi intervint personnellement pour aider nos missionnaires à acheter une case située au centre de la ville. La case fut divisée en deux parties, l'une destinée au service du culte, l'autre au logement des missionnaires.

« Tels ont été les commencements de notre apostolat avoué au sein de la capitale de la grande île africaine. Il n'était guère possible de débuter plus humblement ; aussi faisions-nous plus pitié qu'envie, et les élèves des hérétiques nous appelaient par dérision : « les priants d'une seule case, » par contraste avec les lecteurs de la Bible, qui comptaient déjà de nombreux centres de réunion.

» Pendant que nous disputions ainsi pied à pied le terrain nécessaire à notre installation, à Tamatave le canon retentissait pour saluer le débarquement des ministres méthodistes, tandis que le gouverneur refusait de recevoir nos Pères et nos Sœurs, et même jusqu'aux envoyés de la France (1). Radama était loin de ratifier tout cela ; il subissait une pression

(1) Allusion au mauvais vouloir qu'éprouvèrent successivement, de la part du gouverneur de Tamatave, les commandants Brossard de Corbigny et Dupré.

qu'il devait se résigner à supporter temporairement. »

Peu à peu cependant on rendit justice aux missionnaires catholiques. « En nous étudiant de plus près on s'est dit : Ces hommes-là ne sont pas comme les autres ; l'intérêt politique et humain n'est pour rien dans leurs actions..... Ces résultats, auxquels la grâce divine a infiniment plus de part que nous, ont fait tomber bien des préjugés. » La présence du roi et de la reine au service divin dans la petite chapelle catholique, le jour de l'Assomption ; les marques de bienveillance répétées qu'ils donnèrent aux missionnaires français ; l'empressement de la reine à leur confier ses enfants adoptifs ; toutes ces circonstances contribuèrent à dissiper les préventions et à créer des adhérents à la doctrine nouvelle.

« Notre modeste chapelle, poursuit le digne abbé Jouen, ne suffit plus à la foule qui s'y presse chaque dimanche pour assister à la messe, pour entendre les instructions ou le catéchisme. Il nous faudrait aujourd'hui une église capable de contenir deux ou trois mille personnes au moins ; encore ne tarderait-on pas à s'y trouver à l'étroit. C'est ce qui nous fait songer sérieusement à nous créer d'autres centres d'action sur différents points de la ville.

» Tel est le progrès de la religion catholique au sein de cette capitale, quelle compte aujourd'hui deux résidences, l'une à Andohalo, l'autre à Ambohimitsimbina ; six missionnaires prêtres, cinq frères coadjuteurs ; trois sœurs de Saint-Joseph ; deux écoles, l'une de filles, l'autre de garçons, contenant chacune près de quatre cents élèves. Déjà plusieurs milliers d'indigènes suivent les offices, fréquentent les catéchismes et se préparent au baptême.

» Tel est à peu près le résultat des travaux d'un an pour la seule capitale ! Que sera-ce dans 40 ans, si Dieu daigne continuer à nous bénir !... Toute l'espérance de l'avenir est dans les écoles ; aussi cherchons-nous à leur donner le plus grand développement possible. Nous ne saurions assez remercier Dieu des abondantes bénédictions qu'il daigne répandre sur ces moyens d'action (1). »

En dehors de la capitale, point le plus important, deux autres missions catholiques ont été fondées qui ne donnaient pas moins d'espérances. La première a été installée à Tamatave ; pour l'autre, qui ne date que de septembre 1862, on a choisi Mahèla, village situé également sur la côte est, à 6 lieues plus au sud.

(1) Le R. P. Jouen, ouv. cité.

XVII.

Illusions et déceptions. — Saine appréciation de l'état des choses à Tananarive.— Meurtre de Radama II. — Avénement de Rabodo sous le nom de Rasohérina.—Lettres de M. Laborde. — Les étrangleurs de Radama. — Toujours M. Ellis. — La presse anglaise et la révolution hova. — Réponse de la *Patrie.* — Nouveaux détails. — Communication des journaux. — Dernières nouvelles. — Conclusion.

L'avenir semblait assuré pour Madagascar. Avec Radama II, une ère nouvelle de civilisation et de prospérité s'ouvrait pour la grande île. En présence des derniers événements accomplis, on conçoit que les esprits les plus réservés se soient livrés tout entiers à l'espoir et à la confiance. On s'était trop hâté cependant de crier victoire. Le temps, seul maître de la question, gardait une déception cruelle aux amis du progrès et de l'humanité.

De tous les écrivains cités dans les pages qui précèdent, celui qui paraît s'être le moins laissé entraîner par les illusions du moment et avoir jugé la situation à son point de vue le plus exact, est M. L. Lacaille. Au moins les événements n'ont-ils pas tardé à venir tristement justifier ses appréhensions.

« L'avénement d'un prince tel que Rakout, écrivait à l'île Bourbon, en août 1862, l'auteur de la *Connaissance de Madagascar*, est-il de nature à tout changer et à tout modifier dans l'attitude qu'il convient à la France de conserver vis-à-vis des Hovas? Telle n'est pas ma pensée. Soumis comme il l'est à toutes les éventualités de partis, à toutes les intrigues plus ou moins compromettantes, Rakout, s'il n'est secouru par une puissance européenne, s'il n'est habilement conseillé, peut disparaître dans une tempête ou succomber à de perfides conseils, et l'influence française se retrouverait en présence de la puissance hova, avec le regret peut-être de n'avoir pas saisi l'occasion de faire rentrer dans le devoir ces hommes que la condescendance européenne n'a fait qu'enhardir au point de les rendre complétement aveugles. Les Hovas, pas plus que les Malgaches en général, ne sont moralement capables de fonder un état de choses susceptible d'être accepté comme une garantie suffisante, soit pour les populations indigènes, soit pour les Européens qui se fieront à eux. Ce serait s'exposer à de singuliers mécomptes pour l'avenir que de s'en rapporter à ces hommes qui n'ont ni foi ni loi, et dont la seule force consiste dans l'art d'intimider le plus faible et de se faire passer, à force de crimes, pour un objet d'effroi... La civilisation malgache, après avoir franchi les premiers degrés qui la séparent de la barbarie primitive, c'est-à-dire après être passée de l'état sauvage à la situation des peuples pasteurs et agriculteurs, s'est arrêtée tout à coup pour flotter, depuis des siècles, entre la sagaie et le tanghin. Là semble s'être arrêtés pour eux les efforts de la nature.

» La situation de Rakout, telle qu'il m'a été donné de la constater, ne me paraît rien moins que sûre ; son autorité équivoque et son peu d'influence ne me pronostiquent pas un avenir certain ; son caractère indécis ne me laisse pas non plus présager qu'il arrive aisément à tout concentrer entre ses mains... Quant aux Hovas, je ne les confonds pas avec Rakout ; ma religion, je l'avoue hautement, me défend, jusqu'à un nouvel ordre de choses, toute sympathie pour eux. Je vais plus loin, et n'hésite pas à avancer que le gouvernement européen qui ne se défiera pas assez d'eux, sera exposé à être joué, à un moment donné, comme l'ont été les Anglais. Rakout peut disparaître, mais les Hovas resteront. Le Hova ne doute de rien ; habitué depuis longtemps, malgré toutes ses agressions, à la longanimité de la France, il s'est persuadé aisément qu'il était invincible dans son repaire et que la fièvre serait toujours un auxiliaire assuré pour lui en cas d'une agression du dehors. Son arrogance, sous ce rapport, ne peut être comparée qu'à son aveuglement. Tant que les Hovas n'auront pas reçu une leçon salutaire, ils seront ce qu'ils ont toujours été jusqu'à présent. Leur faiblesse actuelle les a peut-être poussés à quelques concessions vis-à-vis de Rakout et de ses désirs; mais, du jour où ils se sentiront à l'abri, ils reprendront ou pourront reprendre tout à coup leur attitude bien connue avant ces derniers événements. »

Quant à la reine Rabodo, M. Lacaille n'en avait pas une opinion bien haute. « Cette femme, dit-il, est devenue la tête d'un parti secrètement opposé à Rakout. Autour d'elle, mais discrètement jusqu'à présent, se sont groupés quelques mécontents et quelques ambitieux de bas étage, qui se souviennent du rôle que firent jouer à Ranavalo les officiers qui s'emparèrent du pouvoir sous son nom, et qui régnèrent successivement après Radama. Cette position de Rabodo, bien que peu redoutable pour le moment, pourrait être, à l'occasion, audacieusement exploitée au détriment du chef actuel. »

Nous avons tenu à citer textuellement ces appréciations d'un écrivain bien renseigné et bien placé pour observer. Les événements se sont chargés de leur donner le caractère d'une prophétie véritable.

Dans les premiers jours de juillet 1863, arriva à Paris la nouvelle qu'une révolution avait éclaté à Madagascar; que Radama II avait été assassiné, et que le vieux parti hova avait mis à sa place sur le trône sa veuve Rabodo.

Cette nouvelle n'était malheureusement que trop exacte; le *Moniteur* du 7 juillet la confirmait, en publiant la lettre suivante, adressée de Tananarive, en date du 15 mai, au ministre des affaires étrangères, par notre consul, M. Laborde :

« Tananarive, 15 mai.

» J'ai l'honneur d'informer Votre Excellence du grand événement qui vient de s'accomplir à Tananarive. Radama II n'est plus, et Rabodo a été proclamée reine de Madagascar, sous le nom de Rasohérina. Votre Excellence trouvera dans ce rapport tous les détails de cette révolution politique. Mais, pour bien comprendre la situation actuelle, il est nécessaire de remonter un peu plus haut.

» Il y avait autour du roi deux partis : d'un côté, les anciens officiers et les grands du peuple, ayant à leur tête le premier ministre et le commandant en chef; de l'autre, les Menamaso (c'étaient des jeunes gens qui composaient la garde de Radama lorsqu'il était encore prince, et qui, à son avénement, s'étaient emparés du pouvoir).

» Depuis trois mois surtout, il était évident qu'ils avaient détruit l'influence des officiers supérieurs. Ils accaparaient toutes les faveurs, et suggéraient au roi des mesures que n'approuvait pas la population. On les accusait d'injustice et de concussion dans l'administration des charges qui leur étaient confiées, et principalement dans l'administration de la justice. On signalait enfin une grande immoralité à la Maison de pierre, à Ambohimitsimbina, résidence habituelle du roi, et fréquentée presque exclusivement par les Menamaso.

» Mais il y avait entre les deux partis un motif de division bien plus puissant : c'était une antipathie de race.

» Andrianampoinémérina, père de Radama Ier, était du nord d'Emerina. Il fut aidé par les gens du Nord à former un royaume de la réunion de douze petits Etats. Les faveurs avaient été naturellement pour les gens du Nord, et les Menamaso sont du Sud. De plus, le ministère avait toujours été l'apanage de la famille très-puissante de l'ancien commandant en chef, Rainikaro; or, quoique le nom de premier ministre et de commandant en chef soit resté dans cette famille, son influence était absorbée par celle des Menamaso. Les choses étant dans cet état, il ne fallait qu'un prétexte pour faire éclater les hostilités.

» Le roi l'a fourni en publiant une loi qui autorisait le duel, et même le combat de tribu à tribu, de village à village, sans autre formalité que le consentement des deux parties. C'était proclamer la guerre civile.

» Le lendemain de la promulgation de cette loi, le vendredi 8 mai, les officiers et les grands du peuple sont allés trouver le roi et le prier, au nom du peuple, de révoquer cette loi. Les deux principaux personnages de cette députation, le premier ministre et le commandant en chef, tous deux fils de Rainikaro, se sont jetés aux pieds du roi, le suppliant de révoquer la loi. Il avait cédé à leurs instances, lorsqu'un des officiers, dans le cours de la conversation, laissa échapper quelques paroles hardies et blessantes. Le roi se lève aussitôt, et, retirant sa promesse, il déclare formellement que cette loi sera maintenue malgré tout. A cette protestation, les officiers répondent : « Eh bien ! il ne nous reste plus qu'à nous armer, dans la crainte d'une attaque; » et ils se retirèrent. Ce soir-là, en effet, vers quatre heures du soir, la ville était pleine d'hommes armés se rendant en masse dans la maison du premier ministre, laquelle, comme une espèce de forteresse, domine une partie de la ville.

» Ayant appris qu'une émeute allait éclater le soir même, j'ai cru prudent, dans l'intérêt de nos nationaux, c'est-à-dire un commerçant, les Pères et les Sœurs, de les rassembler au consulat.

» Le consul anglais a pris la même mesure à l'égard des missionnaires méthodistes. Ceux-ci ne s'étant pas rendus à son invitation, le consul, dont la maison n'est séparée du consulat français que par un mur mitoyen, a passé la nuit avec nous. Durant cette première nuit, les officiers et les notables, au nombre de six mille, ont tenu conseil chez le premier ministre. On y a dressé une liste de proscription de trente-trois individus, tous de l'entourage du roi, à l'exception de son secrétaire et des anciens partisans de Ramboassalma. Le lendemain matin, samedi, ils envoient une députation pour sommer le roi de révoquer la loi promulguée. Il refuse; aussitôt peuple, esclaves, soldats en armes, se réunissent sur la place publique, dominée par la maison du premier ministre.

» Vers neuf heures, on harangue la population ; on lui désigne les coupables; un cri général, accompagné d'un cliquetis d'armes et de gestes menaçants, accueille cette proclamation, et l'on voit partir en tous sens de nombreux détachements à la recherche des victimes. Onze sont tombés sous leurs coups avant la fin du jour; de ce nombre deux esclaves dont les maîtres étaient proscrits. Le crime de l'un d'eux était d'avoir été surpris chargeant un fusil lorsqu'on est venu assassiner son maître.

» A ce sujet, je ferai remarquer à Votre Excellence combien ces exécutions étaient environnées d'une apparence de justice ; la foule n'a pas massacré cet esclave sur-le-champ, n'ayant pas l'autorisation du comité. Ce n'est que sur son ordre qu'elle est revenue sagayer le malheureux.

» Cependant le roi, inquiet sur le sort de ses favoris, se rend avec la famille royale à la Maison de pierre, où plusieurs d'entre eux s'étaient réfugiés. La reine elle-même, qui devait le matin partir pour la campagne, avait accompagné le roi à la Maison de pierre. C'était la première fois qu'elle y entrait.

» Vers midi commencent les pourpalers. Les envoyés du peuple, après les salutations les plus respectueuses et les protestations les plus vives de dévoûment à la personne royale, réclament du roi, au nom du peuple, les hommes qu'il cachait. Le roi répond qu'il ne les livrera pas.

» Sept fois les députations viennent lui faire la même demande, sept fois il fait la même réponse. Enfin, voyant que toute résistance est impossible, il leur adresse ces paroles : « Qui est votre roi ? — Nous n'avons d'autre roi que vous, répondent les députés. — Eh bien ! moi, votre roi, je lèche vos pieds ; accordez-moi la grâce de ces hommes. Il y a eu, hélas! assez de sang versé. Je vous demande pardon pour ces malheureux : ils n'auront plus ni pouvoir ni dignités ; ils seront exilés à jamais. Mais accordez-moi leur grâce. »

» La députation rapporte cette réponse au quartier général. On harangue de nouveau le peuple... Et aussitôt le peuple, armé de pioches, se rend à Ambohimitsimbina pour raser la Maison de pierre.

» Un officier de la reine se présente devant la multitude, portant le pavillon de Radama ; on le salue et on met bas les armes, mais on réclame les coupables. Le roi alors, prenant la parole, fait un appel à ceux qui l'aiment. Un certain nombre de fidèles viennent se ranger près de lui. Il en profite pour se faire escorter, et, les mains étendues sur ses malheureux amis comme pour les couvrir de sa protection, il se rend au palais avec eux et la famille royale.

» Les pourparlers s'étant encore prolongés jusqu'à la nuit sans résultat, le roi déclare qu'il ira lui-même implorer leur grâce auprès de Rainivoninahitriniony, premier ministre. Le conseil se tient en permanence toute la nuit dans la plus grande agitation ; le peuple s'était retiré paisiblement. Les pourparlers recommencent le lendemain avec le jour. On propose au roi de mettre les coupables à la chaîne perpétuelle ; qu'il les livre, on leur laisse la vie. Le roi répond qu'il ne peut accepter un supplice pire que la mort. Il y a eu un moment d'espérance et de joie lorsqu'on a appris à deux heures que le peuple avait accordé la grâce. Il devait même le lendemain renouveler au roi le serment de fidélité. Cette cérémonie s'accomplissait deux jours plus tard, mais pour son successeur.

» Cependant le peuple ne ratifie pas le pardon accordé par les députés ; il lui faut le sang des victimes. En même temps, le quartier général se transportait à côté du palais, dans la maison de Rainimaharavo, l'un des chefs du comité.

» La reine se présente à une nouvelle députation et promet, au nom du roi, de livrer les coupables à la condition qu'on leur épargnera la vie. On pourra les condamner aux fers. La discussion est remise au lendemain : on invite la reine à revenir le lendemain avec sa cousine. On a à lui parler. En ce moment, une triple haie de soldats environne le palais, et tout semble se disposer pour l'assaut ; on a même crié du dehors de faire sortir les femmes et les enfants. Ce qu'il y a de certain, c'est que les soldats ont ordre d'entrer dès qu'une porte s'ouvrira et de massacrer tous ceux qui leur opposeront résistance. Pendant ce temps, le roi paraissait au balcon le plus élevé du palais, le parasol rouge au-dessus de la tête et le pavillon flottant sur l'édifice. La nuit venue, le peuple se retire; toutes les avenues sont gardées; la circulation est interdite, la ville est en état de siége.

» Le lendemain lundi, tous les soldats de la province d'Emérina sont convoqués et viennent camper au bas de la ville, avec l'ordre de n'obéir que lorsqu'ils seront commandés par les six officiers, 16e honneur, ensemble.

» Vers deux heures, une porte du palais s'est ouverte, et les quatorze individus ont été livrés successivement, après une discussion opiniâtre de part et d'autre, pour être mis aux fers et transportés loin de Tananarive. A cette nouvelle, les orateurs se sont mis à haranguer le peuple jusqu'à l'arrivée des prisonniers, qui ont été accueillis par des huées et des cris de mort. On a cru que c'en était fait d'eux. Ils ont traversé la place au milieu d'une haie de soldats, les mains liées derrière le dos, et n'ayant pour tout vêtement qu'une toile autour de la ceinture. On les a menés ainsi dans le village le plus voisin. La nuit a été tranquille. Néanmoins le palais reste cerné. Cette circonstance a frappé tout le monde ; les coupables étant livrés, le siége du palais n'a plus sa raison d'être; mais le comité déclare qu'il ne traitera avec le roi que lorsqu'on aura trouvé tous les coupables.

» Le lendemain, vers dix heures du matin, j'apprenais très-secrètement que le roi n'était plus. Il venait d'être assassiné. Ainsi finissait ce roi si cher, à juste titre, à tout Madagascar. S'il m'est permis d'exprimer une opinion sur les heureux résultats à venir de ce règne malheureusement trop court, je dirai que Radama II a laissé certainement des traces ineffaçables de son passage sur le trône de Madagascar. L'abolition du tanghin et de quelques autres coutumes se rattachant à l'administration judiciaire, la tolérance religieuse, l'initiative qu'il a donnée aux idées de progrès et de civilisation, en un mot, toutes les institutions libérales dont il a doté le pays, porteront tôt ou tard leurs fruits, malgré les idées rétrogrades des meneurs du moment.

» A une heure, le conseil nous envoya un de ses membres avec ces paroles : « Les coupables sont morts : Rabodo est reine de Madagascar. » A deux heures, vingt et un coups de canon saluaient son avénement, et l'on adressait à la foule, après lui avoir fait poser les armes, une proclamation ainsi conçue : « Le roi, désolé de la perte de ses amis, s'est donné la mort : Rasoherina est reine de Madagascar. » La multitude est restée silencieuse. Les bourreaux eux-mêmes, qui venaient en ce moment d'exécuter les quatorze individus livrés la veille, passaient en silence, contrairement à leur habitude. On recommande au peuple de se mettre sur la trace des dix proscrits échappés aux recherches. On va de là prêter serment de fidélité à la reine. Quant à elle, elle a accepté la couronne par force; on a été jusqu'à la menacer, si elle refusait.

» Le lendemain 13, on me communiquait, ainsi qu'au consul anglais, la nouvelle constitution, à laquelle la reine a juré d'être fidèle. Voici le résumé des articles de cette constitution :

« La reine ne boira pas de liqueurs fortes.

» Le droit de vie et de mort appartient au conseil, dont elle aura la présidence.

» L'abolition du tanghin est maintenue, ainsi que la liberté des cultes, avec une restriction pour le petit village d'Ambohimanga, où se trouve le tombeau de la vieille reine. »

» Le 14, à midi, je suis allé avec le consul anglais rendre visite à la reine; elle était entourée de ses grands officiers. Après les salutations d'usage, elle nous a dit en peu de mots qu'elle désirait continuer à entretenir de bonnes relations avec les étrangers, et elle s'est retirée. Nous avons causé quelques instants avec les officiers, et dans la soirée j'ai reçu une lettre du premier ministre.

» Le premier ministre vient de m'informer qu'il avait envoyé sur la côte l'ordre aux gouverneurs de protéger les blancs. Le bruit avait couru qu'ils ne devaient plus jouir des avantages qui leur avaient été accordés par Radama II.

» J'ai appris encore de source certaine que le roi, pendant qu'il était assiégé, m'avait écrit deux fois pour m'appeler à son secours : les deux lettres ont été interceptées. Je ne pouvais, d'ailleurs, lui prêter aucune aide, l'intérêt de mes nationaux m'imposant la plus grande réserve, et étant moi-même surveillé.

» Agréez, etc. LABORDE. »

Quelques jours avant cette lettre, M. Laborde écrivait au ministre ce qui suit :

« Tananarive, 28 avril 1863.

» Monsieur le ministre, j'ai l'honneur d'informer Votre Excellence que le roi Radama vient de promulguer une loi dans le but d'étouffer les discussions survenues entre les prêtres des idoles et les chrétiens. Voici dans quelles circonstances :

» Depuis plusieurs jours sévit dans le pays une maladie qui produit une espèce d'hallucination. A la faveur de cette maladie, les prêtres des idoles, poussés, dit-on, par des personnages haut placés, ont essayé de ressaisir le pouvoir qu'ils avaient autrefois, et de revenir ainsi à l'ancien état de choses. En conséquence, beaucoup feignant d'être malades, mais en réalité ne faisant que servir l'excitation des prêtres, se sont présentés devant le roi, se disant envoyés de la vieille reine, qu'ils prétendent voir dans leur hallucination, et lui ont demandé hardiment l'expulsion des chrétiens. De tout cela il résulte une surexcitation populaire qui pourrait bien devenir inquiétante.

» On attendait avec impatience la solution que le roi donnerait à cette question. Le 25 avril, Sa Majesté fit publier que toute provocation des prêtres des idoles aux chrétiens ou des chrétiens aux prêtres des idoles serait punie d'une forte amende.

» J'espère que cette proclamation sera d'un bon effet. J'aurai soin d'ailleurs, si la chose ne s'arrêtait pas là, d'en instruire Votre Excellence.

» Agréez, etc.   **J. Laborde.** »

A la suite des deux rapports qui précèdent, le *Moniteur* publie la lettre qu'on va lire, d'un Français de la Réunion qui, si nous ne nous trompons, est le docteur Milhet-Fontarabie. Elle complète les détails donnés par M. Laborde :

Ile de la Réunion, 6 juin 1863.

*Les Ramenanzanas, étrangleurs de Radama II,
roi de Madagascar.*

« C'est le cœur navré que je livre à la publicité quelques renseignements sur la révolution qui vient de s'opérer à Madagascar, et qui a coûté la vie à Radama II. Puissent ces détails soulever en France l'indignation générale, comme les événements dont il s'agit ont provoqué celle de la colonie.

» Appelé deux fois, en 1856 et 1857, auprès de la reine Ranavalona, ayant passé huit mois à la cour, comme médecin des princes et des grands officiers, j'avais dû porter à regret un jugement sévère sur cette race, qu'il me paraissait impossible de ramener à la civilisation par les moyens de la paix. Nous plaignions le sort des missionnaires, réduits, pour pénétrer dans le pays, à se métamorphoser en médecins, tant le Hova est peu disposé à tolérer tout ce qui ne lui offre pas un intérêt immédiat. Nos pressentiments devaient se réaliser dans le drame sanglant qui a eu lieu le 12 mai à Tananarive. Voici le récit de ce qui s'est passé dans cette circonstance :

» Vers le milieu de mars, on vit, dans les rues de la ville, des hommes et des femmes pris subitement d'un mal extraordinaire. Il était caractérisé par un tremblement de tout le corps, une démarche et des mouvements vacillants, l'œil et l'expression du visage vagues et égarés. Des cris inarticulés sortaient du gosier des malades, qui couraient en tout sens, lançant des coups de pied et de poing aux passants. Hommes du peuple et même officiers qui se rencontraient sur leur chemin ne pouvaient se dérober à l'attaque de ces convulsionnaires dans les rues de Tananarive, larges au plus de quatre ou cinq pieds; les grands et les nobles, qu'ils avaient soin de ménager, se contentaient de rire et d'engager les victimes à prendre en considération la folie de ces malheureux (les fous sont l'objet d'une sorte de vénération à Madagascar).

» Le nombre des *Ramenanzanas*, ainsi qu'on les désignait, s'augmenta en raison de la tolérance qu'on leur montrait; bientôt ils ne se bornèrent plus à frapper à tort et à travers, ils voulurent qu'on les saluât. Entre Malgaches il n'y eut pas difficulté; mais un missionnaire anglais, M. X., fut moins endurant. Au premier horion, accompagné de la demande de salut, il riposta par un vigoureux soufflet, et au second par un coup de pied bien appliqué, qui envoya le postulant rouler par terre et le dispensa d'insister davantage.

» La maladie, faisant des progrès dans la population, excita l'attention des missionnaires français et d'un ancien pharmacien de la marine, établi dans la capitale en qualité de médecin. Après avoir examiné attentivement, ils furent d'avis que cette affection ne rentrait dans aucune classification, et que le meilleur traitement consistait à l'abandonner à elle-même. Les Ramenanzanas continuèrent à infester la ville, et pénétrèrent jusque dans les maisons, où ils brisaient tout et exigeaient en se retirant l'inévitable salut.

» A une revue des troupes, la contagion se mit dans les rangs ; un grand nombre de soldats, jetant leurs armes, se livrèrent tout à coup à des contorsions, frappant leurs camarades, leurs officiers et jusqu'au général ; le roi lui-même, dont la personne est pourtant sacrée aux yeux de tous, n'eût pas échappé, s'il eût été présent, à ces outrages.

» Ce prince, aimé et respecté de ses sujets autant que sa mère en était abhorrée, qui avait dérobé à celle-ci tant de proscrits, et dont l'avénement avait été l'ère de la délivrance pour tout Malgache, assuré désormais de garder sa tête sur ses épaules, n'échappa pas longtemps à la malveillance des nouveaux esprits frappeurs. On parla d'apparitions ; Ranavalona et Radama Ier étaient sortis, disait-on, de leur tombe, pour déclarer leur fils indigne de la couronne. Il avait vendu, ajoutait-on, le pays aux blancs; son père et sa mère gémissaient derrière la montagne de cet acte de félonie. Leurs esprits pleuraient et suppliaient tous leurs anciens sujets d'avoir recours aux sikidis (devins), pour détourner les maléfices jetés sur leur malheureux successeur.

» Le roi Radama, le moins accessible de tous à la superstition, se contentait de rire, et poussa l'indulgence jusqu'à faire paraître, sur le conseil de ses officiers supérieurs, un décret qui déclarait que les convulsionnaires avaient droit au respect et aux salutations du peuple. Les Ramenanzanas devaient être inviolables comme le souverain et jouir du privilége de faire tout ce qui leur plairait, quand ils devraient, comme les Malais, excités à la rage par certaines boissons, se précipiter dans les rues et frapper de leur poignard les premiers venus.

» La folie populaire dura un mois et demi; les désordres les plus grands furent commis, et chaque jour les sikidis et les Ramenanzanas renouvelaient leurs sinistres prédications, et annonçaient quelque grand événement. L'affection du peuple et des officiers, poussés par leurs chefs, anciens ministres de Ranavalona, dont la plupart étaient restés en fonctions, fit place à la pitié, puis à l'indifférence. Ce dernier sentiment, sous les instigations de la camarilla, qui voyait le pouvoir s'échapper de ses mains, et avec lui mille occasions de vols, de rapines et de concussions, tourna enfin en haine contre le prince, accusé de méconnaître les traditions nationales et les volontés de ses aïeux, que les sikidis et les Ramenanzanas ne cessaient de lui rappeler.

» Radama, averti des bruits qui circulaient, du mot d'ordre donné de maison en maison par des agents secrets et des troubles qui commençaient à éclater sur divers points, n'attachait aucune importance à ces indications et se montrait plus préoccupé de ses plaisirs que des affaires de son royaume. Il aimait à se rendre dans une maison en pierre bâtie par ses favoris ou Ménamasses, et là, entouré de ses amis, il se divertissait ou leur faisait parfois un tableau de l'avenir qu'il rêvait pour son pays et du sort brillant qu'il réservait à chacun de ses auxiliaires dans cette entreprise. Dans la même résidence habitait une femme nommée Marie, ancienne esclave de Rabodo, affranchie par Rakoto-Radama, lorsqu'il était prince héritier.

» Les murmures populaires allèrent croissant pendant six semaines. L'incendie était soufflé par les principaux chefs. Leur rôle, de principal qu'il était sous la défunte reine, était devenu très-secondaire depuis l'avénement de Radama II. Désormais les demandes pouvaient s'adresser directement au roi, qui, loin de se laisser ériger en divinité inaccessible aux choses de ce monde, se montrait dans les rues et écoutait avec bonté les plaintes et les pétitions de ses sujets. Radama avait une nature privilégiée : franc, enthousiaste, comme s'il eût été Français.

» Les chefs avaient vainement employé tour à tour les ruses pour l'obliger à changer d'allures ; ils avaient mis en avant le prétexte de la dignité du souverain pour le détourner de s'occuper des affaires dont ils perdaient le profit ; ils avaient imaginé les hallucinations des Ramenanzanas et évoqué les ombres de ses parents pour agir par leurs prétendus reproches sur son amour filial ; ils avaient effrayé l'esprit des masses et allumé leur mécontentement en faisant parler à ces faux possédés d'un sort jeté sur le roi et de sa trahison envers le pays. Tout ayant échoué, ils laissèrent le calme se rétablir en apparence, pendant qu'ils préparaient la tragédie dont on va lire les détails, et dont ce qui précède n'était que le prologue.

» De temps immémorial, les chefs hovas, arrivés par leurs exploits à la couronne, se sont fait regarder comme des dieux par un peuple dont les sikidis entretiennent les croyances superstitieuses. Puissamment secondée par ces devins et par leurs principaux officiers, la royauté barbare d'Ancove régnait autant par les sortiléges que par la force. Autour d'elle, un petit nombre de hauts fonctionnaires étaient seuls initiés à ces mystères, et se seraient gardés de s'amoindrir eux-mêmes en diminuant son prestige par leurs divulgations. La divinité souveraine éprouvait bien de temps en temps des atteintes difficiles à dissimuler : ainsi de la mort de Radama Ier, empoisonné, dit-on, par Ranavalo, l'une de ses douze femmes, et par quelques-uns de ses courtisans de prédilection; ainsi, actuellement, de la mort de Radama II par la strangulation.

» Il fallait l'esprit inventif d'un Hova pour sauver, même en pareil cas, aux yeux du vulgaire, le caractère sacré du prince. Pour oser parler de lui, critiquer ses actes, porter la main sur sa personne, il fallait un homme qu'on n'eût pas rencontré dans tout le pays d'Ancove, parmi les Hovas eux-mêmes, ni, à plus forte raison, dans le reste de Madagascar, chez les races douces et laborieuses, dont les peuplades se distinguent par les dénominations diverses de Betanimènes, de Betsimi-Sarakas, de Betsilos, d'Antankaras, etc. Des fous, des Ramenanzanas pouvaient seuls commettre un pareil sacrilége. De là l'odieuse comédie inventée par les ministres, qui n'avaient plus qu'à frapper un dernier coup, en faisant disparaître le monarque sans attenter à la dignité royale.

» Il y avait une trentaine d'étrangers dont la présence gênait les conjurés; il y avait deux consuls, des missionnaires, etc. Les amis dévoués de Radama, les Ménamasses, pouvaient avoir parmi eux l'un de ces Européens dont la mort serait un *casus belli* avec la France ou l'Angleterre. Pour parer à ce danger, le 7 mai, le premier ministre Rainivoninahitriniony invita les consuls à réunir chez eux leurs nationaux, à n'avoir aucune crainte. Il fallait seulement ne pas sortir; il allait se passer une affaire, un *kabar* qui se réglerait entre Hovas. Le roi, ainsi adroitement séparé des étrangers, privé de l'affection de son peuple et des officiers, qui ne montaient plus la garde autour de lui, n'avait près de lui que les Ménamasses, qui devaient partager son sort. Le 8 mai, on voit reparaître les Ramenanzanas, et leurs cris contre le prince ameutent la populace. Bientôt entre dans la ville, venant du Nord, un corps de 6,000 hommes, commandé par des chefs dressés d'avance pour la réalisation du plan des assassins.

» Tout Tananarive s'émeut; la foule se porte devant le palais, et le premier ministre, se faisant son interprète, demande qu'on lui livre les têtes des trois plus fidèles partisans de Radama. Le roi bondit d'indignation en voyant quel est l'organe de cette réclamation; il devient plus furieux encore quand, au milieu des hurlements, le même chef lui présente à signer une constitution d'après laquelle il n'aurait eu qu'un pouvoir nominal. Il répond fièrement qu'il entend gouverner comme son père et ne pas être le jouet de ses ministres, et qu'il périra avec ses amis plutôt que de les livrer. Il commande qu'on fasse sortir de la demeure du souverain cette multitude qui n'y pénétrait jadis que la tête inclinée et le genou en terre.

» Le ministre lui répond : « Sire, il n'y a plus de gardes, plus d'officiers autour de votre palais ; écoutez nos conseils, si vous voulez régner. » Radama rentra dans son appartement, et le peuple, se dispersant, continua ses désordres, pendant que les traîtres préparaient la journée du lendemain. Enfermée dans sa propre maison, à quelques centaines de mètres de celle de son époux et maître, la reine attendait les événements, et son existence offrait un moyen de solution pour rétablir sans secousse l'ancien ordre de choses. Au lieu d'un roi et d'une reine, on n'aurait qu'une reine, sous laquelle les ministres gouverneraient plus facilement lorsqu'ils seraient débarrassés du premier.

» Le 9 mai, les mêmes scènes se renouvelèrent. Les groupes parcoururent la ville, vociférant contre le prince et les Ménamasses. Cette fois, on demande à Radama sept têtes, en lui signifiant d'avoir à signer la constitution. Nouveau refus de sa part. Les deux jours suivants, l'anarchie redouble ; les Ramenanzanas crient plus haut que jamais. Abandonné de tous, le malheureux roi se retira avec ses amis dans la maison de pierre, chez cette Marie dont nous avons parlé. Une poignée d'hommes tels qu'il lui en restait devait suffire plus facilement à l'y défendre que dans l'immense enceinte du palais. La populace l'entoure encore et veut maintenant quatorze têtes, puis dix-huit, puis trente-trois. Le premier ministre insiste sur sa propre impuissance et sur l'urgence d'accepter le compromis proposé et le retour au mode de gouvernement exercé par Ranavalo.

» Le prince refuse une dernière fois, et ses partisans repoussent l'attaque du peuple armé de piques, de pioches, de pelles et de tous les instruments qui peuvent contribuer à la démolition de la maison qui sert de refuge à Radama. Dans la matinée du 12, on y vit arriver Rabodo, qui n'y était jamais entrée auparavant. Elle vient à la hâte sauver les jours du roi, qui consent enfin à une transaction. Les Ménamasses conserveront la vie, et lui-même se résigne à gouverner avec un conseil de ministres.

» Ce n'était là qu'un stratagème destiné à procurer aux conjurés l'accès de sa retraite, dans laquelle la populace se rue aussitôt. En vain la reine veut élever la voix, demander grâce ; on l'entraîne dans la pièce voisine ; douze Ramenanzanas s'emparent de Radama II, lui jettent une corde autour du cou et l'étranglent pendant qu'on massacre ses amis. Ce crime, dans lequel on respectait le privilége qui défend de faire couler le sang royal, eut lieu à dix heures du matin. Le ministre présente ensuite sa fameuse constitution à Rabodo, qui s'empresse d'y adhérer. Elle est proclamée à quatre heures reine de Madagascar, sous le nom de Rasoahery-Manjaka (de *rasoa*, belle ; *hery*, forte, et *manjaka*, chef, souveraine). Un conseil de ministres est institué et a seul la direction des affaires, tandis que la reine n'a que l'appareil de la puissance.

» Voici les premiers actes du nouveau règne :

» 1° Rasoahery succède directement à Ranavalo ; Radama II est comme s'il n'avait pas existé ; son corps est privé de sépulture.

» 2° La tolérance religieuse est maintenue.

» 3° La peine de mort est rétablie.

» 4° Les traités sont respectés, et on laissera subsister les relations d'affaires avec les Français et les Anglais. En attendant, on espère que la convention conclue avec la France recevra son exécution, et que la compagnie formée par les soins de M. Lambert pourra poursuivre ses projets, sinon sous la même vaste échelle que sous le monarque assassiné, du moins dans des limites susceptibles de donner encore des résultats satisfaisants.

» Depuis que la nouvelle de ce forfait est parvenue à Tamatave, toutes les opérations de commerce se sont, pour ainsi dire, arrêtées. Les Hovas qui, il y a quelques jours, vendaient leurs denrées à vil prix pour se procurer de la poudre et des armes qu'ils expédiaient à Tananarive, ne se montrent plus dans les rues et ne font plus d'achats dans les boutiques. Ils se sont retirés dans le fort jusqu'à ce qu'ils reçoivent de nouveaux ordres de la capitale. »

L'Angleterre se préoccupa aussi naturellement de la révolution de Madagascar, et la presse britannique, renseignée par la Société des Missions méthodistes et les communications de M. W. Ellis, commenta à sa manière le meurtre de Radama. Nous ne reproduirons pas les fameuses circulaires de la Société des Missions de Londres, ni les grossières accusations portées contre nos nationaux par messieurs les révérends. La réponse suivante qu'y a faite la *Patrie* du 13 juillet, par la plume de M. A. de Lauzières, suffira pour faire juger de l'esprit qui les a dictées :

« La presse anglaise, dit le rédacteur de la *Patrie*, apprécie diversement les causes des graves événements de Madagascar et les conséquences qu'ils pourront amener; elle s'accorde cependant sur un point, en excusant le plus possible l'acte de justice sommaire accompli par la population malgache sur son roi et ses favoris, et en écartant de cet acte tout soupçon d'influence ou de connivence anglaise.

» S'appuyant surtout sur les récits transmis de Tananarive par le révérend William Ellis aux directeurs de la Société des Missions de Londres, dans une lettre que nous avons publiée (1), les journaux anglais paraissent amnistier l'assassinat de Radama; ils le représentent comme une juste expiation des illégalités commises par ce roi, et à laquelle n'auraient manqué que la formalité d'un jugement en règle et le verdict de culpabilité d'un jury.

» Sur la foi de l'auteur de la lettre que nous venons de citer, ils s'attachent à insinuer que le traité entre le roi de Madagascar et M. Lambert, notre concitoyen, avait été conclu *inter pocula*, sous l'influence de libations, et qu'il était le résultat de l'ivresse du prince madécasse.

« A l'appui de leur opinion, ils invoquent le premier article de la nouvelle constitution qui, pour éviter le renouvellement de funestes collisions ou d'actes irréfléchis, défend à la reine l'usage de boissons spiritueuses.

» Et là-dessus, ils se hâtent de partager l'avis du révérend W. Ellis, qui termine sa lettre en disant

---

(1) *Voir* la *Patrie*, 11 juillet 1863.

que « les Anglais doivent s'applaudir de voir le pays passer d'un gouvernement despotique absolu à ce qui approche d'un gouvernement constitutionnel. » Le despotisme de Radama ne se résumerait-il pas, aux yeux des Anglais, dans le traité conclu avec un Français; le rapide passage à un système se rapprochant du régime constitutionnel ne serait-il pas clairement démontré par l'ordonnance publiée après la mort du prince, et qui déclare son règne comme non avenu, et les traités passés avec les étrangers, suspendus ?

» Les Anglais, ajoute le *Morning-Post*, ayant été constamment l'objet de la plus parfaite bienveillance de Radama, on ne pourrait les soupçonner d'avoir intrigué contre ce prince, comme l'on ne saurait leur imputer la moindre part, même indirecte, dans les événements qui ont amené sa mort.

» Ceux qui connaissent la jalousie instinctive des agents de l'Angleterre pour tout ce qui pourrait tourner à l'avantage des intérêts français, comprendront aisément que la bienveillance avec laquelle étaient traités les Anglais à Madagascar n'est pas un argument très-puissant pour démontrer que l'influence britannique n'a en rien contribué aux faits accomplis par les Hovas ; que les motifs de cette influence, s'il y en a eu, il faut les chercher plutôt dans la conclusion du traité entre le gouvernement madécasse et la France. Ce traité, quel qu'il fût, s'il avait été conclu avec le gouvernement britannique, n'eût pas été l'acte d'un prince despote, et les missionnaires anglais n'eussent pas été en rechercher l'origine au fond des verres d'un festin royal. Dans l'histoire des traités de l'Angleterre avec les gouvernements faibles des deux hémisphères, il est de ces actes internationaux qui ne résisteraient pas à une enquête moins sévère encore que l'investigation gratuite à laquelle semble s'être livré, après coup, le révérend William Ellis sur les mœurs et la vie intime de Radama.

» Quoi qu'il en soit, sans vouloir expliquer des événements aussi graves et dont nous ne connaissons pas encore les véritables causes, il nous est permis, jusqu'à ce que la lumière se soit faite plus complétement, de nous en tenir aux renseignements transmis par notre consul, M. Laborde, plutôt qu'au résumé biographique de Radama envoyé par le missionnaire anglais, et aux insinuations de la presse britannique.

» Constatons cependant que tout n'est pas fini à Madagascar avec l'assassinat de Radama; que le parti fanatique, influencé ou non, s'agite encore à Tananarive, et que, de l'avis même d'un journal anglais, l'*Evening-Star*, les exigences de ce parti pourraient bientôt provoquer, de la part du gouvernement madécasse, telle mesure dangereuse pour les intérêts français, qui nous forcerait à recourir aux moyens les plus prompts et les plus efficaces de sauvegarder ces intérêts. »

Dans une lettre datée de Saint-Denis de la Réunion, le 7 juillet 1863, et rendue publique, M. Lambert, en déplorant « l'affreux malheur arrivé à Madagascar, » stigmatisait dans les termes les moins ambigus le rôle généralement prêté à M. Ellis dans la dernière révolution de Madagascar, rôle qui contraste si douloureusement avec le caractère de ministre anglican dont il était revêtu.

« Je suis bien désolé de la mort du roi, que j'aimais comme un frère, ajoute notre compatriote ; c'est un vide dont mon cœur sera longtemps à se ressentir. Mais ces gens ont bien tort s'ils pensent qu'ils me décourageront : les menaces de mort ne font rien sur moi ; depuis longtemps je suis fait à cette idée.

» Le commandant (Dupré) n'a pas voulu me laisser me rendre directement à Madagascar. Il craint que, s'il m'arrivait quelque chose, il ne soit obligé de sévir. J'ai donc promis d'attendre les premières nouvelles de la capitale (1). »

---

(1) La *Patrie*, 5 août 1863.

Tout d'abord la nouvelle reine adressa à l'Empereur, à la date du 19 mai, une lettre pour lui annoncer son avénement au trône. Elle exprimait en même temps le désir de conserver avec la France des relations amicales, et aussi l'intention de protéger les personnes et les intérêts des Français résidant à Madagascar.

Au lendemain de la révolution, cette démarche du gouvernement hova ne manquait pas d'adresse. Il paraît même que le premier ministre, afin de ne pas augmenter les difficultés de sa position à l'intérieur par des complications avec les puissances étrangères, n'avait pas ordonné immédiatement le rétablissement des droits de douane, qui avait été décidé en principe par la charte imposée à la reine lors de son avénement.

Mais les choses ne pouvaient aller longtemps ainsi ; le parti vainqueur ne devait pas s'arrêter en si beau chemin : la réaction contre les étrangers ne tarda pas à se manifester ouvertement. Sur la foi d'une correspondance de la Réunion du 7 juillet, le *Sémaphore* de Marseille du 5 août annonçait que le ministre signataire du traité avec la France avait été assassiné ; qu'il avait été défendu aux Français de prendre possession des terrains concédés ; que les droits de douane avaient été rétablis à

10 pour 0{10}, et que le consul de France M. Laborde s'était retiré à huit lieues de la capitale avec ses compatriotes.

De son côté, le *Moniteur* du 6 septembre donnait de la situation de Madagascar les nouvelles suivantes, écrites de Tananarive, le 10 juin :

« Le peuple est encore sous le coup de la terreur inspirée par l'assassinat du roi Radama et par la révolution qui a eu pour effet de porter au pouvoir une sorte d'oligarchie composée d'une trentaine d'officiers hovas, et dirigée par le premier ministre Rainivoninahitriniony. Cependant on peut déjà signaler les premiers indices d'un prochain réveil de la nation malgache. Une sourde agitation commence à travailler les esprits dans la capitale, et plusieurs tentatives d'insurrection ont, à ce qu'il paraît, été découvertes. La transition subite d'un état de liberté presque illimitée à une situation qui trahit toute la rigueur d'un véritable despotisme ne pouvait manquer d'exciter le ressentiment populaire, et il ne serait pas étonnant qu'on eût à en constater prochainement les effets.

» De son côté, le parti qui s'est emparé du pouvoir ne semble pas s'aveugler sur la gravité de sa position et songerait, dit-on, à s'assurer l'avenir par un second coup d'État. Quoi qu'il en soit, l'attitude énergique du consul de France et la présence sur rade de Tamatave du bâtiment de la marine impériale la *Licorne*, envoyé par le gouverneur de la Réunion, ont mis nos nationaux à l'abri de toute crainte.

» Le soulèvement qui a éclaté, au nom du feu roi, dans les districts au nord et au sud d'Emérina, paraît faire des progrès, et il vient d'avoir le dessus dans un récent engagement avec les troupes hovas.

» La reine Rasoherina-Manjaka, que le parti dominant maintient dans sa dépendance absolue, doit être solennellement couronnée le 3 septembre prochain. »

Deux jours plus tard, la *Patrie* publiait le résumé d'une correspondance de Saint-Denis de la Réunion, plus fraîche de date, puisqu'elle était du 7 août.

« Les dernières nouvelles reçues par voie officielle, y lit-on, et publiées à l'arrivée du dernier paquebot de Madagascar, étaient excessivement sobres de détails.

» Le capitaine de vaisseau Dupré, qui commande la station, était parti le 30 juillet avec la frégate à vapeur l'*Hermione* et l'aviso le *Curieux*, se rendant à Tamatave et ensuite à Tananarive, pour porter la ratification du traité de commerce et d'amitié conclu entre LL. MM. Radama II et Napoléon III.

» La grande compagnie qui s'est formée, sous les

auspices de l'Empereur, pour la colonisation de ce pays, a déjà envoyé un certain nombre de savants et d'explorateurs pour préparer les voies. Ils sont arrivés à la Réunion le 1er juillet. Ceux qui ont affaire sur la côte est ont suivi M. Dupré; les autres, que leurs travaux appelaient sur la côte ouest, et surtout vers les mines de houille de Bavatoubé, étaient encore à Bourbon, attendant une occasion favorable pour partir. Elle leur sera offerte probablement par le *Surcouf*, aviso à vapeur qui venait d'arriver de Rochefort, et qui ne devait pas tarder à partir pour Nossi-Bé et Mayotte. »

L'état politique de la grande île laissait donc, à cette époque, quelque espoir de voir les traités observés et les conseils de la raison entendus. Cet espoir, malheureusement, ne reposait pas sur des bases bien solides; de graves difficultés étaient survenues depuis lors. On en jugera par l'extrait suivant de la *Patrie* du 6 octobre 1863 :

« D'après les dernières nouvelles, dit ce journal ordinairement bien renseigné, qui nous parviennent de Madagascar par la voie de l'île de la Réunion, à la date du 7 septembre, le commandant Dupré, qui attendait dans les eaux de Tamatave la réponse à l'ultimatum qu'il avait adressé à la cour d'Emirne au sujet du traité intervenu entre la France et le feu roi Radama, a enfin été informé que les intentions de la reine Rasohérina étaient de maintenir la charte Lambert, mais avec des modifications. Voici à peu près dans quels termes, d'après la correspondance que nous avons sous les yeux, le commandant Dupré aurait fait connaître ses dernières résolutions au gouvernement malgache : « Je veux qu'on maintienne intact le traité signé par le feu roi Radama. Si vous n'y consentez pas, je donne ordre à M. Laborde, consul français, d'amener son pavillon et de rallier la frégate l'*Hermione*. » Cette correspondance ajoute qu'en cas de refus de la cour d'Emirne, M. le commandant Dupré aurait l'intention de faire une démonstration contre le fort et la ville de Tamatave. Il se confirmait que les Hovas avaient mis à prix la tête de MM. Lambert et Dupré, qui n'étaient pas encore descendus à terre. »

Enfin, le 5 novembre, le service de télégraphie privée du même journal lui expédiait de Marseille la dépêche suivante, insérée dans le numéro du lendemain :

« Marseille, 5 novembre 1863.

» On a des lettres de la Réunion du 7 octobre. A l'instigation du missionnaire anglais Ellis, la reine de Madagascar aurait définitivement refusé de ratifier le traité conclu avec la France et la concession de terrains donnés à M. Lambert. La reine a en même temps rétabli les douanes.

» M. Lambert, arrivé hier à Marseille, est reparti pour Paris avec les ingénieurs faisant partie de sa mission.

» Le gouverneur de la Réunion a annoncé que les négociations avec le gouvernement malgache étaient suspendues. »

Une correspondance adressée de St-Denis de la Réunion, en date du 7 novembre 1863, à la *Revue du Monde colonial*, et publiée par ce recueil dans sa livraison de décembre, confirme la nouvelle de l'échec subi par les négociations engagées depuis le 2 août avec le gouvernement d'Emirne, et y joint les détails suivants :

« L'envoyé hova Raharolahi, quinzième honneur, plus connu sous le nom de Raharla, un de ceux qui portèrent le malheureux Rakout au trône, fut choisi par le premier ministre pour transmettre oralement au commandant Dupré la nouvelle de ce double refus (ratification du traité de commerce et de la concession Lambert). A l'instant même où le plénipotentiaire quittait le bord de la frégate, le pavillon français était amené de la demeure de notre consul qui s'était rendu à Tamatave. Les relations diplomatiques sont donc tout à fait rompues avec les Hovas ; elles ne renaîtront pas de sitôt, espérons-le, car l'insolence et le mépris que ces misérables sauvages affectent de montrer vis-à-vis de nos nationaux méritent un châtiment exemplaire. Nous devons dire toutefois qu'aucune démonstration hostile n'a été manifestée par les cinq navires de guerre embossés par le travers de Tamatave ; la prudence, le souci de notre dignité, l'intérêt du commerce, la sécurité des traitants, tout faisait un devoir au commandant de la division navale de suivre cette voie. »

Nous avons amené notre récit aussi loin que possible dans le domaine des faits les plus récents. Nous ne saurions le poursuivre sans empiéter sur le terrain de la chronique quotidienne : il est temps de nous arrêter.

Tout, on le voit, semble remis en question à Madagascar. Nous ne sommes pas dans les secrets de la politique de l'Empereur pour savoir quel parti sera pris ici à l'égard de la turbulente oligarchie et des influences perfides qui ont sapé l'édifice élevé, au prix de tant de nobles efforts, par Radama II et ses amis, et couvert de la sanction du gouvernement français. Nous avons du moins la ferme confiance qu'aucune atteinte à nos intérêts directs et à la dignité de notre pavillon ne resterait impunie, de quelque part qu'elle vînt.

Quoi qu'il en soit, nous ne cesserons de regretter que notre pays ait en quelque sorte consacré par la reconnaissance de la souveraineté hova l'abandon de ses droits sur une admirable possession qui, il y a plus de deux siècles, portait déjà le nom de France-Orientale. Le respect exagéré de l'indépendance de peuplades plus ou moins barbares, écrivait en 1845 le capitaine de corvette Guillain, à propos justement des Madécasses, a un caractère de duperie, nous dirons mieux d'anti-humanité, tel qu'on ne saurait y condescendre sans révéler son impuissance ou faire acte de pusillanimité. « On se méprendrait étrangement, dit cet officier, en se flattant que les Peaux-Rouges d'Amérique, les Noirs africains, la race Océanienne pourraient jamais parvenir par leurs propres forces à un état social notablement différent de celui dans lequel ils vivent, et qu'il suffirait pour cela de leur laisser un libre développement ou de les influencer seulement par l'exemple et le voisinage d'une civilisation supérieure. Il n'y a qu'un moyen pour civiliser ces peuples, et celui-là est vraiment providentiel ou fatal : c'est de les absorber dans la vie plus parfaite des races initiatrices. »

Fin.

TABLE DES MATIÈRES.

Pages.

I. Géographie.—Notions préliminaires.   1

II. Histoire. — Découverte de Madagascar. — Charte de 1642-43. — Compagnie Rigault. — Compagnie des Indes orientales.—Tentative de 1773.—Benyowski; sa carrière; sa mort en 1786. — La République et les premières années de l'Empire. — Nos désastres maritimes.   7

III. 1810. Les Anglais s'emparent de l'Ile-de-France et de nos postes de Madagascar. — Paix de 1814. Le traité de Paris. Interprétation de l'article 8 par sir R. Farquhar. — Réclamations du gouvernement de la Restauration. Restitution à la France des établissements de Madagascar. — Avénement de Radama Ier, roi des Hovas. Appui qu'il reçoit des Anglais. Ses conquêtes. Son traité avec l'Angleterre. — Progrès de l'influence anglaise. — La Société des Missions de Londres; ses travaux à Madagascar. — Reprise de Sainte-Marie et de plusieurs points de la côte par la France.—Radama force les Français à abandonner la grande île. Mort de Radama (1818).   19

IV. Avénement de Ranavalo. — Massacre de la famille de Radama. — Andrian-Mihaza, favori et premier ministre. — Réaction contre les idées européennes. — Expédition Gourbeyre (1829).—Révolution de juillet 1830.— En 1836, la France n'occupe plus que la petite île Ste-Marie.—Le contre-amiral de Hell. Occupation de Nossi-Bé (1841). — Persécutions de Ranavalo. — Départ des missionnaires anglais.— Nouvelles mesures contre les Européens. — Affaire du *Berceau*, de la *Zélée* et du *Conway*. — Expédition projetée du général Duvivier. — Révolution de février 1848. — Les ministres de Ranavalo. 31

V. Le prince Rakoto. — M. Laborde. — M. Lambert. — Projets de Rakoto. — Meurtre de M. d'Arvoy. — Mission de M. Lambert à Paris. — Son insuccès.— Lord Clarendon et le Révérend W. Ellis. 51

VI. Voyages de M. W. Ellis à Madagascar. — Premier voyage (1853).— Tamatave.— Les indigènes. — Habitations. — Coutumes. 63

VII. Deuxième voyage de M. Ellis (1854). — Reprise des relations commerciales entre les Anglais et Madagascar.—Un intérieur madécasse. — La langue et l'écriture. — Le marché de Tamatave. — Les changeurs. — Le commerce des bœufs. — Fête du bain de la reine. — Un grand dîner. — M. Ellis photographe. — Les Hovas. — Insalubrité de la côte. — Insectes et reptiles vénimeux. — L'esclavage.   84

VIII. Excursion à Foule-Pointe. — Mode de locomotion. — Les ponts et les bacs. — Aspect de Foule-Pointe. — L'île Sainte-Marie. — La flore de Madagascar. — Oiseaux. — Départ de M. Ellis pour Tamatave. — Retour à Maurice.   122

IX. Troisième voyage de M. Ellis à Madagascar (1856). — Notice sur M. de Lastelle. — Départ de Tamatave pour Tananarive. — La rivière d'Ivondrou. — Officiers hovas. — Aides de camp. — Les *menamaso* de Rakoto. — Grades et *honneurs*.   138

X. Suite du voyage à Tananarive. — Les Kimos. — Rivières et lacs. — Crocodiles. — Exilés chrétiens. — L'arbre du Voyageur. — Les arbres forestiers de Madagascar. — Sources thermales de Ranomafana. — Rats et souris. — Superstitions indigènes. — Les sikidis. — Le tanghin. Le serment du sang. — Sépultures.   157

XI. Suite du voyage à Tananarive. — Forêt d'Alamazaotra. — Difficultés de la route. — Une chasse de Radama Ier. — Baba-Koutes ; Simepounes ; Makes ; Tenrecs ; Aye-Ayes. — Poulpes gigantesques. — Premier village de l'Ankova. — Un marché. — Sauterelles. — Vers à soie. — Mines de fer. — Produits minéraux. — Un atelier de tisserand.   190

XII. Arrivée dans la capitale. — Description de Tananarive. — Le palais de la reine. — Visites et occupations. — Portrait du prince royal. — Promenades. — Palais de Souaniérana. — La lance *tsitialainga*. — Déjeuner à Mahazoarivo, chez le prince Rakoto. — Cortége du prince. — Costumes. — Musique. — L'audience royale. — Ranavalo. — Dîner et *speeches*. — Déjeuner chez M. Laborde. — Une fête à la cour.   214

XIII. Appréciations favorables du caractère de l'héritier du trône. — Les chrétiens indigènes. — Persécution de 1849. — Persistance du gouvernement dans ses mesures de rigueur. — Terme du séjour à Tananarive du missionnaire anglais. — Cadeaux. — Départ de la capitale. —

Retour à la côte. — Débarquement à Maurice. — Retour en Angleterre. 244

XIV. Retour de M. Lambert à Tananarive (mai 1857). — Le complot. — Les *priants* et les *religionnaires*. — Influence occulte. — Un traître. — Mesures de sûreté prises par Rainizair. — Grand Kabar. — Expulsion et confiscation. 265

XV. Mort de Ranavolo. — Ramboasalama et Rakoto. — Rakoto proclamé roi sous le nom de Radama II (15 août 1861). — Rappel de MM. Laborde et Lambert. — Réformes radicales. — Mission du capitaine de frégate B. de Corbigny. — Reconnaissance de Radama II par le gouvernement français. — M. Laborde, consul de France à Madagascar. — Circulaire adressée à tous les ambassadeurs de Paris par M. Lambert, au nom de Radama II, roi de Madagascar. 276

XVI. Couronnement de Radama II. — Mission du commandant Dupré. — Mission anglaise. — La fête de l'Empereur à Tananarive. — Le consul anglais. — Encore M. Ellis. — Arrivée de M. Lambert. — Le traité. — Confirmation de la charte Lambert. — Cérémonie du couronnement. — Départ de la mission française. — Progrès du catholicisme. 282

XVII. Illusions et déceptions.—Saine appréciation de l'état des choses à Tananarive. — Meurtre de Radama II.— Avénement de Rabodo sous le nom de Rasohérina. — Lettres de M. Laborde. — Les étrangleurs de Radama.— Toujours M. Ellis. — La presse anglaise et la révolution hova. — Réponse de la *Patrie*.— Nouveaux détails. — Communications des journaux. — Dernières nouvelles. — Conclusion. 302

FIN DE LA TABLE.

Poitiers.—Imp. de A. Dupré.

www.ingramcontent.com/pod-product-compliance
Lightning Source LLC
Chambersburg PA
CBHW070902170426
43202CB00012B/2159